일제강점기 '오락문제'와 그 양상

일제강점기 '오락문제'와 그 양상

김영미 지음

景仁文化社

2020년 2월 한국문화관광연구원와 문화체육관광부가 조사·발표한 '국민 여가활동조사(2019년 기준)' 및 '근로자휴가조사(2018년 기준)'에 관한 보도자료에 따르면, 우리나라 국민의 여가시간과 그 활동은 전반적인 증가 추세로 나타났다. 그 배경에는 주 52시간제 도입으로 인한 근로시간의 감소, 도서관·박물관 등 문화기반시설의 증대 그리고 '일과 삶의 균형'을 추구하는 이른바 워라밸(Work & Life Balance)을 지향하는 사회적 분위기의 정착이 영향을 끼친 것으로 분석되었다.

이와 같은 결과는 '생산과 성장'을 강조하는 산업자본주의의 논리를 바탕으로 노동의 가치를 우선하고 그에 일방적으로 편중해 왔던 것에 대한 시대적 인식의 변화를 시사한다. 요컨대 '여가(餘暇)와 오락(娛樂)'을 인간의 권리로 인정하고 장려하는 사회적 분위기의 확산과 이에 연동되어 '삶의 질'이라는 측면이 중요시되면서 노동의 대척점(對蹠點)에 놓아둔 '여가(餘暇)와 오락(娛樂)'의 문제에 점차 주목하려는 세태가 반영된 것이다. 인문학적 관점에서 '인간다운 삶'이라는 궁극적인 주제를 학문적으로 승화한 여가학(餘暇學)이 20세기 중반에 와서야 본격화된 현상은 이러한 과정을 토대로 삼은 것이라 할 수 있다. 그러나 한편으로는 양질의 노동 생산성을 보장하기 위한 명목에서 '비(非) 노동시간'에 대한 계획된 질서나 건전함 같은 사회적 표준을 강요하는 지점을 엿보게 된다. '일과 삶의 균형'에서 노동과 오락의 영역을 둘러싼 문제는 이러한 관계에서 일견 모순된 듯한, 모호한 경계를 하고 있다. 이는 곧 노동을 모체로 해서 발생한 '오락문제'의 본질을 의미한다.

이 책은 이러한 문제 관심을 역사학적 접근에서 풀어낸 박사학위논문 『植民地朝鮮における「娛樂問題」に關する研究』(北海道大學, 2015년 9월)을 근간으로 한 것이다. 논문이 완성된 후 수정하고 보완하려는 욕심이 길

어져 지금에서야 그 마무리를 짓게 되었다. 애초의 욕심을 반도 채우지 못한 채 아쉬운 점은 많지만, 연구자로서 한 뼘 성장하려는 발판으로 삼고자 본서의 발간을 마주하게 된 것이다. 일제 식민지기의 동시대적 상호관계성과 특수성을 규명하기 위해 방법적 측면에서 '제국 일본'이라는 틀에 의거하였고, 종주국과 식민지에서 제기되었던 오락문제의 성격과 역사적 배경을 비교·분석하여 독립된 6개의 장으로 재구성하였다. 이는 지금까지 식민지기 연구에서 등한시해 왔던 오락문제를 총체적으로 고찰함으로써 '저항-협력'이라는 단순한 도식을 지양하고, 당대의 일상과 식민지 대중의 역동적인 단면을 읽어내기 위한 하나의 시도가 되었다.

책을 펴내면서 감사할 분들이 너무나도 많다. 이 연구의 시작과 끝에서 모든 과정을 성심껏 지도해주시고 연구자의 참된 자세를 일깨워주셨던 권석영 교수님께 진심으로 감사의 말씀을 드린다. 강원대학교 사학과에 입학한 순간부터 인연의 시간을 쌓아 일본 유학의 일생일대 기회를 마련해 주신 손승철 교수님의 든든한 응원과 지지가 있었기에 본서의 집필까지 길을 잃지 않을 수 있었다. 시대를 아우른 혜안으로 설익은 문제의식에도 격려와 조언을 아끼지 않으셨던 유재춘 교수님과 동양사에 대한 이해를 넓혀주신 남의현 교수님, 김대기 교수님께도 감사의 인사를 드린다. 그리고 학문의 길에서 큰 의지가 되었던 강원대학교 사학과의 여러 선배, 동학들과 함께한 시간은 너무나도 귀중한 자양분이 되었다. 그러한 고리가 연결되어 동아대학교 역사인문이미지연구소에서 새롭게 도전할 기회를 마련해주신 신동규 교수님께도 고마운 마음을 전하고 싶다. 책을 내기까지 출판사 여러분께 많은 폐를 끼쳤는데 죄송하고 감사할 따름이다. 마지막으로 한결같은 신뢰와 사랑을 보내주시는 어머니께 이 책을 바친다.

2020년 6월
김영미

| 차 례 |

책을 펴내며 ·· 4

Ⅰ. 프롤로그

1. 문제 관심의 소재 - 근대사회와 '오락' 개념 ················· 13
2. 연구의 관점과 방법 ·· 16
3. 연구의 구성과 내용 ·· 24

Ⅱ. 제1부

제1장 근대 일본에서의 노동과 오락문제의 부상 ············· 30
  1. 시작하며 ··· 30
  2. 근대사회의 노동과 오락의 관계 ································· 34
    (1) '비(非) 노동시간'으로서의 오락 개념에 대한 재고 ······· 34
    (2) 노동과 오락의 근대적 관계 ································· 37
    (3) 오락문제의 대두와 그 성격 ································· 41
  3. 근대 일본에서의 노동과 오락문제 ···························· 47
    (1) 근대적 노동 규율과 노동자에 대한 평가 ··············· 47
    (2) 오락의 필요성과 관리 문제 ································· 50
    (3) '민중오락론'을 통해 본 오락의 개념 ··················· 57
  4. 노동자 여가·오락의 실태 ··· 65
  5. 나오며 ·· 71

제2장 식민지 조선에서의 '오락의 사회화' 과정 ················ 75

1. 시작하며 ·· 75

2. 식민지기 조선인의 오락 생활 ·· 78

　(1) 타자의 시선에 비친 조선인의 '오락' ······························ 78

　(2) 오락기관으로서 시장의 존재 ·· 84

3. 식민지기 '오락' 용법과 오락문제의 공론화 ························ 90

　(1) 식민통치와 오락문제 ·· 90

　(2) 오락문제에 관한 민족적 자각과 의식화 ···················· 100

4. 나오며 ·· 106

Ⅲ. 제2부

제3장 농촌진흥운동과 조선총독부의 오락 장려책 ················ 111

1. 시작하며 ·· 111

2. 농촌진흥운동과 오락문제 ·· 114

3. 오락문제에 대한 지역적 대책 ·· 124

4. 농촌오락으로서 가미시바이(紙芝居)의 부상 ···················· 132

5. 나오며 ·· 142

제4장 일본의 후생운동(厚生運動) 전개와 오락문제 ·············· 145

1. 시작하며 ·· 145

2. 세계 후생회의(厚生會議)의 태동과 성장 ···························· 148

3. 일본에서의 후생운동 전개 ·· 153

　(1) 후생협회의 설립과 후생운동의 조직화 ······················ 153

　(2) 전시체제의 오락문제 ·· 162

4. 후생운동과 '국민오락'의 제창 ·· 168

5. 나오며 ··· 179

제5장 조선총독부의 오락정책 등장과 그 특징 ················ 181
1. 시작하며 ··· 181
2. 사회교육·교화사업과 오락문제 ································ 184
    (1) 조선의 오락문제에 대한 총독부의 인식 ············ 184
    (2) 사회교육·교화사업과 오락정책 ······················· 187
3. 조선총독부의 오락정책과 향토 오락 장려 ·············· 190
    (1) 조선총독부의 오락정책 구상 ··························· 190
    (2) 향토 오락에 대한 사회적 관심 고조 ··············· 195
4. 1940년대 문화 신체제(新體制)와 오락문제 ············· 203
5. 나오며 ··· 211

제6장 조선의 오락문제와 향토 오락의 통제 ··················· 214
    - 줄다리기를 둘러싼 갈등 양상을 사례로 -
1. 시작하며 ··· 214
2. '근대성'과 줄다리기의 충돌 ······································ 217
3. 1920년대 줄다리기의 성행과 그 양상 ······················ 222
4. 줄다리기를 둘러싼 주체 간의 갈등 양상 ·················· 227
    (1) 식민통치 권력의 줄다리기 금지와 갈등 ············ 228
    (2) 줄다리기에 대한 대중의 욕망과 갈등 ··············· 232
5. 줄다리기의 전통 지속과 경제적 가치를 둘러싼 갈등 양상 · 241
6. 나오며 ··· 250

에필로그 ··· 252
참고문헌 ··· 256
찾아보기 ··· 265

| 글을 처음 실은 곳 (목차순) |

제1장 근대 일본에서의 노동과 오락문제의 부상
　　「근대 일본에서의 노동과 오락의 문제-明治末期에서 大正期까지-」,
　　『일본역사연구』, 2011.06.

제2장 식민지 조선에서의 '오락의 사회화' 과정
　　「一九二〇年代植民地朝鮮における「娛樂の社會化」の過程」,
　　『北大史學』, 2012.12.

제3장 농촌진흥운동과 조선총독부의 오락 장려책
　　「농촌진흥운동과 조선총독부의 오락 장려책」, 『일본역사연구』,
　　2015.12.

제4장 일본의 후생운동(厚生運動) 전개와 오락문제
　　「戰時下の娛樂問題と厚生運動の展開」, 『한림일본학』, 2015.05.

제5장 조선총독부의 오락정책 등장과 그 특징
　　「전시기 조선총독부의 오락정책과 그 특징」, 『한일관계사연구』,
　　2015.12.

제6장 조선의 오락문제와 향토 오락의 통제 - 줄다리기를 둘러싼 갈등
　　양상을 사례로 -
　　「식민지기 오락문제와 전통오락 통제에 관한 일고찰-줄다리기 사
　　례를 중심으로-」, 『한국문화연구』, 2017.06.

1. 프롤로그

1. 문제 관심의 소재 - 근대사회와 '오락' 개념

　본 연구의 목적은 '지배자'와 '피지배자'라고 하는 단순한 이분법적 도식에서 벗어나 식민통치 권력이 일상생활에 개입하는 문화의 장으로써 당대 오락문제에 주목하고 그에 투영된 사회적·문화적 제상(諸相)을 고찰하는 것에 있다.

　이에 앞서 본 연구가 '오락'이라는 용어를 어떠한 맥락에서 사용하고 있는 것인지, 그에 관해 대략적인 개념과 배경을 설명해 두고자 한다. 오늘날 오락(娛樂)의 의미는 일반적으로 '쉬는 시간에 몸의 피로를 풀고 기분을 좋게 하려고 게임, 노래, 춤 등을 하든지 보며 즐기는 일'이라고 하는 사전적 정의에 기반을 둔 용례로 통용되고 있다. 같은 맥락에서 '환락(歡樂)'이라는 동일어가 존재하며, 그의 유사개념으로는 '취미(趣味)'나 '유희(遊戱)', '놀이' 등을 꼽을 수 있겠다. 한편 인류사에서 볼 때 오락의 영역은 인간의 지극히 주관적인 감정에 좌지우지되는 부분으로, 실로 매우 다채로운 정의(定義)와 활동을 포함하고 있다. 그 때문에 이 모든 것을 망라해서 '오락'의 의미와 범위를 단순하게 개념화하는 것은 사실상 불가능한 일이며, 이에 오락의 명확한 정의론은 존재하지 않는다고 말할 수 있다. 이처럼 광범위한 맥락에서 의미가 통용되고 그에 따른 해석이 가능한 '오락'이라는 용어에 대해 본 연구의 주요 관심은 근대사회에서 형성된 오락의 새로운 개념을 탐구하는 것에 있다. 구체적으로 말하면 '근대성'으로 그 내포가 채워진 오락 개념의 실체를 살펴보고, 그렇다면 근대사회에서 '오락의 문제화'가 어떠한 양상으로 전개되었는지를 해명(解明)하는 것이다. 이 문제에는 근대사회에서 일상적 개념으로 정착하게 되는 '오락'의 영역과 그에 부여된 새로운 의미망에 관한 이해가 요구되는데, 이를 위해서는 무엇보다 '노동'과의 관계에서 그 과정을 살펴보는 작업이 필요하다.

이러한 점을 염두에 두고 본 연구에서는 오늘날 비(非) 노동시간의 영역으로 결부되는 '여가(餘暇)'라는 맥락에 부합하여 '오락'이라는 용어를 주된 논의 대상으로 하고 있는데, 그 배경과 관련해서는 다음의 두 가지 요소를 주목하고 있다. 첫째, 근대사회에서 새롭게 등장한 노동규율과 그로 인해 재편성된 사회적 시간에 관한 것이다. 이는 근대사회가 '노동과 여가의 분리'라는 사회적 시간을 확립한 것을 의미한다. 여기서 노동시간과 명확히 분리된 '비(非) 노동시간'으로서의 영역, 이른바 '여가'라는 개념이 성립하는 것과 동시에 그와 동등한 의미로 오락의 개념이 정착하게 되었다는 점이다. 둘째, 근대사회에서 노동을 신성시하는 이데올로기가 정착하는 것과 관련해 표면적으로는 노동시간과 분리된 오락이 그 이면에서는 '노동'이라는 생산 활동을 지탱하기 위한 활동으로써 그 가치가 역설되는 점이다. 이러한 과정에서 흥미로운 것은 여가·오락의 영역이 노동시간과 엄격히 분리되는 것임에도 불구하고 노동과의 밀접한 관계 속에서 그 가치가 주목받게 되는 점이다. 그와 맞물려 여가·오락문제가 사회적 차원에서 관리됨으로써 건전하고 규칙적인 여가·오락시간의 사용방법이 강구되는 것을 엿볼 수 있다. 이러한 맥락에서 산업의 발전과 자본주의 확립을 배경으로 한 '비(非) 노동시간'으로서의 '여가' 혹은 '오락'이라는 개념이 성립하는 과정은 지극히 근대적인 것이자 근대사회의 산물이라고 할 수 있다.[1] 이는 노동을 모체(母體)로 해서 발생한 오락의 사회적 방향성이라고 하는 측면에서 전통사회와는 구분되는 여가·오락 개념의 탄생을 시사한다.

노동과 여가·오락의 관계에 대해서는 동·서양을 막론하고 일찍부터 사회학이나 인류학 분야에서 주목해 왔다.[2] 스탠린 파커(Stanley Parker)의 표현

---

1) 川北稔 編, 『「非勞働時間」の生活史 - 英國風ライフ·スタイルの誕生』, リブロポート, 1987, 章序.
2) 이에 관한 선행연구로는 仲村祥一, 『現代娛樂の構造』, 文和書房, 1973; 大河內一男,

을 빌리자면 이에 공유된 기본적인 문제의식은 다음과 같다. "노동과 여가
에 관한 문제를 논의할 때 (우리는) 현대 산업사회에서의 개념과 조건을 당
연시하기 쉽다. 그러나 그를 둘러싼 '사회적 태도'를 이해하기 위해서는 노
동과 여가(혹은 오락)의 관계에 대해서 역사학적이고 인류학적인 관점에서
보다 근본적이고 세밀한 접근을 시도해볼 필요가 있다"는 점이다. 이는 곧
현대사회의 여가·오락 개념을 전통사회의 그것과 쉽게 동일시해서는 안 된
다고 하는 요컨대 그 개념에 대한 근본적인 차이를 상기시키는 것이다. 여
기에서 주목된 것은 전통사회에서 오락 개념이 오늘날과 같이 "의식적으로
조직된 여가" 혹은 "계획적으로 선택된 실행의 결과"가 아니라, 계절의 리
듬에 따른 일상에서 자연스럽게 행하던 "무의식적·무계획적"인 것으로 구
성되었다는 점이다. 이러한 특징은 전통적으로 오락의 영역이 노동과 불명
확한 경계를 이루면서 "힘든 노동(苦勞) 후 단지 쉬거나 정해진 의식(혹은
행사)에 참가하는 것"만으로 충분히 의미가 있었던 전통사회의 생활 양상
에 관련이 깊다. 이와 같은 맥락에서 전통사회의 '여가·오락'에 대한 개념
은 오늘날처럼 노동과 의식적으로 구분해서 계획하고 설정하는 것이 아닌,
일상생활에 자연스러운 요소의 하나로 존재하였다는 사실이 보편적인 역사
로 검증되고 있는 것이다.[3] 이와 같은 연구 성과에서는 오늘날 오락의 의
미를 일반적으로 '일이나 면학(勉學) 후 한가한 때에 하는 놀이 또는 유희'
로 당연시하는 것에 대해서 의문을 제기하는 동시에 전통적 오락 개념과의
차이를 고찰하려는 문제의식을 엿볼 수 있다. 또한 사회 환경이나 구조적
변화로 용어에 포함된 의미 또한 변해간다는 사실을 염두에 두고 근대사회

『餘暇のすすめ』, 中央公論社, 1974; スタンリー・パーカー, 野澤浩・高橋祐吉 譯, 『勞
働と餘暇』, TBS出版社, 1975; 川北稔 編, 앞의 책; 荒井良雄・川口太朗・岡本耕平・神穀
浩夫 篇譯, 『生活の空間・都市の時間』, 古今書院, 1989; 今村仁司, 『近代の勞働觀』, 岩
波書店, 1998; 安江考司, 「前近代の勞働とレジャー：サーヴェイのための草稿」, 『法
政大學敎養部紀要』 第105號, 1998 등을 참조.
3) スタンリー・パーカー, 앞의 책, 48·56~60쪽.

의 여가·오락에 내재된 개념과 전통사회에서의 그 내력 각각을 비교·검토
해야 할 대상으로 설정하고 있다. 이와 같은 접근에서 노동의 의미와 대비
시켜 오락의 영역을 규정하고 구분 짓는 보편적인 태도 그 자체를 재고(再
考)해야 할 필요성을 확인할 수 있다.

이상의 문제의식을 토대로 본 연구에서는 전통적인 여가·오락의 의미와
그 용법에 균열이 생기기 시작한 근대사회에 초점을 맞추고, 노동시간에서
분리된 '비(非) 노동시간'의 영역을 총칭하는 개념으로써 '오락'(혹은 여가)
라는 용어를 사용하고 있다. 이에 따라 우선 전통사회와는 다른 '오락' 개념
그 자체가 근대사회에서 어떻게 형성되었는지 그 과정을 규명해야 할 필요
가 있다. 이를 토대로 전통사회와는 대비되는 근대적 노동의 형성과 그로
인해 의미의 내포가 채워진 오락 개념의 새로운 패러다임을 이해하고 그
과정을 역사적 관점에서 조망하고자 한다.

2. 연구의 관점과 방법

식민지기 오락문제라는 관심에서 지금까지의 연구 성과를 살펴보자면 다
음과 같이 크게 두 가지로 분류할 수 있다.

첫째, 민속학적 견지에서 한국의 전통적 민속놀이에 착목한 것으로써 홍
일식의 『한국전통문화시론』(고려대출판부, 1978)이나 임재해의 『한국민속
사 입문』(지식산업사, 1996)과 같은 고전적인 연구를 대표적으로 꼽을 수
있겠다. 이러한 성과들은 오늘날 세시풍습에 해당하는 민속놀이가 식민통
치 하에서 어떻게 변질되었고 소멸했는가에 초점을 맞춘 것으로, 식민지 지
배정책에 의한 전통 놀이문화의 '억압/저항' 혹은 '단절/변질'을 강조해 왔
다. 한편 식민지기에 전개된 조선의 민속학 연구와 활동에 대해 탈민족주
의·탈식민주의 시각에서 일련의 문제의식을 제기해온 남근우의 연구는 조

선 민속학과 일제 식민주의의 관련성을 분석한 성과로써 주목할 만하다.4) 특히 일본인에 의한 조선 민속학과 조선인에 의한 조선 민속학이 갖는 상호관련성을 밝혀내고, 이를 통해 일제 식민주의와 실천적 문화 민족주의의 공범적 연동 관계를 규명한 점이 주목된다. 이러한 점은 식민지기 오락문제와 관련해 특히 전통놀이가 사회적 관심을 받게 되는 당대의 배경을 이해하는데 있어서 매우 유익한 틀을 제시해 준다.

둘째, 식민지기 근대적 대중문화의 출현과 성장을 배경으로 당시 어떤 오락이 도입되었는지, 그것이 어떻게 수용·확산되는가에 관심을 둔 문화사적 연구이다. 이에 관련해서는 방법적으로 연극이나 영화, 라디오, 스포츠 등과 같은 매체별·장르별 대상의 연구가 주류를 이루고 있다. 그 가운데 한국 대중문화의 근대적 형성기를 다양한 장르에 걸쳐 폭넓게 검토한 유선영의 연구는 선구적인 것이라 할 수 있다.5) 유사한 맥락에서 김진송의『서울에 딴스홀을 許하라』(현실문화연구, 1999)는 당대의 새로운 문화와 대중의 출현에 착목하고 근대적 문물 및 외래풍습의 유입과 도시화의 과정, 대중문화의 유행을 기반으로 한 1920~1930년대 경성 사람들의 일상에 주목한 연구로써 시사하는 바가 크다. 이와 같은 연구는 식민지기 자본주의적 소비와 도시문화·근대적 문물과 풍습 그리고 대중문화에 표출된 '근대성'과 더불어 당대 대중의 소비 취향이라는 문제를 제기한 점에서 의의가 있다.

이상과 같은 일련의 과정에서 주목되는 성과는 식민지 연구의 주류를 이루었던 정치적·민족주의적 견지로부터 '전통의 변질'이나 '근대성의 유입', '대중성의 형성'과 같은 주제를 축으로 대중문화 영역에 관한 관심을 확장한 점이다. 이러한 시도는 식민지기 통치 방식에 대한 시야의 저변을 확대

---

4) 남근우, 「'신민족주의' 사관 재고-손진태와 식민주의」,『정신문화연구』105, 2006; 남근우,『조선민속학과 식민주의』, 동국대학교 출판부, 2008.
5) 柳善榮, 「韓國 大衆文化의 近代的 構成過程에 對한 硏究 : 朝鮮後期에서 日帝時代까지를 中心으로」, 고려대학교 대학원 박사학위논문, 1992.

하는 데 있어서 여전히 유효한 것이며, 식민지 문화에 관한 근래의 연구 흐름과도 연동된다는 점에서 더욱 그 의미를 되짚어볼 수 있겠다. 그 핵심은 '식민지 근대성'에 대한 본질적인 접근을 통해 식민통치 권력이 항상 정치적이거나 경제적인 측면에서만 작용하지 않는다는 사실을 상기시켜 주는 점에 있다고 할 수 있다. 한편 영미권(英美圈) 학계의 포스트 콜로니즘 (post-colonialism)이나 새로운 제국사 연구의 영향으로 인해, 한국과 일본의 식민지 연구에서는 '제국주의 문화사'가 다채로운 성과를 보여주고 있다. 여기서 주목되는 것은 '문화'라는 개념 자체가 역동적인 맥락으로 확장, 수용됨으로써 그동안 미처 의식하지 못했던 다양한 주제가 문화문제의 대상으로 다루어지게 되었다는 사실이다. 이에 관련된 이론적 기초나 방법론에 대해서는 이미 다수의 연구자에 의해 활발히 논의, 정리되었는데6) 미야모토 마사아키(宮本正明)는 식민지와 문화문제 연구에서 나타난 눈에 띄는 특징을 다음과 같이 언급하고 있다. 요컨대 근래 식민지 연구에서는 개인의 존재나 활동, 사회시스템 속의 국가·성별·민족·계급 등이 복합적으로 얽힌 '역학관계' 자체에 주목하며 기존 개별의 문화 영역과는 다른 차원의 개념에서 '문화'를 분석적 개념으로 활용하고 있다는 점이다.7) 그리고 포스트 (post) 식민주의적 연구의 중요한 특징을 "문화론적 전환"이라고 규정한 도베 히데아키(戶邊秀明)는 이것이 "대상으로서의 문화" 즉 일반적인 문화사·문화연구가 염두에 두는 개별적 문화 장르나 매스 미디어(mass media), 신체문화 등 구체적인 대상으로는 환원되지 않는 문화 개념이라고 설명하였다. 요컨대 이는 정치적·경제적 지배와 피지배에 그치지 않는 식민지 상

---

6) 새로운 식민지 연구와 관련하여 일본에서의 연구사와 방법론을 정리한 것에는 年報日本現代史 編, 「「帝國」と植民地 : 「大日本帝國」崩壞六〇年」, 『年報日本現代史』 第10號, 2005; 日本植民地研究會 編, 『日本植民地研究の現狀と課題』, アテネ社, 2008; 歷史學研究會 編, 『『特集「韓國併合」100年と日本の歷史學』―「植民地責任」論の視座から』, 靑木書店, 2011 등을 참조.

7) 宮本正明, 「植民地と「文化」」, 『年報日本現代史』 第10號, 2005, 195쪽.

황 그 자체를 연구하고 비판하기 위해 선택된, 이를테면 "방법으로서의 문화"라는 것이다. 이처럼 새로운 경향의 식민지 연구에서 문화 개념의 재정의(再定義)는 식민지 상황을 창출하는 권력 작용이 일상생활의 다양한 회로를 통해 작동하는 보편적이면서 특수한 양상을 규명하려는 시도에 든든한 발판을 제공하고 있다.8) 이와 같은 흐름은 '문화'라는 개념이 단순히 매체별, 장르별로 구분되는 개별적 항목에 머무는 것이 아니라, 당대의 사회를 분석하기 위한 독립된 지표이자 방법적 수단으로써 폭넓게 적용되고 있다는 사실을 시사하고 있다.

　이러한 연구 동향을 배경으로 하여 한국과 일본에서는 '문화' 개념 자체를 재정립하면서 문제의식과 방법론의 다양화를 통해 '종주국과 식민지'에 관한 프레임이 확장되고 있다. 이러한 추세는 기존에 '지배-피지배'라는 이항대립의 도식을 강조하면서 배제되거나 간과했던 문제들, 이를테면 '종주국과 식민지의 사이'에 걸쳐있는 일상의 경계와 전선 혹은 복잡다기한 중첩과 분기(分岐)한 문화적 공간에 주목하는 형태로 연구의 성과를 축적해 가고 있다.9) 방법론적 측면에서는 논자에 따라 다소 차이는 있지만, 대체로

---

8) 戸邉秀明, 「ポストコロニアリズムと帝國史研究」, 『日本植民地研究の現狀と課題』, アテネ社, 2008, 64~65쪽.
9) 종래 한국의 식민지기 연구에서는 '대중'을 검토 대상으로 고려하지 않았을 뿐만 아니라 그에 대한 시선 역시 긍정적인 것이 아니었다. 이는 이 시기의 대중문화가 전통과 충격의 변증법적 지양을 통해서 형성된 것이 아니라, 식민지 통치로 말미암아 전통의 일방적 쇠퇴와 양식의 강제적 대체라는 "비극적 성격"을 띠고 있다고 보았기 때문이다. 또한 일제의 동화정책 아래 일본문화에 침윤(浸潤)되었다는 인식에서 대중문화를 즐긴 당대 대중에 대해서도 부정적으로 보았다. 이러한 역사적 문제를 넘어서 2000년대 중반 이후 수용자 대중의 저항성, 능동성을 강조하는 흐름이 문화연구의 부상과 함께 성장하면서 식민지기 대중문화와 대중의 성격에 대한 재평가가 진전되었다. 그 기저에는 식민지에서 대중문화와 대중의 출현, 성장 과정에는 서구적인 것과 근대적인 것과의 충돌 및 저항, 수용과 전유 혹은 상호참조와 같은 매우 복잡하고 때로는 모순적인 동력이 수반된다는 사실을 인지하고 이를 규명하기 위한 목적이 자리 잡고 있다. 이에 대해서는 조형근, 「식민지 대중문화와

다음과 같은 문제 관심을 중심으로 연구가 진전되고 있다. 첫째, 미셸 푸코 (Michel Foucault)의 '규율 권력론'을 이론적 기초로 삼는 한편 '식민지'라고 하는 상황 속에서 형성된 '근대성'의 권력적·폭력적 측면에 착목함으로써 식민통치에서 형성된 근대적 경험의 본질을 규명하려는 연구이다. 이는 체계적인 규율을 토대로 인간의 삶을 통제하고 관리하는 '근대성'에 대한 이해를 바탕으로 한 것이다. 그리고 이러한 근대적 습성이 '식민지성'과 대립하는 것이 아니라 서로 얽혀 있으며 상황에 따라 동태적으로 변화한다는 점에서 '식민지성과 근대성'의 상호관계에 주목한다. 이에 따라 식민지기를 소위 '개발과 수탈' 혹은 '저항과 협력'으로만 논했던 기존의 이분법적 시각을 지양하고, '식민지성과 근대성'이 동시에 관철되는 구체적인 현장으로써 일상생활에 주목하며 '식민지적 근대'를 해명하려는 다양한 시도가 전개되었다. 학교·공장·의료·군대 등에서의 규율체제 및 대중문화나 근대적 미디어, 또는 '신여성'과 가족 등과 같은 주제를 통해 일상생활을 조직하는 기본적 원리를 파악하는 한편 일제가 강요한 통제와 규율의 메커니즘 (mechanism) 분석에 초점을 맞춘 다수의 연구 성과가 그것을 뒷받침한다.[10] 이런 맥락에서 일상생활과 밀접히 연관되어 있는 근대적 규율들이 어떤 맥락에서 형성되어갔는가, 그 과정에서 작동한 식민지 권력의 의도는 어떻게

대중의 부상-취향과 유행의 혼종성을 중심으로」, 『사회와 역사』 111, 2016, 89~90 쪽을 참고.

10) 대표적으로 김진균·정근식, 『근대주체와 식민지 규율권력』, 문화과학사, 1997; 윤해동, 『식민지의 회색지대 - 한국의 근대성과 식민주의 비판』, 역사비평사, 2003; 연세대학교 국학연구원 편, 『일제의 식민지배와 일상생활』, 혜안, 2004; 水野直樹 編, 『生活の中の植民地主義』, 人文書院, 2004; 松本武祝, 『朝鮮農村の＜植民地近代＞經驗』, 社會評論社, 2005; 공제욱·정근식 편저, 『식민지의 일상 - 지배와 균열』, 문화과학사, 2006; 신기욱·마이클 로빈스 편저, 도면회 옮김, 『한국의 식민지 근대성』, 삼인, 2006; 최규진, 『근대를 보는 창 20』, 서해문집, 2007; 한철호·하라다 게이치·김신재·오타 오사무 지음, 『식민지 조선의 일상을 묻다』, 문화학술총서, 2013 등을 꼽을 수 있다.

구현되었는가에 대한 탐구가 계속적으로 이루어지고 있는 것이다.

이러한 문제 관심을 공유하면서도 둘째, 제국사적 시점에서 제국 일본의 중심과 외부에서 일어난 '문화권력'의 확산과 이식·변용의 역동성에 주안점을 두고 제국의 보편성과 식민지의 고유성이 처해 있던 다중적인 분열 상황과 쌍방향적인 관계를 고찰하려는 연구이다.[11] 동일한 문제의식에 연동하여 주목되는 것은 '제국 일본의 문화 권력'이라는 유사한 지평을 토대로 삼아 동아시아 학계에서 동시다발적으로 그 성과를 가시화해 나가고 있다는 점이다. 이는 '제국 일본'이라는 범주 설정과 '문화권력'의 역사적 계보를 규명하기 위해 중심부의 시각에서 혹은 주변부의 공통성과 독자성을 염두에 두고 제국 팽창에 수행되었던 다양한 학지(學知)와 문화 매체를 대상으로 삼고 있다.[12] 여기서 중요시되는 점은 권력과 문화의 역학성 및 구조적 특성에 대한 이해를 바탕으로 그를 둘러싼 세력의 헤게모니 쟁탈 양상과 그 실태를 다각도로 조명하는 것이다. 이에 지배자와 피지배자의 영위와 상호작용에서 파생하게 되는 권력과 문화 사이의 다양한 패러다임이 고찰되고 있다. 이와 관련해 식민지와 종주국의 상호관계성을 "겹쳐지고 서로 얽힌 경험의 복잡한 역사"로 정의하며 식민지기 온돌을 둘러싼 문제를 "제국주의 경험"이라는 관점에서 풀어낸 권석영의 지적 역시 참고할 만하다.

---

11) '제국 일본'이라는 프레임으로 문화와 권력이 엮어내는 동태를 고찰한 것으로 한림대학교 일본학연구소에 의한 <제국일본의 문화권력 : 학지와 문화매체> 프로젝트 성과가 주목할 만하다. 제1단계의 성과로 서정완·임성모·송석원 편, 『제국일본의 문화권력』, 소화, 2011을 비롯해 제국사 연구가 갖는 중심부 편향성을 극복하고자 한 제2단계의 성과는 서정완·임성모·송석원 편, 『제국일본의 문화권력』 2, 소화, 2014로 간행되었다. 이와 유사한 문제의식에 의한 일본에서의 연구로는 阪野徹·慎蒼健 編著, 『帝國の視角 / 死角 〈昭和期〉日本の知とメディア』, 靑弓社, 2010; 松田利彦·陳姃湲 編, 『地域社會から見る帝國日本と植民地:朝鮮·台灣·滿洲』, 思文閣出版, 2013 등을 예로 들 수 있겠다.

12) '트랜스내셔널 제국사'의 구축을 표방한 한일 양국의 연구 성과와 그 흐름에 대해서는 서정완·임성모·송석원 편, 『제국일본의 문화권력』 2, 소화, 2014, 서문을 참조.

요컨대 “제국주의 경험”의 과정이란 제국 전체나 제국 내의 각 지역 간(식민지와 종주국, 식민지와 식민지), 지배와 피지배자 또는 피지배자들 사이, 각 개인이나 단체 사이에 다양한 관계를 만들어내는 것이므로 질적으로 서로 다른 경험을 한다는 것이다. 따라서 상호관계성이나 그 실체를 의미하는 ‘경험’이란 구체적으로 말하자면 억압과 피억압, 폭력과 협조·저항·일탈, 민족의 테두리를 초월한 갈등과 혼효 및 그 사회적·문화적 결과 등 매우 다양하다는 사실을 강조하였다.13) 이러한 시각에서는 식민지 근대성의 동시성과 중첩성이라는 측면을 제국사적 범위로 확대시킴으로써 일국사적(一國史的) 관점을 지양하고 학제적이고 월경적(越境的)인 문제의식을 토대로 ‘제국 일본과 식민지 조선’의 쌍방향적인 관계성을 적극적으로 해명하고자 하는 문제의식을 엿볼 수 있다.

이상과 같은 흐름은 식민지기 문화연구와 관련해 두 가지 측면에서 중요한 방향을 주도하고 있다고 할 수 있다. 하나는 식민통치 권력이 갖고 있던 일정한 부분의 ‘근대성’에 주목하는 것과 동시에 그것의 억압적인 측면을 지적함으로써 ‘식민지적 근대성’ 경험의 본질에 접근하려는 것이다. 이에 여러 가지 양상이나 국면을 갖는 일상이라는 친숙한 지점이 재조명되었고 ‘근대성과 식민지성’의 동시적이고 중첩적인 양상이 일상생활에서 어떻게 관철되는지를 고구(考究)하는 연구가 활발히 전개되었다. 다른 하나는 ‘제국 일본’이라는 틀에서 생활이나 문화와 같은 영역에서 형성된 권력 관계를 해명하려는 것이다. 이에 주목되는 것은 종주국과 식민지 사이에 형성된 상호관계에 역점을 둠으로써 ‘저항과 협력’과 같은 기존의 이항 대립적 구조에서 벗어나 권력과 문화의 중층화(重層化) 또는 ‘수용-저항’의 양상이 보다 역동적으로 조명되고 있다는 점이다. 이러한 의미에서 근래의 식민지 연구가 이전과는 다른 방식으로, 보다 다채로운 주제에 관심을 두고 그를 세

---

13) 권석영, 『온돌의 근대사 - 온돌을 둘러싼 조선인의 삶과 역사』, 일조각, 2010, 28~29쪽.

밀하게 포착하려는 경향을 확인할 수 있다. 그 특징은 식민지기에 경험하게 되는 특유의 '근대성'을 고찰하고 한편으로는 식민지 권력에 포섭되지 않은 '일상성'까지 시야를 확대시킴으로써 식민통치 권력의 양태를 보다 다원적으로 분석하려는 시도가 이루어지고 있다는 점이다. 이는 곧 탈민족주의·탈근대주의 입장에서 식민지 근대를 논하고 일상생활 속에서 식민지배의 주체적 경험을 논하려는 것이기도 하다. '식민지성과 근대성'이 공존했던 조선 사회에 주목하고 오락문제를 통해 식민통치의 일면을 밝혀내고자 하는 본 연구의 문제의식도 기본적으로 이러한 관점을 공유하고 기반으로 삼은 것이다.

일상생활의 한 요소를 이루고 있었던 오락문제에 한해서 보자면, 앞서 언급했듯이 주로 민속학적·문화사적 관점에서 간헐적으로 언급될 뿐 그 성과는 아직 미미한 수준에 머물러 있다. 또한 그에 대한 이해는 한국과 일본을 불문하고 일국사적(一國史的) 관점에서 식민지 지배에 의한 '오락의 억압'이나 '전통오락의 단절'을 강조하는 이항 대립적 관점이 지배적이다. 그나마 전시체제하 오락문제에 초점을 맞춘 연구가 몇몇 존재하지만 이 역시 단편적인 검토에 그치고 있는 상황으로, 결과적으로 식민지기 오락문제에 관한 체계적인 분석이 이루어졌다고 말하기는 어렵다.[14] 무엇보다 오락문제가 식민지 정책에서 큰 비중을 차지하고 있지 않았다는 점에서 그에 관한 학제적 관심이 희박했던 것이 사실이다. 하지만 일상생활의 기층(基層)을 구성했던 필수적 요소로서 오락문제의 존재를 인식하게 될 때, 그것이 의미하는 바를 다음과 같이 접근할 수 있다. 하나는 식민지 대중의 생활자적 입장에서 오락문제는 그것이 갖는 의미를 특별히 생각할 여유조차 없는 사소한 부분이었을지도 모르나 그에 관한 욕구는 지극히 인간 본능적인 것이자 개인적인 형태로 존재하고 있었다는 사실이다. 또 다른 하나는 식민통

---

14) 김예림, 「전시기 오락정책과 '문화'로서의 우생학」, 『歷史批評』 73, 2005; 소래섭, 『불온한 경성은 명랑하라』, 웅진지식하우스, 2011.

치 권력의 입장에서 정책상 오락문제는 부수적인 차원에 불과했을지 모르
지만 식민지 대중의 생산성 향상을 달성하기 위한 목적에서 '비(非) 노동시
간'을 어떻게 통제하고 관리해야 하는가의 문제는 결코 무시할 수 없는 요
소였음을 확인할 수 있다. 이는 상황에 따라 식민지 사회의 질서유지에 관
련되는 문제적 요소로 대두하기도 하였다.

　이러한 문제의식에서 본 연구는 오락문제를 통해 식민지기의 동시대적
상호관계성과 특수성에 착목하고 이를 두 가지 측면에서 접근하고자 한다.
첫째, 일국사적(一國史的) 관점에서 벗어나 '제국 일본'이라는 시공간적 관
점에서 종주국 일본과 식민지 조선에서의 오락문제에 관한 역사적 전개를
각각 망라하는 것이다. 둘째, 이른바 근대사회에서 구축된 오락의 보편적
성격에 대한 이해를 바탕으로 식민지 사회에서 발생하는 통치 권력과 식민
지민의 접촉, 즉 하나의 생활공간에 얽힌 이민족의 문화적 갈등·협조·수용
과 같은 상호관계성을 중시하는 입장에서 식민지기 조선의 오락문제에 관
한 제(諸)양상을 조망하는 것이다. 이러한 작업을 통해 그간 '저항-협력'이
라는 단순한 도식에서 간과되었던 식민지기 일상의 다채로움을 살펴보려고
하며, 식민통치를 둘러싼 권력과 반(反)권력의 역동적인 한 단면을 읽어내
고자 한다.

3. 연구의 구성과 내용

　앞서 서술한 바와 같이 본 연구에서는 '오락'이라는 용어에 대해 근대사
회에서 형성된 '비(非) 노동시간'을 뜻하는 개념을 전제로 하고 있는데, 이
를 '오락의 근대성'으로 규정하고 접근한다. 제1장에서 상세히 논하겠지만
미리 간략히 언급해 두자면 근대 일본에서는 '여가' 보다 '오락'이라는 용
어가 일반적으로 빈번하게 사용되고 있었다. 하지만 오늘날의 오락에 대한

사전적 정의보다 그 의미가 더 큰 맥락에서 통용되었던 것을 확인할 수 있는데, 여기서 오락에 내재된 의미가 단순한 개별적인 오락물을 지칭하는 것이 아니라는 사실에 주의할 필요가 있다. 당시 '오락'이라는 용어가 영어의 '레크리에이션(recreation)'에 해당하는 의미로 번역돼 '다시 새롭게 창조하는 것'의 의미로 해석되었다는 사실이 그러한 점을 뒷받침하고 있다. 본 연구가 '오락'이라는 용어를 주요 키워드로 내세우게 된 가장 근본적인 이유도 이러한 사정에 기인한 것이다. 이와 같은 맥락에서 근대사회의 노동과 오락 관계에 대한 우선적인 이해가 필요한 것이다.

이러한 문제의식에 입각하여 본 연구는 근대적 노동규율과의 관계에서 대두하기 시작한 여가·오락의 개념을 검토하는 것에서부터 출발한다. 원래 노동과 여가·오락을 둘러싼 고찰은 사회구조와 문화에 대한 총체적인 이해를 필요로 하는 것이다. 이는 각각을 개별적으로 분석하는 것에 머물지 않고 궁극적으로는 개인과 사회와의 관계, 생활 전반에 미치는 영향까지를 탐구하지 않으면 안 되는 것을 의미한다. 이로써 사회적·문화적 맥락이 얽혀 있는 개별 요소로서의 노동과 여가·오락에 관한 다양한 해석이 가능해지기 때문이다. 이러한 측면에서 한계가 있지만 본 연구에서는 노동과 오락 그 자체를 대상으로 하는 것이 아니라, 노동과 여가·오락에 대한 근대적 관계의 보편성에 주목하고 이를 전체적인 틀로 설정하고 있다는 점을 명확히 해 둘 필요가 있을 것 같다. 이러한 접근은 방법적인 측면에서 '근대'라는 공통적인 시공간적인 테두리에서 작동하고 있는 종주국과 식민지 사이의 교착 지점을 읽어 내기 위한 것이다. 이를 통해 종주국 일본과 식민지 조선에서의 오락문제를 세계사적 흐름 속에 두고 동시대적 역사 경험의 하나로 탐구하고자 한다. 요컨대 '근대성'이라는 시대적 특징을 전제로 오락문제를 통해 '제국 일본'이라는 프레임으로 문화와 권력이 엮어내는 실태에 접근하려는 것이다.

이와 같은 문제의식을 토대로 본 연구는 종주국 일본과 식민지 조선의 동시대적 상황을 비교·검토하는 방법으로, 시기에 따라 크게 제1부와 제2부로 나누어 총 6개의 장으로 구성된다. 제1부에서는 근대사회에서의 노동과 오락의 보편적인 관계성에 관한 이해를 토대로 근대 초기 일본의 상황을 살펴보고 조선에서 오락문제가 등장하게 되는 동시대적 맥락을 고찰하고자 한다. 일반적으로 근대사회에서의 오락문제는 공업화와 산업화를 배경으로 부상하게 되는데, 이는 노동문제와 오락문제의 밀접한 관련성을 시사한다. 이러한 점을 좀 더 명확히 규명하기 위해 '여가학' 및 '인류학'의 관점에서 노동과 오락의 계보를 분석한 선행연구를 참고하면서 대략적인 이해를 도모하려고 하며, 근대적 노동규율과 오락문제가 어떻게 연관되었는지에 대한 근본적인 검토를 진행할 것이다. 이러한 의미에서 근대 일본에서의 노동과 오락문제를 앞서 고찰하는 것은 그에 해당하는 전형적인 예시로 제시할 수 있으며 또한 식민지기 조선의 오락문제를 파악하기 위한 기초 작업에 해당하는 것이라 할 수 있다. 이와 같은 맥락을 전제로 제1장에서는 종주국 일본에서의 오락문제 대두와 그것의 사회적 전개를 해명하고, 이에 대비하여 제2장에서는 '식민지'라고 하는 특수한 상황에 놓인 조선의 경우를 아울러 살펴보고자 한다. 이를 위해 종주국과 식민지에서 공통적으로 추진되었던 '근대에 대한 지향성'에 주목하는 한편 사회문제로 표출된 오락문제는 무엇이었는지, 오락의 사회적 의미는 어떻게 구축되었는지를 '오락의 사회화 과정'으로 규정하고 각각을 논하고자 한다.

제2부에서는 시기적으로 1930년대 이후에 초점을 맞추어 종주국 일본과 식민지 조선에서의 오락문제에 대해 살펴본다. 만주사변과 중일전쟁의 발발 그리고 태평양전쟁에 이르는 시기를 배경으로 하며 특히 전쟁과의 관계 속에서 오락문제가 어떻게 규정되었고 조직적으로 관리되었는지를 중심으로 검토한다. 다만 식민지 조선의 경우는 1930년 초에 개시된 농촌진흥운동과 오락 장려책에 대해 먼저 주목해 둘 필요가 있다. 그 특수한 사정은 이제까지 조선인의 오락문제에 대해 방임적이고 무정책으로 임해 왔던 조선

총독부의 태도에 변화를 촉발시킨 계기를 바로 농촌진흥운동의 개시에서 찾을 수 있기 때문이다. 더욱이 이 때 구상된 오락 장려책이 이후에 제시되는 1938년의 오락정책에 반영되는 것을 확인할 수 있다는 점에서 추후 내용과도 긴밀성을 가진다. 제3장은 이러한 문제의식에 입각하여 식민지 조선에서 전개된 농촌진흥운동과 오락 장려의 상호관계를 밝히는 것을 과제로 삼고 있다. 제4장에서는 전시체제 오락정책으로서 종주국 일본의 후생운동(厚生運動)에 초점을 맞추어 전시체제와 오락문제의 양상을 검토한다. 이에 연동하여 제5장에서는 1938년에 발표된 조선총독부의 오락정책에 주목하고 그 배경 및 성격을 검토한다. 이를 통해 종주국 일본과의 상호관계성을 고려하는 한편 오락정책에 투영된 식민지 조선의 사정 및 그 특징에 대해 분석하려고 한다. 제6장은 앞선 성과를 기반으로 한 것으로, 식민지기 조선의 오락문제와 관련해 중요한 대상으로 거론되었던 전통오락에 관한 문제에 초점을 맞춘다. 이와 관련해 대표적인 사례로 줄다리기에 주목한다. 근대사회에서 줄다리기는 미신에 불과한 전통놀이로 그 폐지를 요구하는 여론에 직면하기도 하였다. 그러나 식민지기 줄다리기가 가지는 대표성은 조선인이 집단으로 즐길 수 있는 오락이자 스포츠의 하나로 호명되면서 사회적으로 그 명맥을 꾸준히 유지하였던 점에 있다. 이러한 의미에서 줄다리기 사례를 통해 전통오락에 함축된 사회적·문화적 문맥을 이해함으로써 그를 둘러싼 복잡한 갈등 양상을 고찰하고, 식민지기 오락문제와 결부시켜 전통오락 통제의 일면을 살펴보려고 한다.

이상과 같은 구성과 방법에 의해 본 연구는 지금까지 식민지기 연구에서 간과해 왔던 오락문제의 사회적·문화적 맥락을 총체적으로 고찰해 나가고자 한다. 이러한 시도는 '제국 일본'이라는 틀 속에서 종주국과 식민지에서 제기되었던 오락문제의 동시대적인 성격을 이해하는 것과 각각의 사정에 기반을 둔 오락정책의 역사적 배경 그리고 양국의 상호관계를 규명하기 위한 작업으로써 그 의미를 갖는다.

한국어 사료를 인용하는 데 있어서 신문『每日申報』(1938년에『每日新報』로 변경됨)나『朝鮮日報』,『東亞日報』, 잡지『別乾坤』,『三千里』등은 현대문에 맞게 일부 수정한 곳이 있음을 미리 밝혀둔다. 그리고 일본어 사료는 번역을 원칙으로 하되 인용자의 설명을 덧붙이거나 한자 표현을 병기함으로써 이해를 돕고자 하였다.

Ⅱ. 제1부

제1장 근대 일본에서의 노동과 오락문제의 부상

1. 시작하며

근대화 과정은 산업화와 자본주의 경제체제가 확립되는 것과 동시에 그에 상응하는 '생활양식의 재편'이라는 과제를 도드라지게 한다. 메이지(明治) 말기에서 다이쇼(大正) 시기에 걸쳐 자본주의 체제의 기틀을 다진 근대일본에서도 근대화를 지향하는 여러 가지 움직임이 사회의 전반적인 개선을 내세우며 '계몽' 또는 '교육'이라고 하는 형태로 잇달아 등장하였다. 이러한 과정에서 특히 초점이 맞춰진 대상은 새로운 계층으로 급부상한 도시의 생활자였는데, 여기에는 임금노동자나 도시하층민이 다수의 비율을 차지하고 있었다. 이와 같은 급증한 도시생활자는 새로운 대중문화를 창출해나가는 주체로 주목을 받는 한편으로 그에 따른 사회문제의 증대를 초래하는 요인으로 간주되었다. 이에 그들에 대한 사회적 차원의 관리·지도의 필요성이 제기되는 가운데, 대중의 오락문제 역시 이러한 맥락에서 주목을 받게 된다.

문부성(文部省)에 의해 1911년 '통속교육조사위원회(通俗敎育調査委員會)'가 설치됨으로써 이른바 '통속교육'에 관한 일련의 단속이 시행되고 선도방침이 수립되었는데, 이는 근대 일본에서 오락문제에 대한 사회적 관심을 구체화한 선구적인 활동으로 자리매김한다. 본 위원회는 사회의 풍기문란을 단속하고 불건전한 사상을 예방하여 문화를 개선하려는 목적에서, 소위 '아카홍(赤本)'으로 불리던 음란물의 적발을 비롯해 「환등·영화·활동사진 필름 심사규정의 제정」(幻灯映畵活動寫眞フィルム審査規定の制定)과

같은 행정적 조치를 단행하였다. 이는 "단속, 인정, 심사"의 관점에서 대중의 오락 생활을 문제시하고 그것의 선용(善用)에 관한 사회교육의 필요성을 제기한 최초의 움직임이 되었다. 이런 의미에서 본 위원회의 활동은 "일본 근대사에서 여가·오락문제에 주목한 사회적 움직임의 시초"로 규정된다.[1)]

대중의 오락문제에 대한 사회적 관심이 보다 구체적으로 진행되었던 것은 다이쇼기(大正期)에 들어서 데모크라시(democracy)를 반영한 '민중오락론(民衆娛樂論)'의 등장에서 찾아볼 수 있다. 대중의 오락을 둘러싼 문제가 사회적 의제(議題)로 활발히 논의되었고 '사회 교육적' 관점에서 혹은 '사회 정책적' 측면에 결부됨으로써 오락 생활에 대해 적극적으로 검토되기 시작했다. 논의의 주된 대상은 도시생활자의 오락 생활이며, 특히 공장 노동자의 비(非) 노동시간에 관한 문제가 중심적으로 논해진 것을 확인할 수 있다. '민중오락론'에 대해 사회적 논의가 활발히 진행되는 것과 더불어 노동자의 여가나 오락에 대한 구체적인 실태조사가 다수 이루어진 것이 그러한 관심을 뒷받침하고 있다. 이와 같은 점은 당시 사회문제의 핵심이었던 노동문제를 해결하기 위한 하나의 방편으로써 노동자의 여가 또는 오락문제가 주목받게 되는 사회적 과정을 시사해 주는 것이다. 더욱이 이러한 동향은 제1차 세계대전 후 노동문제·사회문제의 일환으로 노동자의 여가·오락 생활에 관한 문제가 가시화되는 국제적인 시류와도 연동하는 것이다.[2)] 근대적 맥락의 여가·오락문제를 이해하기 위한 본 장의 문제 관심은 이러한 배경에서 출발한다.

이상과 같은 배경에 입각하여 근대 일본의 여가·오락에 관한 선행 연구를 검토해 보면 간략히 세 가지 관점으로 구분할 수 있겠다. 첫째, 일본이 서구열강의 문명을 수용해가는 단계 즉 '문명개화기'라고 하는 시대적 흐름 속에서 당시 어떤 오락이 유입되었고 대중은 어떠한 오락을 즐기고 있었는

---

1) 石川弘義, 『餘暇·娛樂硏究基礎文獻集 解說』, 大空社, 1990, 3쪽.
2) 國立敎育硏究所 編, 『日本近代敎育百年史-社會敎育』 1, 文唱堂, 1974, 773~774쪽.

가에 초점을 맞춘 연구를 들 수 있다.[3] 둘째, 오락문제에 관한 사회적 논의가 시대적으로 활발히 전개되었던 배경에서 1920년대의 '민중오락론'에 주목하고 이를 사상사적 방법에서 각 논자(論者)의 주장과 입장을 비교·검토한 것이다.[4] 셋째, 근대적 도시와 시민 형성이라는 관심에서 도시생활자로 부상한 노동자의 오락문제가 대두한 배경을 고찰하고 이와 관련해 '민중오락론'이라는 사회적 논의를 활용, 분석한 연구가 있다.[5]

이와 같은 선행 연구 가운데 본 연구와 관련해 관심을 두는 것은 세 번째의 성과라 할 수 있다. 이는 근대적 도시 시민의 형성과 더불어 새로운 대중문화가 형성되고 여가 소비가 성장하는 당대의 사회적 변화를 부각함으로써, 시대적 배경과 그 대상에 대한 시야를 구체화한 점에서 주목된다. 이러한 접근은 기존 연구에서 노동자 오락문제가 '노사관계론' 또는 '노동운동론'이라는 극히 제한된 시각에서만 다루어져 왔던 것의 한계를 극복했다는 점에서 더욱 시사적이다. 요컨대 도시문제 차원에서 또는 사회교육 정책과 관련지어 근대사회의 보편적인 오락문제에 접근한 관점은 유익한 참고

---

3) 倉田喜弘, 『明治大正の民衆娛樂』, 岩波書店, 1980; 石川弘義, 『娛樂の戰前史』, 東京書籍, 1981; 竹村民郎, 『大正文化 : 帝國のユートピア』, 三元社, 2004 등이 있다.

4) '민중오락론'에 관한 연구로서는 阪內夏子, 「權田保之助の娛樂論に關する考察-形成期の思想を中心に」, 『學術硏究』 46號, 1997; 阪內夏子, 「社會敎育と餘暇·レクリエーション— : 大衆娛樂硏究と權田保之助を手がかりに」, 『學術硏究』 49號, 2000; 岩本憲兒, 「幻燈から映畵へ— : 明治·大正期における社會敎化と民衆娛樂論」, 『早稻田大學大學院文學硏究科紀要』 45號, 1999; 渡辺曉雄, 「「公益的」餘暇理論·實踐としての「民衆娛樂」論 : 權田保之助の所論を通じて」, 『東北公益文科大學總合硏究論集』 2號, 2001; 菅生均, 「權田保之助の芸術敎育論に關する一考察」, 『熊本大學敎育部紀要·人文科學』 55號, 2006 등을 참고.

5) 이와 관련해서는 住友陽文, 「餘暇の規律化と都市「市民」問題-日本近代都市權力の勞働者統合理念」, 『總合都市硏究』 46號, 1992; 關直規, 「近代日本における〈市民〉の勞働·餘暇と娛樂の合理化過程-1920年代大阪市社會敎育政策の展開を中心に」, 『東京大學大學院敎育學硏究科紀要』 37號, 1997; 小澤考人, 「大正期における娛樂(非勞働時間)の成立平面-民衆娛樂論の社會政策的側面の分析をとおして」, 『現代社會理論硏究』 14號, 2004 등의 연구가 주목된다.

를 제공하는 것이다. 그러나 그 성과는 배경이 갖는 특성상 1920년대의 '민중오락론'에 관심의 범위를 제한한 것으로, 오락문제 그 자체에 초점을 맞추어 그것의 전체적인 맥락을 논하지 못하였다. 그러므로 노동자의 오락문제가 어떤 맥락에서 '사회적 문제'로 대두하였고 이것이 어떻게 '보편적인 공론(公論)'으로 자리를 잡게 되는지, 그 과정에 대한 충분한 검토가 이루어졌다고 보기는 어렵다. 이러한 문제의식에서 본 장은 '노동과의 관계에서 위치 지워진 오락문제'를 규명하기 위한 목적에서 근대 일본에서 노동과 여가·오락의 관계가 규정되기 시작한 근본적인 맥락에 논지(論旨)에 집중하여 그 과정을 추적하려고 한다.

　이상과 같은 문제 관심에서 우선 근대적 문맥에서의 노동과 오락의 개념과 상호관계성에 대해 개괄적으로 이해해 두려고 한다. 이에 대해서는 노동의 근대적 성격 및 그 특징을 밝힌 선행 연구의 성과를 참고로 하는 한편 전통사회의 노동과 오락의 형태를 비교하는 맥락에서 오락 개념에 탑재된 '근대성'을 규명하고자 한다. 이는 곧 근대사회에서 새롭게 규정된 노동과 오락의 개념과 의미 그리고 그 관계를 전체적으로 조망하는 것이기도 하다. 이러한 고찰에 근거하여 근대 일본의 사정을 비추어 보는 것은 그에 해당하는 전형적인 사례 연구에 해당하는 맥락에 있다. 이에 시기적으로는 근대 일본에서 노동과 오락의 관계가 조직화·구체화되기 시작한 메이지(明治) 말기에서 다이쇼(大正) 시기 사이에 집중하고, 그 대상으로는 새로운 도시 생활자로 급부상한 공장의 노동자 계층에 초점을 맞추었다. 자료적인 측면에서는 노동자를 관리·감독하는 입장 뿐만 아니라 노동자의 입장이 잘 반영된 노동조합의 잡지나 신문 등도 참고함으로써 노동과 오락문제를 둘러싼 양자 간의 갈등 양상을 살펴보겠다. 이를 통해 공간적·시간적으로 노동으로부터 배제된 비(非) 노동시간이 근대사회에서 어떻게 재편되어가는지 그 과정을 반추해 보고, 세계사적 흐름에 연동한 근대 일본에서의 사정을 구체적으로 규명하고자 한다.

2. 근대사회의 노동과 오락의 관계

(1) '비(非) 노동시간'으로서의 오락 개념에 대한 재고

『대한화사전』(大漢和辭典 ; 諸橋轍次, 大修館, 1968)에 의하면 오락(娛樂)의 한자 어원으로 문헌상 가장 오래된 것은 사마천의 『사기』(史記)인데, 「염파·인상여 열전」(廉頗·藺相如 列傳)에서 "請奏盆缻秦王, 以相娛樂"에 등장하는 것이다. 이는 앞선 내용에서 진왕(秦王)이 조왕(趙王)에게 거문고(琴)를 연주하게끔 한 것에 대해 인상여(藺相如)가 진왕(秦王)에게도 질장구(盆缻)를 연주하며 흥을 돋워 주길 청하는 대목에 해당한다. 여기에서 오락은 문맥상 '음악을 즐기고 술잔을 서로 주고받는 것'으로 해석된다. 한편 불교 경전에서도 오락의 용례를 확인할 수 있는 부분이 있다. 『묘법연화경』(妙法蓮華経)의 「비유품」(譬喩品) 구절 중에서 "而自娛樂, 便得無量·安穩快樂"이 나오는데, 문맥상 오락의 의미는 '불도(佛道)' 수행에서 얻은 마음의 평온'으로 풀이할 수 있을 것이다. 주지하다시피 일반적으로 종교의례에는 노래나 춤, 무용과 같은 요소가 포함되어 있기 마련인데, 오락적 요소와 종교적 수행의 밀접한 관련을 유추할 수 있는 부분이다.

이와 같은 '오락'이라는 한자 어원이 갖는 용례가 시사하는 것은 그것의 기원이 예능(藝能)과 도락(道樂)의 의미와 밀접한 관계에 있었다는 점이다. 예컨대 오락은 술잔을 기울이며 연극이나 음악·미술·무용 등의 연예(演藝)를 가지고 '풍치가 있게 멋스럽게 노는 일' 또는 그러한 생활 태도를 가리키고 있다. 이뿐만 아니라 종교적 차원에서 도(道)를 깨닫고 그것을 스스로 즐기는 것을 일컫는 의미도 있다. 그렇다면 오늘날 '오락'에 대한 사전적 정의는 어떻게 서술하고 있을까? 국립국어원의 『표준국어대사전』에 따르면 오락은 "쉬는 시간에 여러 가지 방법으로 기분을 즐겁게 하는 일"로 설명되어 있다. 앞서 살펴본 오락의 어원적 기원과 비교했을 때 오늘날 오락의 정의에서 주목되는 점은 무엇보다 "쉬는 시간", 요컨대 여가(餘暇)라는 시간 개념을 전제로 하고 있다는 점이다. 또 의미적 측면에서는 오락이 갖는 본연의 성질, 즉 '즐거움'을 추구하는 활동을 총칭하는 단순한 해석에 그치고 있는 면모를 엿볼 수 있다.

오락에 대한 어원적 기원이나 사전적 개념을 통해 생각할 수 있는 것은 오락이라는 용어가 시대와 상황에 따라 그 용례에 차이를 보이고 있다는 점과 그 자체가 막연한 의미해석을 초래하고 있기에 쉽게 정의하기 어려운 성질을 가지고 있다는 점이다. 실제 오락의 의미나 그 용법은 '취미(趣味)'나 '유희(遊戲)', '놀이' 등과 같은 유사개념으로 간주되거나 혹은 그와 동일한 의미로 사용되고 있다. 게다가 오락의 영역은 인류의 역사에서 개개인의 주관적인 욕구에 의해 정의되는 것으로 간주해 온 측면이 큰 만큼 실로 그 범위는 무한대에 이른다고 볼 수 있다. 그 때문에 오락에 관한 연구에서는 그러한 의미와 용법을 전부 망라해서 '오락' 그 자체를 명확히 개념화하는 것은 사실상 불가능한 일로 받아들여지고 있다. 결론적으로 이는 오락의 의미론에 관한 명확한 정의는 존재하지 않는다는 사실을 뒷받침한다.

서양의 어원적 유래에 대해서는 별도로 기술하지 않겠지만 '오락'이라는 용어에 포섭되는 대략적인 개념을 염두에 둠으로써 그 의미를 동일하게 적용할 수 있을 것이다. 이에 광범위한 맥락에서 의미가 통용되고 다양한 해석이 가능한 '오락'의 용어 사용과 관련해 본 연구에서 주목해 두고 싶은 미국의 강단사회학(Academic Sociology) 내에서 여가학 분야의 독보적인 연구전통을 구축해 온 스탠린 파커(Stanley Parker)가 제기한 다음과 같은 문제의식이다.

노동과 여가에 관한 문제를 논의할 때, 현대 산업사회에서 규정된 노동과 여가의 조건을 당연시해서 생각하기 쉽다. 그러나 그를 둘러싼 '사회적 태도'를 이해하는 데 있어서는 노동과 여가에 대한 보다 폭넓은 역사적 또는

인류학적 관점에서 접근해야 할 필요가 있다.6)

여기에서 파커(Parker)는 "전통사회의 대다수 사람들에게는 단순히 고된 노동 후에 쉬거나 정해진 의식에 참가하는 것"만으로도 여가의 의미가 있었는데, 이는 오늘날과 본질적으로 차이가 있는 관념이라는 것을 지적하고 있다. 요컨대 전통사회의 오락은 "의식적이고 계획된 여가"나 "선택된 실행의 결과"가 아니라 "계절의 리듬에 따라 구성된 것이고 따라서 오늘날처럼 의식적으로 구분해 두는 것이 아니라 생활의 자연스러운 형태로 시행되는 것"으로 존재했다는 점이다.7) 파커의 이러한 견해는 오락의 정의에 대해 두 가지 측면을 환기시키고 있다. 첫째, 오늘날 일반적으로 '일이나 면학(勉學) 후 한가로운 때에 하는 놀이 또는 유희'로 오락이나 여가의 의미를 구분하고 있는 것이 전통사회에서의 통념과는 다르다는 점이다. 따라서 둘째, 노동의 의미와 대비시켜 보편적으로 오락의 영역을 규정하는 것에 대해 재고가 필요하다는 점이다. 사회의 환경이나 구조적 변화에 의해 용어에 포함된 의미도 변해가는 것임을 고려한다면, 근대적 의미의 여가·오락과 전통사회에서의 그것을 동일한 개념으로 해석할 수 없다는 사실은 더욱 분명해진다.

이러한 사실을 염두에 두고 '오락'이라는 용어에 대해 본 연구가 초점을 맞추고자 하는 것은 오늘날 우리의 인식을 점령하고 있는 오락 개념에 관한 것이다. 요컨대 국립국어원의 『표준국어대사전』에서 드러나듯이 여가(餘暇)라는 시간 개념을 전제한 오락 개념이 어떠한 맥락에서 형성되었는지를 추적해 가는 것이다. 이 문제에는 근대사회에서 오락의 영역에 부여된 새로운 의미망에 관한 이해와 더불어 무엇보다 노동과의 관계에서 그것을 살펴보아야 할 과제가 포함되어 있다. 이런 의미에서 근대사회에서 형성된 오락

---

6) スタンリー・パーカー, 野澤浩・高橋祐吉譯, 『勞働と餘暇』, TBS出版社, 1975, 48쪽.
7) 위의 책, 56~60쪽.

의 새로운 개념을 '오락의 근대성'으로 정의해 두려고 한다. 그렇다면 오락 개념의 근대성은 어떤 틀로 접근할 수 있는 것일까? 이에 대한 물음은 곧 일반적으로 '비(非) 노동시간'의 영역으로써 이해되는 오락 개념을 재고하는 것에서부터 시작한다. 이러한 점들은 '비(非) 노동시간'을 인지하게 되는 사회적 배경과 그 맥락에 대한 근본적인 검토가 필요하다는 것을 시사하고 있다.

(2) 노동과 오락의 근대적 관계

전통사회에서 노동과 오락에 어떤 의미가 있고 어떻게 행해지고 있었는지에 관해서는 지금까지 민속학적, 인류학적 견지에서 축적해 온 다수의 연구가 있다. 이러한 성과에서 공통적으로 확인할 수 있는 것은 전통사회에서는 노동시간과 분명히 구분된 '여가'라고 하는 개념이 존재하지 않았다는 사실이다. 이는 어떤 의미에서는 일하고 싶을 때 일하고 쉬고 싶을 때 쉬는 형태, 즉 노동시간의 자유로움이 허락되는 생활습관을 기반으로 한 것이다. 또한 이것은 노동 속에서 오락적 감흥을 즐기고 그러한 것이 인정되던 형태, 요컨대 노동과 오락의 미분리된 관계를 토대로 한 것이다.

이와 관련해 전통사회에서의 오락이 대부분 세시풍속의 형태로 존재하고 있었다는 점에 주목할 필요가 있다.[8] 농경문화를 반영하고 있어 농경의례라고도 하는 세시풍속은 계절의 순환에 따르는 '부정시법'(不定時法), 즉 농사력(農事曆)에 순응하여 배치된 노동의 한 과정에 속하는 것이었다. 왜냐하면 일상의 노동을 쉬는 대신, 계절적으로 반복되는 농업의 생산 과정에 대한 제례·의례를 행하는 것이 그것의 전제로 되어 있기 때문이다. 여기에

---

8) 일본에서는 연중행사(年中行事)로 불리는 세시풍속의 유래와 성격 및 형태에 대해서는 遠藤元男·山中裕 編, 『年中行事の歷史學』, 弘文堂, 1981; 南博·社會心理研究所, 『日本人の生活文化事典』, 勁草書房, 1983을 참고.

는 의례와 놀이 등 다양한 내용이 포함되어 있어서 농민에게 이 날은 '일상의 노동에서 해방되어 오락적 유희를 즐길 수 있는 날'로 간주되었다. 이러한 문맥에서 세시풍속은 노동의식의 일환으로써 다음 해의 풍년을 기원하고 한해의 노동에 감사하는 의식이자, 놀이적 요소가 농후하게 포함된 오락의 기능을 담당하고 있었던 것이다. 하지만 놀이도 단순히 오락성이 주를 이루는 것이 아니라 농사에 밀접히 관련된 것으로, 풍년을 예측하거나 기원하는 의례적(儀禮的) 목적에서 행해지는 것이었다는 점을 염두에 두자. 이는 노동과 구분된 여가의 개념이 없던 전통사회에서 세시풍속의 오락성이 노동으로부터 분리된 개인적 유희를 위한 형태가 아닌 그것의 '일체화'를 시사하고 있으며, 노동과정에서 최종 국면을 장식하는 '공동체의 축제'였다는 점을 의미하는 것이다.

　이와 같은 전통사회에서의 노동과 오락의 형태를 고려할 때, 세시풍속을 노동시간과 분리된 여가 또는 오락의 영역으로 동일시하는 것은 어렵다. 오코치 가즈오(大河內一男)가 지적하고 있듯이, 노동 시간을 단축해서 여가를 별도로 만들어 내지 않으면 안 된다고 하는 통념 그 자체가 전적으로 19세기 이후에 만들어진 것이기 때문에 이를 전통사회에 그대로 적용하는 것은 불가능한 것이다.[9] 이는 곧 노동과 여가의 분리는 근대사회의 통념이라는 것을 뜻한다. 이러한 통념이 형성되었던 근대사회의 배경에서 주목해야 할 것이 바로 노동활동의 성격 변화이다. 요컨대 자본의 이해에 의한 고용·피고용 관계 속에서 노동이 화폐 가치로 환산되고 생산수단으로써 그 의미가 강조된 것이다. 이는 기존의 자급 자족적인 교환경제 체제와는 질적으로 다른 노동 체계가 근대사회에 형성되면서 노동활동이 경제적 이윤추구를 최우선의 목적으로 하는 생산행위로 재편된 것을 의미한다. 단적으로 표현하자면 공장제 체제가 상징하는 근대사회에서의 노동과 부정시법(不定時法) 의거한 농업으로 대변되는 전통사회에서의 노동은 사상적 구조에서

---

9) 大河內一男, 『餘暇のすすめ』, 中央公論社, 1974, 91쪽.

부터 대비되는 성격을 가진 것이라고 할 수 있다.

근대의 노동관이 형성되는 과정을 고찰한 이마무라 히토시(今村仁司)의 연구에 의하면 고대사회에서의 노동은 대체로 종교적 믿음으로 혹은 미적 활동이나 윤리적·도덕적 차원의 의미가 강하게 부여된 활동으로 영위되고 있었다. 반면 노동시간 보다 사회적 우위를 점하고 있었던 것은 "무위(無爲)와 자유"의 시간으로, 이는 육체적 노동에서 해방된 상류계층만이 누릴 수 있는 특권으로 간주되었다. 하지만 산업의 발달과 자본주의의 성장을 배경으로 한 근대사회에서 그러한 관계는 전복되기 시작한다. 요컨대 상품생산과 화폐 재산의 축적을 위해 노동활동이 중요시되면서, 이른바 "노동은 신성하다"라는 사회적 이데올로기가 급부상한 것이었다. 바야흐로 노동은 단순히 생산수단으로써의 영역을 초월해 인간 생존의 의미 나아가 도덕성을 가늠하는 척도로서까지 그 가치를 획득하게 되었다. 요컨대 노동은 신분과 계급으로 다양하게 위계화된 차이를 초월하여 사회의 일원으로서 자격을 갖추는 최소의 기준이 되는 것이다. 이러한 의미에서 인간은 누구나 태어나면서부터 "노동자"임을 자각하여 자질을 갖추는 한편 그에 힘쓰는 것이 인간으로서의 기본적인 의무이자 소임으로 규정되었다. 이러한 의미에서 노동은 "다망(多忙)하고 근면(勤勉)"으로 찬양되어 사회적 위치가 격상하였다. 이처럼 노동의 신성한 가치를 반복·강조하는 것에 반비례해서 "여가(餘暇)"와 "무위(無爲)"는 시간을 낭비하는 것, 노동의 가치에 대척하는 것으로 그 지위가 격하되는 표상을 갖게 된 것이다.[10]

이와 더불어 자본주의 경제체제 아래에서 노동은 그 이전과는 다른 규율체계에 의해 객관적으로 측정되는 활동으로 자리 잡았다. 즉 "시간은 금이다"라는 표현이 상징하듯이, 경제적 관념이 부여된 시간 규율 체제 속에서 노동이 관리·감독되기 시작한 것이다.[11] 이는 보다 많은 자본의 이익을 창

10) 今村仁司, 『近代の勞働觀』, 岩波書店, 1998, 4~26·62~90쪽.
11) 八田隆司, 「時は金なり―近代の時間意識をめぐって」, 『人文科學論集』 39·40號,

출하기 위해 노동시간이 철저히 감독되고, 오로지 순수하게 노동행위에만 집중해야만 하는 것으로 통제되는 변화를 의미한다. 그리고 노동에 대한 생산성과 합리성을 최고의 가치로 내세운 근대사회의 규율에서는 이전까지 명확하게 구분된 적이 없었던 노동과 오락의 시간을 새롭게 규정하는 틀이 구축되었다. 이미 많은 선행연구에서 지적하고 있는 것처럼 여기에서는 '노동에 대한 시간 규율의 발생'이 중요 요인으로 작용한다. 예를 들면 원래 일체를 이루고 있던 노동과 일상의 시·공간이 분리됨으로써 정해진 시간과 장소로 출퇴근을 해야 한다는 것, 그로 인해 노동시간에는 오락적 감흥이나 잡다한 활동을 배제하고 순수하게 노동에만 집중해야 할 것과 같은 규율이 노동자에게 요구되었다는 점 등을 들 수 있다. 이와 같은 규칙적이고 획일적인 노동시간이 생활 중심에 자리 잡고 그 전체를 좌지우지하게 됨에 따라, 그 이전에는 개인이나 가족의 의지에 의해 자유롭게 분배되던 노동과 일상의 시·공간에 큰 변화가 야기되었다.[12) 이러한 흐름은 노동과 구분된 '비(非) 노동 시간'이 성립하게 되는 과정을 시사하는 것이다. 카와키타 미노루(川北稔)의 표현을 빌린다면 역사학적 관점에서 산업의 발전과 자본주의의 확립을 배경으로 한 '비(非) 노동 시간'으로서의 '여가' 혹은 '오락'이라는 개념의 성립은 지극히 근대에 의한, 근대적 산물인 것이다. 근대사회의 발전은 대중의 생활을 자본가와 거래한 노동의 시간과 그 외에 남겨진 비(非) 노동시간(=생활의 시간, 곧 여가)으로 분리시켰기 때문이다.[13) 이는 전통사회와는 다른 차원의, 요컨대 근대사회에서 여가·오락 개념의 탄생을

1993, 34~35쪽.

12) アラン・プレッド, 「生産プロジェクト・家族プロジェクト・自由時間プロジェクト -19世紀アメリカ合衆國諸都市における個人と社會の変化に關する時間地理學的視角」, 荒井良雄・川口太朗・岡本耕平・神穀浩夫 編譯, 『生活の空間・都市の時間』, 古今書院, 1989, 127~137쪽.

13) 川北稔 編, 『「非勞働時間」の生活史-英國風ライフスタイルの誕生』, リブロポート, 1987, 章序.

의미하는 것이다.

이상의 검토에서 확인할 수 있는 것은 근대사회에서 '오락'이라는 용어에 부여된 새로운 개념은 무엇보다 노동과의 관계에서 이해해야 할 필요가 있다는 점이다. 그 과정에서 주목되는 점은 다음과 같다. 첫째, 근대적 노동규율에 의해 사회적 시간이 새롭게 분배되는 가운데 이것이 노동과 명확히 분리된 '비(非) 노동 시간'으로서 '여가'라는 개념을 발생시키고 그와 동일한 맥락에서 '오락'이라는 용어가 통용된 것이다. 본 연구에서는 주로 오락이라는 용어를 사용하고 있지만 동일한 개념에서 때때로 '여가'라는 용어를 혼용하고 있는 것은 이러한 문맥에 기인한 것이다. 둘째, 근대사회에서 노동을 절대적으로 신성시하는 이념이 정착하면서 그와 대척하는 것으로 오락의 사회적 지위가 격하된 것이다. 그러나 여기서 더욱 흥미로운 것은 표면적으로는 노동과 대척 지점에 위치하는 오락이 그 이면으로는 노동을 지탱하기 위한 활동으로서 사회적 가치를 구축하게 되었다는 점이다. 이는 여가·오락이라는 영역이 노동활동과 엄격히 분리되는 것임에도 불구하고 노동과의 관계 속에서 그것의 필요성이 역설되었던 측면을 보여주는 것이다. 그리고 이와 더불어 여가·오락의 대중화가 진행되고 한편으로는 사회적 차원에서 건전한 여가·오락을 확립하기 위한 대책이 강구되는 흐름을 볼 수 있다.

(3) 오락문제의 대두와 그 성격

앞서 서술한 바와 같이 '비(非) 노동 시간'으로서의 '여가' 혹은 '오락'이라는 개념은 근대사회에 정착한 것으로, 이는 근대적 노동과의 관계에서 형성된 오락의 새로운 사회적 개념을 시사하고 있다. 근대사회에서 오락문제가 대두하게 되는 맥락을 공업화·도시화에 결부시켜 생각하는 일반적인 이해는 이와 같은 배경에 의거한 것이다. 한편으로는 이를 통해 근대사회의 오락문제가 노동문제에 밀접히 관련된 형태로 대두하게 되는 과정을 유추해 볼 수 있는데, 여가학의 사상적 토대에서 이를 구체적으로 확인할 수 있다.

여가학 연구에서 폴 라파르그가 1880년에 쓴 「게으를 수 있는 권리」는 근대적 여가사상의 효시로 일컬어진다.[14] 프랑스의 사회주의 운동가이자 칼 마르크스의 사위로도 잘 알려진 그가 이 글을 통해 주목받는 이유는 다음과 같다. 요컨대 노동자의 삶을 억압하는 근대 자본주의 사회를 비판하는데 있어서 무엇보다 사회의 모든 영역에서 노동을 신성화하는 이데올로기가 최고의 도덕적 가치로 규정되고 있는 것에 문제제기를 한 것이다. 그는 '노동을 숭배하는 이데올로기'는 위선적인 자본가, 사업가, 경제학자들을 위시한 부르주아 기득권층의 윤리에 의해 만들어진 허상에 지나지 않는 것이고, 더욱이 지금과 같은 현실에서 노동은 결코 숭고하지 않다는 사실을 역설하였다. 그러나 사회주의 운동가들조차 이를 인지하지 못한 채 그러한 이데올로기에 동조하고 있으며 대다수의 노동자들 역시 그것을 맹신하여 "노동광"이 되어 가고 있는 탓에 장시간과 저임금의 비인간적인 노동에 스스로를 속박, 혹사시키고 마는 비극에 빠져 있다고 지적한 점에서 그의 통찰력은 더욱 의미를 더한다. 이러한 현실에 당면해 노동자가 요구해야 할 것은 "비참한 권리와 다름없는 노동의 권리"가 아니라, 오히려 "게으름을 부릴 권리"라고 라파르그는 주장하고 있는 것이다. 이를 "효율 지상주의로 과로를 야기하고 있는 노동"에 대한 저항권으로 규정한 그는 노동자를 혹사시키는 장시간 노동에 대한 비판에서 '노동시간의 단축'을 주장했을 뿐만 아니라 이와 관련해 '노동자 휴가문제'를 최초로 언급했던 것이다.[15] 「게으를 수 있는 권리」에서 폴 라파르그가 제기한 문제가 단순히 노동운동의 틀에서 노동자 처우 개선을 위한 주장에 머무는 것이 아니라 근대적 여가 사상의 효시로 간주되는 이유는 바로 이러한 맥락에 의거한 것이다. 장시간

---

14) 瀨沼克彰·薗田碩哉 編, 『餘暇學を學ぶ人のために』, 世界思想社, 2004, 234쪽.
15) ポール·ラファルグ 著·田淵晋也 譯, 『怠ける權利』, 平凡社, 2008.

노동에 대한 문제제기가 노동자의 오락을 둘러싼 문제를 생각하는 데 있어 출발점이 되며, 이와 같은 배경에서 근대사회의 여가·오락 문제가 노동문제의 일환으로 전개되는 토대를 읽을 수 있다. 이는 근대사회에서의 오락문제와 노동의 밀접한 관계를 잘 보여주는 것이다.

노동운동에서 노동시간의 단축에 대한 요구가 더디지만 조금씩 그 성과를 달성해 나갈 때 그로 인해 가시화 된 것이 바로 '비(非) 노동 시간의 증가'라는 문제였다. 이에 대한 사회적 여론은 노동자의 여가·오락에 대한 관리의 필요성을 제기하는 것으로 구체화된다. 이와 맞물려 '여가·오락의 선용화(善用化)'라는 이념이 보편적 가치로 정착되는 것을 확인할 수 있다. 이러한 과정에서 주목되는 것은 '노동의 신성화'와 그러한 노동활동을 뒷받침하는 보조적 수단으로써 오락의 필요성이 주목되고 그로 인해 표면적인 분리와는 상관없이 결국 노동문제와 밀접한 관계 속에서 오락의 사회적 의미가 새롭게 생성되어 가는 점이다. 이는 결과적으로 '여가·오락의 선용화(善用化)'라는 이념이 사회에서 추구하는 보편적인 가치로 정착하는 것에 귀결된다. 이러한 의미에서 오락에 대한 근대성이란 '비(非) 노동시간'으로 가시화된 오락개념의 성립과 그에 대한 인식의 전환이 일반화·대중화됨으로써 그것을 오락에 대한 도덕적 기준으로 공유해 가는 과정이라고 정의할 수 있겠다. 이는 곧 '단순히 노동과 모순되는 것이 아니라 그를 지탱하기 위한 활동'으로 규정하고 있는 오락의 사회적 통념이 '근대성'에 입각한 것이라는 사실을 의미한다.

프랑스 역사학자 알랭 코르뱅의 『레저의 탄생』은 서구사회에서 전개된 여가·오락의 선용화(善用化)의 배경과 흐름을 참고하는 데 있어 유용하다. 그는 우선 18세기부터 20세기의 서구사회에서 나타난 '자유시간'의 변화와 레저산업의 발달 관계를 통찰하면서 "시간 감각의 변화"라는 것에 대해 다음과 같은 설명을 더하고 있다.

19세기 초기에 농민이나 직인, 노동자의 시간은 예측할 수 없는 일에 개방되어 있어서 강제성이 적고 우연적이거나 기분전환을 위해 중단되기도 하는 허점투성이의 시간이었다. 비교적 느슨하고 유연하게 변경하기 쉬운 이러한 시간은 특정하지 않는 활동으로 채워지는 것이 많았다. 그러나 계산과 예측이 가능한 질서정연해진 시간에, 효율과 생산성에 사로잡힌 시간에 조금씩 그 자리를 양보하게 되었다.[16]

여기서 “허점투성이” 시간이란 계절의 리듬에 따라 구성된 전통사회에서의 시간 감각을 의미하는 것으로, 이는 시계 바늘로 구분되는 기계적인 정시법(定時法)과 차원이 다른 것이다. 앞서 파커의 인용에서 언급했듯이 이러한 시간 감각의 특징은 노동과 ‘비(非) 노동 시간’을 의식적으로 구분하지 않는 것, 또는 그것에 명확한 개념적 경계가 없는 혼연일체의 형태를 이루고 있었다는 점에 있다. 이에 반해 근대사회는 시계에 의해 정확히 잘 짜인 시간에 입각한 노동 방식과 더불어 남겨진 ‘비(非) 노동시간’을 명확히 구분하는 시간 감각으로 작동한다. 여기서 코르뱅이 주목한 것은 이러한 시간 감각의 변화가 ‘비(非) 노동시간’으로 구분되기 시작한 자유시간의 형태와 활용에도 변화를 일으키는 한편 그것에 대한 사회적 관심을 촉진시켰다는 점이다. 이러한 문제 관심에서 그는 ‘비(非) 노동시간’에 관한 사회적 관심이 “건전한 오락에 대한 탐구(探究)”라는 형태로 대두하고 그것이 도덕적 가치로 자리매김하는 일련의 과정은 19세기 후반 영국, 프랑스, 독일, 미국 등 서양의 여러 나라에서 볼 수 있는 공통적인 현상이었음을 밝히고 있다. 이와 같은 흐름은 박애주의자나 인문주의자 또는 지식인, 종교 개혁가들에 의해 주도되었는데, 그 목적은 이른바 ‘비(非) 노동시간’에 대한 대중의 계몽에 있었다. 이를 위해 전개된 활동은 시간이 분배된 노동 규율에 의해 독립적인 영역으로 가시화된 자유 시간에 관한 과학적 조사를 시도하고 그에

---

16) アラン・コルバン, 渡辺響子 譯, 『レジャーの誕生』, 藤原書店, 2000, 9쪽.

대해 "감시·통제·교화·장려"를 위한 사회적 시스템을 구축해 나가는 것이
었다. 예를 들면 영국에서는 일찍부터 시간의 사회적 사용법에 대한 선구적
인 의식을 갖춘 프로테스탄트 개혁자들 중심으로 "무질서와 낭비에 빠진
대중의 자유 시간"을 통제하고 "합리적이고 선량한 오락"을 장려하려는 다
양한 활동이 전개되었다. 프랑스에서도 "교화"라고 하는 관점에서 대중의
자유 시간을 분석하고 개선하려는 움직임이 진행되었는데, 이것이 주로 노
동운동에 결부되어 노동자 처우 개선에 관련된 문제로 제기되었다는 점을
그 특징으로 꼽을 수 있다.17)

세계사적 흐름에서 여가·오락시간의 선용(善用)에 관한 문제 인식이 국
제적인 차원으로 공유되고 이를 해결하기 위한 조직적인 움직임이 태동하
였던 것은 제1차 세계대전 이후의 일이다. 1919년에 국제노동기구(Interna-
tional Labour Organization)가 설립되었던 것은 그러한 인식을 구체화 시킨
결실이었다. 국제노동기구는 공산주의의 세력 확장을 경계하고 자본주의
경제체제의 확립으로 점점 격화되어가던 세계 각국의 노동운동을 완화시키
기 위한 목적에서 설립되었고, 열악한 노동환경을 개선하기 위한 여러 가지
원칙을 명시하였다. 예를 들면 여기에는 '하루 8시간 또는 주 48시간의 근
무시간을 채용할 것' 및 '적어도 주 24시간의 휴가를 채용할 것'과 같은 내
용이 포함되었다. 이것은 장시간 노동이 노동자의 육체적·정신적 퇴화 및
저하, 조기 사망률 등 많은 문제를 초래함으로써 노동시간 단축을 요구하는
노동자들의 투쟁이 격화되었던 시대의 상황을 반영한 결과였다. 이는 곧
'노동시간 단축'에 관련된 사항이며, 이로 인한 '비(非) 노동시간의 증가'라
는 측면이 노동자의 여가·오락 생활에 관련된 문제로 결부되고 그에 대한
사회적 관심 역시 고조되었다.18) 노동자의 오락 생활을 관리·지도하려고

---

17) 위의 책, 11~13쪽.
18) 氏原正治朗, 「解說 第一次大戰後の勞働調査と『餘暇生活の研究』」, 『生活古典叢書』
    8巻, 光生館, 1970, 17쪽.

하는 움직임이 국제사회에서 조직적으로 모색되기 시작한 것은 이와 같은 배경에 의한 것이었다.

이상 근대사회에서 오락의 개념, 그리고 그것이 문제화되는 전체적인 흐름에 대해 살펴보았다. 각국의 산업발달 정도나 문화적 배경에 따른 차이를 고려할지라도, 근대사회에서 오락을 둘러싼 문제가 사회적으로 주목받게 되는 과정은 '근대성'을 토대로 진행되었다는 점에서 그것의 보편적이고 일반적인 맥락을 엿볼 수 있다. 구체적으로는 '자본주의 발달'과 '노동문제 부상'이라는 역사적 사실을 그 배경으로 꼽을 수 있겠다. 이러한 의미에서 '비(非) 노동시간'으로 분리된 오락개념의 성립과 그에 대한 인식의 전환이 지극히 '근대성'에 입각한 산물이라는 사실을 재차 확인할 수 있다. 이러한 과정에서 본 연구가 주목한 것은 노동과 오락·여가의 영역이 명확히 분리되었음에도 불구하고 양자가 긴밀한 관계를 구축해 가고 있었다는 점이다. 그 양상을 정리하자면 첫째, '노동→생산성 향상→사회발전'과 같이 노동의 생산성 향상을 중심에 두고 이를 뒷받침하는 수단으로써 오락의 사회적 가치가 재편된 점이다. 둘째, 노동과 마찬가지로 합리성과 효율성을 내세우며 나아가 '선용(善用)'의 관점에서 오락에 관한 도덕적 가치가 구축되었다는 점이다. 근대사회에서 오락을 둘러싼 문제가 개인적 영역을 탈피하여 사회에서 공론화되는 흐름은 이러한 구조 속에서 형성되는 것이었다.

이상과 같은 이해를 전제로 하여 다음에서는 여가·오락의 의미 용법에 균열이 생기기 시작한 근대사회의 보편성을 배경으로, 근대 일본의 오락문제에 대한 사회적 관심이 어떻게 대두하였는지 그 과정을 구체적으로 살펴보고자 한다.

3. 근대 일본에서의 노동과 오락문제

(1) 근대적 노동 규율과 노동자에 대한 평가

1872년부터 4년간 메이지(明治) 정부의 법률고문으로서 일본에 체재했던 조르쥬 부스케(Georges Hilaire Bousquet)는 당시 일본인의 노동 방식에 대해 다음과 같이 묘사하고 있다.

> 일상의 식량을 얻는 데에 직접 필요한 일은 어떠한 불평도 없이 완수하고 있다. 그러나 그들의 노력은 딱 거기에서 멈춘다……필요한 것은 가지지만 그 이상의 것은 얻으려고 하지 않는다. 보다 더 많은 이익을 위해 지칠 때까지 고된 노동을 하지 않으려고 하며, 하나를 빨리 마무리하고 또 다른 일을 하려고도 하지 않는다……자신이 견딜 수 있을 것 같아도 그 이상의 피로에 몸을 맡기기보다는 그 일을 방기(放棄)해 버리는 듯하다.[19]

여기에서 전통사회에서의 노동이 가지고 있던 본질을 유추해 볼 수 있는데, 무엇보다 그것이 결코 생산중심의 가치만을 추구했던 활동이 아니었다는 사실에 주목할 필요가 있겠다. 이는 근대 자본주의 체제의 노동과는 확연히 다른 성격의 생산 활동을 시사한다. 즉 노동의 목적이 보다 많은 이익을 창출하기 위한 것에 있지 않고, 노동 그 자체가 필요한 만큼만 일하고 일상의 일부로 만족을 얻는 것에 그치는 행위에 지나지 않았다고 하는 점을 보여주는 것이다.

비슷한 시기에 일본을 방문했던 다른 서양인들의 기록에서도 당시 일본인의 노동 방식에 관한 유사한 서술을 다수 확인할 수 있다. 그 가운데서도 빈번하게 거론되었던 점을 예로 들자면 노동을 하는 중임에도 불구하고 잡

---

19) ジョルジュ・ブスケ, 野田良之, 久野桂一郎 譯, 『日本見聞記 : フランス人の見た明治初年の日本 2』, みすず書房, 1977, 778~779쪽.

담을 하거나 노래를 부르고 혹은 차를 마시고 담배를 피우는 것 등에 많은 시간을 허비한다는 지적이었다. 이처럼 노동시간 중에 노동과 관련 없는 행위를 하거나 노동에 집중하지 않는 일본인의 노동방식에 대해 그들은 "일에 대한 애정이 부족"하거나, "교정 불가능한 태만한 행동"과 같은 평가를 덧붙였다.[20] 서양인의 이와 같은 시선에 대해서는 소위 동양에 대한 오리엔탈리즘으로 단정 짓고 비판할 수도 있을 것이다. 그러나 여기서 착목하고 싶은 것은 이러한 관점이 한발 앞서 자본주의 생산 양식을 확립했던 사회 체제를 기준으로 한 것에 지나지 않을지라도, 근대적 감각이 투영된 시선에서 전통사회의 노동 방식이 어떻게 평가되고 있는지를 엿볼 수 있다는 점이다. 전통사회의 노동 방식의 큰 특징은 앞서 설명했듯이 노동이 결코 경제적 이익을 최고의 가치로 추구하는 활동이 아니라는 점과 계절의 순환에 따르는 부정시법(不定時法)에 입각해 불규칙적인 형태로 영위되고 있었다는 점을 꼽을 수 있다. 노동의 규칙성과 효율성을 추구하는 근대사회로의 진입에서 일본의 대다수 노동자가 비난에 직면하게 된 사정에는 이러한 전통적 노동방식에서 비롯된 측면이 컸던 것이다. 근대적 노동 규율에 의한 노동자의 평가, 특히 시간규율의 발생이 오락문제를 대두시키는 주요한 배경이라는 사실은 근대 일본 사회에서도 그대로 적용되는 것을 확인할 수 있다.[21]

노동문제 해소를 위해 노동시간 단축, 노동자 임금 인상을 골자로 한 공장법(工場法) 제정을 앞두고 담당 관청인 농상무성(農商務省)에서는 사전 조사 차원에서 직공(職工)의 노동환경 및 생활 상태에 관한 전국적인 조사를 시행하였다. 1903년에 출판된 『직공사정』(職工事情)은 그것의 조사보고서에 해당하는데, 여기에서는 공장 관리자로부터 청취한 다음과 같은 내용

---

20) 渡辺京二, 『逝きし世の面影』, 平凡社, 2005, 236~258쪽.

21) 근대 일본에서의 시간 규율 도입과 노동자 문제에 관해서는 橋本毅彦・栗山茂久 編, 『遲刻の誕生─近代日本における時間意識の形成』, 著三元社, 2001을 참고.

을 볼 수 있다.

> 우리나라 직공은 생활이 불규칙하여, 대부분 노동시간과 휴식시간을 제대로 구별하지 않는다……노동시간에 온 힘을 다해 일하는 서양의 직공과 같은 모습은 꿈을 꿀 수도 없는 일이다. 그렇기 때문에 노동시간을 연장한다고 해서 장시간 노동으로 인한 문제는 걱정할 필요 없다. 노동시간 제한의 법률 제정에 앞서 이런 사정을 고려해야만 한다.[22]

> ……근무시간(就業) 이라고 해도 잡담을 하는 등 자유롭게 행동하며 그 허술함에 대해서는 말할 필요가 없을 지경이다……그들의 하루 노동시간은 16~17시간으로 어떻게 생각하면 이것이 매우 가혹하게 여겨질지도 모르겠다. 하지만 근무시간에 그들은 온 힘을 다해 노동에 종사하는 법이 없다. 권태로움을 느끼면 마음대로 쉬어 버리고 혹은 잡담을 하든지 담배를 피우러 간다든지 등등 감독자의 눈을 피해 될 수 있으면 일을 하지 않으려는 것에 힘쓴다.[23]

이는 노동자를 혹사시키고 있는 과도한 노동시간이 사회적 문제로 대두하여 비판받고 있는 것에 대해 공장 관리자의 의견을 정리한 것이다. 그런데 이들의 입장은 노동시간의 단축을 고려하기는커녕 오히려 직공의 태만한 태도를 지적하며 이런 이유에서 현재의 장시간 노동시간이 전혀 문제가 될 것이 없다고 생각을 밝히고 있다. 노동시간과 비(非) 노동시간을 구별하지 않는 점, 노동시간 중임에도 불구하고 거기에 집중하지 않고 잡다한 행동을 한다는 지적이 그러한 주장을 뒷받침하고 있다. 실제로 직공이 얼마나 무책임하고 나태했던가 라는 문제는 별개로 두고, 여기서 생각할 수 있는 것은 공장 관리자의 평가가 앞서 살펴본 서양인들의 그것과 동일한 관점에 입각하고 있다는 점이다. 근대적 노동 규율이 투영된 서양인의 시선과 그러

---

22) 農商務省商工局, 『職工事情(上)』, 岩波書店, 1998(초판은 1903), 39쪽.
23) 위의 책, 315~316쪽.

한 노동 체계를 체득하고 목표로 삼은 공장 관리자의 입장에서 보면, 정해진 노동시간과 휴식시간을 제대로 구별하지 않고 노동과정에 잡담이나 흡연과 같은 비(非) 노동적인 요소를 맘대로 혼잡해 버리는 노동자의 태도를 '근무태만'으로 비난했던 맥락을 유추해 볼 수 있다. 이러한 점에서 노동자에게 엄격했던 관리자의 평가가 노동에서 오락적 요소의 분리·배제를 중시하는 태도에서 비롯된 것임을 이해할 수 있다. 이는 곧 근대적 노동규율을 대변하는 것으로, 공장 관리자는 전근대적 습관에서 벗어나지 못한 대다수의 노동자에게 무엇보다 노동과 비(非) 노동시간을 명확히 구분하고 그를 인지하는 태도를 요구하였던 것이다.

이와 같은 노동 체제를 중심으로 근대사회에서는 노동과 명확히 구분된 여가라는 개념과 오락의 영역이 사회적으로 확대, 정착해 나간다. 다음에서는 이처럼 표면적으로 노동으로부터 분리되는 오락문제가 일본 사회에서 어떻게 노동문제와 긴밀히 연관되어 가는지를 구체적으로 살펴보겠다.

(2) 오락의 필요성과 관리 문제

산업의 급속한 발전을 배경으로 근대 일본에서는 1890년대에 이미 당대의 사회문제에 관한 논의에서 '공장 노동자 문제'가 그 중심을 차지하고 있었다고 해도 과언이 아니다. '사회문제=공장 노동자 문제'로 파악하는 사회적 여론이 일반화되는 가운데, 이에 관련해 저임금의 장시간 노동이나 노동자 처우를 개선하기 위한 다양한 조직이 잇달아 설립되었다.[24] 공장 노동자 문제와 관련해 1896년도 통계자료 내용의 일부 참고해 보면, 각 공장 노동시간은 보통 11시간 이상이지만 저임금으로 노동자는 궁핍한 생활을 벗어나지 못하고 과로 상태에 있다는 점이 확인된다.[25]

---

24) 小澤孝人, 「近代日本における社會問題の出現とその效果-貧困の發見と生活構造論の視角の析出」, 『社會政策研究』 6, 2006, 205~226쪽.

메이지기(明治期) 저널리스트로서 명성을 떨쳤던 요코하마 겐노스케(橫山源之助)의 문제 제기에서도 이와 유사한 사실을 확인할 수 있다. 당시 노동자가 보통의 노동시간을 초과하는데도 심지어 잔업까지 도맡아 함으로써 결과적으로 하루에 12시간에서 16시간에 이르는 과도한 노동에 종사하고 있는 상황에 대해 요코하마(橫山)는 다음과 같은 견해를 밝히고 있다. 요컨대 "어떤 의미로 기뻐하면서까지 노동자가 잔업"을 하지 않으면 안 되는 근본적인 이유로 "세간(世間)의 사람과 똑같은 시간으로 일해서는 그 일가족이 도저히 입에 풀칠을 할 수 없다"는 점을 꼽으며 저임금에 의한 노동자 생활의 궁핍함을 지적하였다.26) 요코하마(橫山)의 이러한 분석은 앞서 본 『직공사정』에서 공장관리자가 노동자의 불규칙적이고 근무태만을 이유로 장시간 노동의 타당성을 주장했던 것과는 다른 관점을 시사하고 있다. 이는 향후 노동시간 단축으로 가시화되는 비(非) 노동시간의 증가, 그리고 노동자 오락 문제를 둘러싼 갈등에 우선 관리자의 인식을 변화시켜 나가는 과정이 필요하다는 것을 의미한다.

그런데 장시간 노동의 폐해가 노동자 생활에서 경제적인 측면에 국한되지 않은 사회문제를 내포하고 있었다는 사실에 주목할 필요가 있다. 1897년에 발행되어 일본 최초의 노동운동 기관지라고 할 수 있는 『노동세계』(勞働世界)에 실린 풍자화가 그러한 점을 잘 보여주고 있다. 이 풍자화는 「장시간의 폐해」라는 제목으로, "노동자의 죄인가 혹은 사회의 죄?" 라는 물음을 표시하며 장시간 노동이 노동자의 생활에 어떠한 문제를 야기시키고 있는가를 다음과 같이 그리고 있다.

---

25) 高野房太郞, 「日本の勞働問題」, 『太陽』 3卷 14號, 1896, 80쪽.
26) 橫山源之助, 『日本の下層社會』, 岩波文庫, 1985(초판은 敎文館, 1899), 252~253쪽.

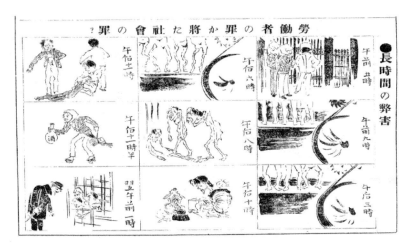

〈그림 1〉『勞働世界』 1897년 12월 15일

이를 통해 장시간 노동이 반드시 노동자의 생활에 도움이 되지 않고 결과적으로 노동자를 오히려 정신적·육체적으로 황폐하게 만들고 있으며 나아가 노동의 질을 저하시키는 원인으로 지적되고 있음을 유추할 수 있다. 또 주목되는 것은 장시간 노동으로 지칠 대로 지친 노동자가 단지 기분전환으로 술을 가까이함으로써 건전하지 못한 행위를 일삼고 사회문제를 유발하는 불건전한 존재로 비추어지고 있다는 점이다. 이러한 맥락에서 장시간 노동의 폐해를 그린 풍자화의 의도는 '노동자를 피폐하게 만드는 사회에게 죄'를 묻는 것에 있다고 해석할 수 있겠다.

한편 장시간 노동에 속박된 노동자 문제와 관련해 '노동에 따른 피로 발생'이라는 사실이 선명히 부각되면서 다음과 같이 '노동자 휴양의 필요성'을 제기하는 여론이 등장하기 시작한다.

　　　사람은 밥과 된장국만으로는 살아갈 수 없어……오락을 갈망하는 목소리는 실로 인정의 자연에서 나온 목소리라고 할 수 있다.[27]

(지금의 현실은) 단지 돈 있는 사람, 한가한 사람만이 노는 데……여름 여행을 열심히 장려하고 있는 사회이거늘 일찍이 노동자를 위한 하등의 시설도 주지 않고, 작은 여가조차 주지 않는다. 노동자가 꽃구경이라도 하려고 치면 경찰은 그것을 금하고……노동자가 독서를 하려고 치면 자본가가 그것을 질책한다. 이리하여 노동자는 단지 수레를 끄는 말처럼 일만 해야 한다.28)

위의 두 자료는 노동자를 대변하는 입장에 의한 것으로, 과도한 노동에 시달리고 있는 노동자에 대해 무엇보다 사회적 인식의 개선이 선행되어야 할 필요가 있다는 점을 시사하고 있다. 요컨대 사회 일반에서는 '오로지 일만 하는 것'이 전부인 양 노동자를 몰아세우지만, 노동자에게 오락 시간은 노동에 의해 지친 심신을 회복하기 위해 절대적으로 필요한 요소라는 점을 상기시켜 주고 있다. 그럼에도 불구하고 사회주의자인 고토쿠 슈스이(幸德秋水)의 지적으로부터 알 수 있듯이, 노동자에 대한 휴양이나 오락 시간이 기본적인 인권이라는 사실조차 무시되는 상황에 있었다. 이는 하층 계급 출신이 대부분이었던 노동자 계층을 멸시하는 당대의 사회 풍토에 기인한 것으로, 노동을 신성시하는 이념을 토대로 한 근대사회의 모순된 이면을 보여주는 것이라 할 수 있다. 이러한 맥락은 노동자 휴양·오락 문제가 그에 대한 사회적 편견을 개선하는 것에 머물지 않고 '오락의 당위성'에 대한 사회적 인정이 함께 수반되어야 할 과제임을 암시한다.

1911년 공장법 제정을 비롯해 노동시간 단축의 움직임은 실질적으로 비(非) 노동시간에 대한 사회적 관심을 구체화 시켰다. 이는 노동에 지친 노동자의 심신을 위로하는 오락이 다음 날의 노동력 보존을 위해서 필요불가결한 요소라고 보는, 즉 인정적(人情的) 면모를 중심으로 한 이해가 그를 넘어서 점차 공적인 체계로 확장되는 과정이라 할 수 있다. 이른바 '노동을

---

27) 「娛樂を切望する聲」, 『勞働世界』 10號, 1903년.
28) 幸德秋水, 「夏期旅行と勞働者」, 『幸德秋水全集』 4卷, 日本図書センター, 1968(초간은 1903), 308~310쪽.

위한 여가·오락'으로써의 이념이 구축하면서, 이것이 소위 여가·오락에 대한 사회적 가치로 정착하는 것이다. 또한 이러한 과정은 비(非) 노동시간이 노동자에게 주어진 사적인 영역이라고 해도, 노동자가 그 시간을 어떻게 보내는지 감시하고 또 그를 어떻게 보내도록 지도할 것인가 라고 하는 사회적 관심이 표면에 드러나는 것이었다. 이는 노동자의 여가 및 오락 시간에 대한 관리가 사회 정책의 범주에서 다루어지게 되었다는 것을 시사하는 것이다.

1917년도 『사회와 구제』(社會と救濟)에 게재된 경찰청 공장과 과장 미야모토 마사부로(宮本貞三朗)의 글에서는 노동자 오락문제에 대한 사회적 책임을 '건전한 오락 시설 확립'으로 요구하고 있는 주장을 확인할 수 있다.

> 보통 임금을 지급한 다음 날을 휴무로 한다고 하는데⋯⋯그러나 그 이면에는 피치 못할 사정이 있음을 생각해 보면 직공은 임금을 받으면 이른바 '그 날 받은 돈은 수중에 갖고 있지 않는다' 라고 하는 관습(宵越し: 요이코시)에서 즉시 술을 먹으러 간다든가, 유곽에 발을 들여놓는 것이 옛날에 많았다. 오늘에서는 굳이 모두가 그렇다고는 할 수 없겠지만 그러나 아직 대체로 그러하다. 그런 이유와 상관없이 그 다음 날을 휴무로 해 두지 않으면, 직공은 제멋대로 쉬거나 또는 겨우 출근해도 술 냄새를 풍기는 등과 같은 양상으로, 결국 일을 해도 능률이 오르지 않고 꾸물거리는 거리는 동안 기계에 상처를 입는 경우가 많다. 이는 노동자만의 책임이 아니라, 노동자가 휴일을 유용하게 이용하고 그 휴일로 원기회복(元氣回復)을 할 수 있도록 하는 적당한 수단과 시설이 부재(不在)하기 때문의 문제인 것이다.[29]

미야모토(宮本)의 문제제기에서 주목되는 것은 직공들이 술을 마시거나 유곽에 가는 것으로 월급을 탕진하고 뿐만 아니라 다음날 업무에까지 지장을 주는 것에 대해 단지 그들의 잘못된 관행으로만 비난하고 있지 않다는

---

29) 宮本貞三朗, 「工場法施行後の狀況」, 『社會と救濟』, 10卷 5號, 1917년.

점이다. 또 여기에는 노동자에게 비(非) 노동시간을 그대로 맡겨서는 안 된다 라고 하는 문제의식이 나타나 있는데, 이를 여가·오락 문제에 관한 근대 사회의 보편적인 접근방법이라고 해도 무방할 것이다. 뒤에서 논하겠지만, 여가·오락문제를 개선하고자 하는 계몽 활동에서 이러한 인식이 일관되게 관철되는 양상을 볼 수 있기 때문이다. 이러한 의미에서 미야모토(宮本)는 "몇 가지 위안 방법이 있다고 해도 그것들은 단순한 놀이에 지나지 않는 것들이 대부분이기 때문에 노동자들이 부지불식간에 나쁜 곳으로 빠져들고 만다"라고 지적하며, 이러한 상황을 개선하기 위해서는 사회적 차원에서 건전한 오락 시설의 설립을 추진할 필요가 있다는 행동을 촉구하고 있는 것이었다.[30)]

한편 비(非) 노동시간을 노동자에게 전적으로 맡겨 둬서는 안 된다고 하는 문제 인식에서는 '비(非) 노동시간의 의의를 노동자에게 자각시키는 것' 또한 필요한 과정이라는 점을 확인할 수 있다. 1919년 10월 26일자 『오사카아사히신문』(大阪朝日新聞)에서는 「노동문제와 도시개량」에 관련된 문제의 하나로 노동자 여가에 주목하여 다음과 같이 서술하였다.

> 노동 휴식(休止) 시간 즉 여가(餘暇)는 공장에서 사람의 인정(人間味)을 회복, 증진시키는 데 있어서 빼놓을 수 없는 기초적 조건이다……여기에서 주의해야 할 것은 여가는 여가를 위하여 필요한 것이 아니라, 그것을 적당히 이용하기 위해서 필요한 것이다……여가를 적당히 이용하는 것 정도의 준비도 없고 방법도 모르는 자에게 여가를 준다면 오히려 그것은 게으름을 피우며 노는 것(遊惰)을 부추기며 바르지 못한 것(不善)을 유발하고 악덕(惡德)을 옹호하고 낭비(浪費)를 조장하는 것과 같은 결과에 빠지지 않는다고 장담할 수 없다. 불건전하고 부도덕한 오락장(娛樂場)만이 대성황을 이루는 것 등은 결국 문화생활상 중대한 의의를 갖는 노동운동에 의해 획득한 여가가, 결코 적당히 이용되고 있지 않는 것을 증명하는 것이다. 여가는 게으름

---

30) 위의 자료.

을 피우며 놀기(遊惰) 위한 것이 아니며 바르지 못한 것(不善)을 위한 것도
아니다. 악덕(惡德)을 위한 것도 아니라면 낭비(浪費)를 위한 것도 아니다.
첫째는 수양(修養)을 위한 것이고, 둘째는 휴양(休養)을 위한 것이다.[31]

위 기사는 "여가 문제는 문명과 문화생활에서 중대한 일"이라는 전제를
토대로 노동자 여가의 가치와 의미를 서술한 것이다. 여기에는 노동자 여가
에 대해 사회가 지향하는 것이 무엇인지 명확히 드러나 있다고 할 수 있다.
요컨대 사회적으로 인정된 여가의 가치는 수양과 휴양을 위해 '건전하게,
적당히 이용하는 것'에 있다는 점이다. 따라서 오락은 단순히 개인의 욕망
에서 소비되는 단순한 유희가 아니며 악덕(惡德)이나 낭비(浪費)에서 거리
가 먼 건전한 것을 추구해야만 하는 의무를 가지고 있다고 서술하였다. 그
렇기 때문에 "준비도 없고 방법도 모르는 자"에게 여가를 함부로 허락해서
도 안 되고 "노동운동에 의해 획득한" 여가의 가치를 주지시키는 한편 그것
의 건전한 이용을 지도해야 한다고 지적하고 있다. 이와 같은 관점에서 도
시 시민으로 자리 잡은 노동자의 '수양과 휴양'을 위한 여가 구축에 관련해
다음의 문제에 주목하였다. 요컨대 "시민에게 이 두 가지 목적을 달성할 수
있도록 적당히 여가를 이용하게끔 하는 데에 현재의 도시는 너무나도 개량
할 것이 많은 결점을 노출하고 있다"고 지적함으로써, 노동문제로써 도시의
여가 시설 개량이 필요하다는 점을 강조한 것이다.[32]

이상의 검토에서 주목되는 것은 노동자의 비(非) 노동시간에 관한 문제
가 단순히 노동문제에 그치지 않고 도시문제 혹은 사회문제의 하나로써 그
문제 인식의 폭이 확장되고 그것이 곧 일반적인 여론으로 정착해가는 과정
이다. 이러한 점은 대다수의 대중이 기본적으로 '노동자'로 규정되고 또 그
러한 사회적 위치에 놓이게 됨에 따라 그들을 중심으로 하는 다양한 범주

---

31) 紀水生, 「勞働問題と都市改良(四)餘暇の価値と利用」, 『大阪朝日新聞』 1919년 10월
26일.
32) 위의 자료.

의 문제가 등장하고 그에 관련해 오락문제가 등장하게 되었다는 것을 시사한다. 따라서 건전한 여가확립을 둘러싼 논의가 노동자의 생활개선이나 사회교화의 측면에도 중첩됨으로써 노동자의 비(非) 노동시간에 대한 사회적 논의가 더욱 활발히 전개되는 것과 같은 맥락에 있는 것이다. 노동자에게 비(非) 노동시간을 '어떻게 보내게 할 것인가'라는 사회적 차원의 모색은 여가·오락의 선용(善用)을 목적으로 그를 통제하고자 하는 여론을 형성한다. 이와 같은 일련의 과정은 노동자의 건전한 여가확립이 노동문제의 틀을 벗어나 사회문제로 자리 잡게 되는 구조적 맥락을 보여주는 것이다.

　일본은 1차 세계대전으로 산업이 한층 발전하게 되는 계기를 마련했지만 한편으로는 노동운동의 증가, 도시생활자의 확대를 배경으로 한 다양한 사회문제에 직면하게 된다. 이러한 배경 속에서 1920년대에는 대중의 오락문제에 관련해 '민중오락론'이라는 형태의 사회적 논의가 활발히 전개되었는데, 이와 더불어 노동자의 오락 생활에 대한 문제의식 역시 더욱 구체화되는 것을 볼 수 있다. 이는 노동자의 비(非) 노동시간을 둘러싼 문제가 사회적 논의로 발전함에 따라 오락의 의미가 더욱 노동문제 밀접한 관계에서 규정되는 것을 시사한다.

(3) '민중오락론'을 통해 본 오락의 개념

　근대 일본에서는 1920년대에 공장 노동자의 오락생활에 대한 조사를 포함해 오락문제에 관한 사회적 논의와 실증적 연구가 앞다투어 전개되었다. 이는 제1차 세계대전을 기반으로 한 일본의 급속한 산업발전과 노동운동 증가, 도시생활자의 확대를 배경으로 한 것이었다. 오자와 타카토(小澤考人)의 설명에 따르면 일본은 1918년에 발생한 미곡 소동 후 급격히 도시의 생활 기반이 확립되었던 것과 동시에 안정기를 맞이하였다. 1919년 도시계획법을 시작으로 이에 관련해 도시정책에 관한 법안이 잇달아 정비되고

1922년에 전국적으로 사회국이 설치되는 등 일련의 행정적 조치가 단행되었던 점은 그를 뒷받침한다. 이러한 시대적 배경을 토대로 메이지 중후반에 이미 대두하였던 빈곤 문제, 공장 노동자문제, 위생문제 보다 한발 늦은 형태로 1920년대에 이르러 도시 대중의 오락문제를 둘러싼 활발한 사회적 논의가 출현하게 되었던 것이다.[33]

오락문제에 관한 사회적 관심이 구체적인 성과로 표출되기 시작하였던 1920년대의 시대적 흐름은 다음의 설명에서도 구체적으로 확인할 수 있다.

> 다이쇼(大正) 10년도(1921년-인용자)는 오락문제 연구자에게 매우 중요한 문제가 제공되었던 해이다. 특히 민중오락 일반에 관한 조사연구 및 공원 문제, 전람회 문제, 음악회 혹은 운동경기에 관해서 모든 종류의 새로운 시도가 추진되었던 점이나 기억에 남을만한 중요한 일이 생겼다는 점이다. 이에 민중 일반의 취미 생활을 아는 데 있어서 적지 않은 자료가 제공되었다고 할 수 있으며 이와 동시에 민중 오락의 새로운 경향을 보여준다고 할 수 있는 사건을 끌어내 일으킨 것이다.[34]

"민중오락 일반에 관한 전국적 조사"는 1920년도에 "내무성(內務省)의 사회국 및 문부성(文部省)의 보통학교국에서 각 부(府)·현(縣)에 이 방면(오락문제-인용자)의 조사, 회답을 요청"한 것에서 시작되었다. 이로 계기로 조사된 결과는 "단순히 각 부(府)·현(縣)의 흥행물 단속(興行物 取締) 뿐만 아니라 일반 민중 교화에 미치는 영향을 연구하는 데 있어서도 많은 참고 자료를 제공"할 것으로 기대되었다.[35]

이러한 동향을 배경으로 1920년대에는 실제 민중오락에 관한 전국적인 조사가 처음으로 실시되었던 것을 비롯해 오락문제에 관한 실증적인 조사·

---

33) 小澤考人, 앞의 논문, 2004, 378~379쪽.
34) 大原社會問題研究所, 『日本社會事業年鑑 大正9~15年』, 同人社書店, 1926, 77~81쪽.
35) 위의 자료, 78쪽.

연구가 왕성하게 이루어졌다. 이러한 시대적 흐름 속에서 출현한 '민중오락론'은 사회 정책적 견지에서 대중의 여가·오락문제에 초점을 맞추고 그에 관한 사회적 논의를 형성했다는 점에서 중요한 의미를 가진다. 요컨대 '사회구조의 변용'이 파생한 '오락생활의 변화'에 착목함으로써 오락의 사회적 의의를 활발히 구축해 나간 것이다. 이를 반영한 구체적인 성과를 예를 들자면 민중오락 연구의 선구자로 꼽히는 곤다 야스노스케(權田保之助)의 『민중오락의 기조』(民衆娛樂の基調, 文和書房, 1922년)를 포함해 오바야시 무네츠구(大林宗嗣)의 『민중오락의 실제연구』(民衆娛樂の實際研究, 大原社會問題研究所, 1922년), 오사카시(大阪市) 사회부 조사과에서 출판한 『여가생활의 연구』(余暇生活の研究, 弘文堂, 1923년), 나카다 순조(中田俊造)의 『오락의 연구』(娛樂の研究, 社會敎育協會, 1924년) 등이 있다. 이러한 일련의 연구로부터 당대 오락문제가 어떻게 논해지고 있었던가를 살펴보자면 그 두드러진 경향을 다음과 같이 세 가지로 요약할 수 있겠다.

첫째, 자본주의 생산체제가 야기한 노동의 극심한 피로를 지적하면서 오락의 절대적인 필요성을 논하고 있다는 점이다. 민중오락이란 "생활 기조 속에 자연스럽게 생겨난 것"으로 정의하며 독자적인 민중오락론을 전개한 곤다 야스노스케(權田保之助)의 예를 들자면, 민중의 오락생활에 변화를 야기한 주된 요인을 "러일전쟁에 의해 탄생했고 구주(歐州) 대전(1차 세계대전-인용자)에 확립한 근세자본주의 발전"이라고 지적하고 있듯이, '자본주의 발전에 따른 사회의 변화'가 오락문제에 지대한 영향을 끼쳤다고 하는 인식이 그러한 점을 시사한다. 이러한 맥락에서 곤다(權田)는 민중을 "무생산(無生産) 계급"으로 규정지으며, 이들은 자본주의 사회에서 생겨난 새로운 사회계층으로 대다수가 공장에서 단순노동에 근무하며 돈과 시간에 여유가 없는 궁핍한 생활을 영위하고 있다고 설명하였다. 이러한 문제 인식을 토대로 곤다(權田)는 노동자가 대다수를 점하는 도시하층민의 오락생활에 주목하고 있는데, "정신의 피로인비(疲勞因憊) 상태인 현대의 무생산 계급은 강렬

한 노동에 대해서 강렬한 자극을 주는 위안을 가지고 스스로를 릴렉스
(relax)하지 않으면 안 되는 몹시도 절실한 요구를 지니고 있다"고 하며 이런
맥락에서 오늘날 생활에 오락은 "필요불가결(必要不可缺)한 요소"로 자리
잡게 되었다고 지적하였다. 그리하여 민중오락이 성립하기 위한 조건으로
"직접적이고 명확하게 그리고 짧은 시간에 즐길 수 있는 내용과 저렴한 가
격에 간단한 형식을 구비한 것"을 꼽으며 이러한 대중오락을 보급하기 위해
서는 사회적으로 "오락의 기업화"가 뒷받침되어야 한다고 주장하였다.[36]

둘째, 자본주의 사회에서의 생활구조를 전제로 비(非) 노동시간에 해당하
는 오락의 영역을 독립된 요소로 명확히 설정하고 있다는 점이다. 이와 관
련해 오바야시 무네츠구(大林宗嗣)는 『민중오락의 실제연구』(民衆娛樂の
實際硏究)에서 커크패트릭(Kirkpatrick Edwin Asbury)의 『사회학 원론』
(Fundamentals Of Sociology, 1916년)을 인용하며 하루의 24시간을 8시간씩
세 등분하는 생활구조의 원리와 성격을 소개하였다. "작업, 수면, 오락"이
그에 해당하는 것인데, 이는 자본주의적 생산 양식을 토대로 구축된 것이
다. 이러한 생활구조의 변화를 전제로 오바야시(大林)가 주목한 것은 "오락
적 작용"으로, 이에 대해 "8시간 작업으로 소실한 에너지와 발생한 피로를
회복하는 수단에 의해 적당한 상태로 되돌아오는 것"이라고 설명하였다. 따
라서 오락의 정의를 영어의 "레크리에이션(recreation)"으로 규정한 오바야
시(大林)는 그 의미를 "다시 새롭게 창조하는 것"으로써 해석하며 오락의
중요성을 강조하였다.[37]

셋째, 사회문제 차원에서 대중의 오락 생활을 인식하고 오락문제를 분석
하고 있다는 점이다. 그 양상은 '오락 선용(善用)'이라는 목적의식을 가지고

---

36) 權田保之助, 『民衆娛樂の基調』, 文和書房, 1922(石川弘義 監修, 『餘暇·娛樂研究基礎
   文獻集』1卷, 大空社, 1989), 41~56쪽.

37) 大林宗嗣, 『民衆娛樂の實際研究』, 同人社書店, 1922(石川弘義 監修, 『餘暇·娛樂研究
   基礎文獻集』13卷, 大空社, 1990), 1~13쪽.

오락의 사회적 가치를 논하고 나아가 대중에 대한 오락 교육의 필요성을 역설하는 것인데, 이를 민중오락론의 일반적인 경향으로 이해해도 무방할 것이다. 오락의 관리와 통제의 필요성을 강조하고 있는 나가타 순조(中田俊造)의 견해 역시 문부성(文部省) 직원이라는 특성상 그러한 입장을 대변하고 있는 것이라고 볼 수 있다. 나가타(中田)는『오락의 연구』(娛樂の硏究) 서두에서 "근래 오락문제가 대단히 중요하게 논의"되는 것과 관련해 "오락이 어떤 의미에서는 교육이나 종교나 도덕보다도 더욱 강력한 힘으로 인심(人心)을 좌우하는 것이므로, 오락을 어떻게 선용(善用)하고 어떻게 개선할 것인가는 인생에 있어 매우 중요한 문제"라고 서술하였다.[38] 이러한 의미에서 그는 "인간은 오락이 없으면 살아갈 수 없다"고 오락의 중요성을 지적하며, 그 본질을 다음과 같이 논하였다.

> 오락은 단순한 위안이나 휴양이 아니다……일반적으로 즐겁다고 느끼는 것은 모두 오락으로 여긴다. 물론 그런 것들도 오락이기는 하다. 그러나 오락의 본질은 그렇게 저급한 의미가 아니다……오늘의 생활 피로를 위로하기 위해 필요할 뿐만 아니라, 다음 날 생활을 준비하기 위해 필요한 것이다.[39]

나가타(中田)는 "문화가 진전됨에 따라 인간의 생활은 점점 각박해져 물질적·정신적 불안이 나날이 증가한다. 이리하여 견딜 수 없는 자극을 위해서 초조해하는 것이 현대인의 생활"이라고 지적하며 이로 인해 "술이나 그 외 저급한 쾌락"이 성행하고 있다고 분석하였다. 그러나 그는 오락의 본질은 그러한 "저급한 즐거움"이 아니라고 주장한다. 요컨대 생활에서 오락의 의의는 "피로의 해소"와 "다음 날의 준비"에 있는 것이라 하여, 이 모두가 노동활동을 뒷받침하기 위한 것이라고 서술하였다.[40]

---

38) 中田俊造,『娛樂の硏究』, 社會敎育協會, 1924(石川弘義 監修,『餘暇·娛樂硏究基礎文獻集』6卷, 大空社, 1989), 서문.
39) 위의 자료, 1~6쪽.

이상 검토한 것처럼 1920년대의 민중오락을 둘러싼 논의는 자본주의 발전과 함께 노동의 강도가 격화된 사회 변화에 주목하며 이에 생활에서 오락 그 자체가 필수불가결한 요소가 되었다고 하는 인식에서 출발하고 있다. 이는 사회적 동의와 인정을 바탕으로 '오락의 당위성'이 구축되는 시작을 보여주는 것이다. 이러한 의미에서 민중오락에 관한 일련의 연구는 사회문제의 하나로써 오락문제를 각인시키고 그러한 여론을 주도해 나갔다고 할 수 있다. 그 논의에 큰 맥락을 형성하고 있던 것은 '오락의 선용(善用)과 개선(改善)'을 전제로 한 문제의식인데, 이는 오락문제에 대한 전형적인 교화주의적 관점을 시사한다.[41] 민중오락의 자유로운 발전을 중시했던 곤다(權田)를 예외로 둔다면 정부(내무성이나 문부성) 관료를 비롯한 대다수의 식자층(識者層)이 '사회교육' 혹은 '민중교화'라고 하는 목적에서 오락 선용(善用)을 지향하여 여가·오락의 통제와 관리를 주장했던 것은 그러한 성향을 뒷받침한다. 이러한 과정에서 주목해야 하는 것은 여가 혹은 오락의 개념이 '노동을 위한 것'으로 정의, 통용되고 있었다는 점이다. 근대 일본에서는 '여가'라는 용어보다 그를 대신해 '오락'이 일반적으로 빈번하게 사용되었는데,[42] 오락에 투영된 의미 변화를 추적함으로써 이를 보다 명확하게 확인할 수 있겠다. 이에 관련해 메이지기(明治期)에 출판된 사전에서 오락의 정의가 어떻게 이루어지고 있었는지를 참고하는 것은 대단히 유효하다. 이를 검토함으로써 시대에 따른 오락의 의미 변천과 그 특징을 생각할 수 있기 때문이다.

먼저 1906년에 출판되어 "메이지기의 소백과(小百科) 사전"으로 일컬어지는 『사회신사전』(社會新辭典)을 보자면, 사회에는 "지식적 생활"을 위한

---

40) 위의 자료, 1~6쪽.
41) 薗田碩哉, 「カルチュラル・スタディーズとしての餘暇研究の可能性」, 『餘暇學研究』 2號, 2009, 65쪽.
42) 大河內一男, 앞의 책, 12쪽.

교육기관 이외에도 "백과사전적 지식공급"을 위한 오락이 필요하다고 서술하며 그에 해당하는 몇 개의 항목을 언급하는 것에 그치고 있다. 이는 이른바 '교양 함양에 적합한 것'이라는 의미를 담고 있는 것으로, 이러한 설명에서는 오락을 '인격을 수양하고 생활에 윤택을 더하는 부수적인 차원의 활동'으로 여기고 있음을 엿볼 수 있다. 그러나 1910년에 출판된 『현대오락전집』(現代娛樂全集)은 그 서문에서 오락의 의미를 다음과 같이 기술하고 있다. 요컨대 "세상 복잡한 현대사회에서 탈전고투(奮戰苦鬪)하는 가운데 고상(高尙)한 오락을 구할 필요가 생겼다. 생각하건대 고상한 오락은 인격을 높이고 취미 있는 사람을 만드는 한편 피로한 심신(心身)에 유일하게 위로가 되는 약(慰藉藥)으로 위대한 힘을 갖고 있는 것"이라고 정의하였다. 이러한 맥락에서 생활의 필수불가결한 요소로 오락의 필요성을 설명하고 있는데, 그것이 단지 '고상(高尙)한 취미'나 '유희'를 위한 차원이 아니라 노동에 지친 심신에 위로가 되는 유일한 '윤활제'와도 같은 것으로 의미를 부여한 점이 주목된다. 이를 통해 오락의 개념이 도락(道樂)이나 수양(修養)이라는 범주보다 노동과 결부된 의미체계로 그 무게 중심이 이동했다는 점을 생각할 수 있다. 1913년 무렵 일본 사회에서 통용된 오락의 독자적인 의미를 기술한 다음의 설명은 이러한 점을 뒷받침한다.

> 오락은 다른 것으로 대체할 수 없는 독자적인 용어다. 유흥(遊興)·유락(愉樂)·환락(歡樂)·일낙(逸樂)·유희(遊戲)·향락(享樂) 등과 같은 용어 어떤 것에서도 오락이 갖고 있는 뉘앙스가 없다. 오락은 효과 측면에서 레크리에이션(recreation)을 유발하는 즐거움을 의미하는 용어다……직업상의 근로나 업무상의 일에 대조(對照)함으로써 오락이 있는 것이기에, 유소년의 '유희(遊戲)'나 유타일민(游惰逸民)의 '도락(道樂)'과는 두말할 것도 없이 다르다. 오락은 근로(勤勞)·역무(役務)로부터 일시적으로 해방된 심신이 자유롭게 놀면서 즐기는 것이다. 이 점에서 (오락이라는 용어는-인용자) 독자적인 존재 이유를 갖는다.[43)]

요컨대 '오락'이라는 용어는 "근로(勤勞)·역무(役務)로부터 일시적으로 해방된 심신이 자유롭게 놀면서 즐기는 것"을 의미한다는 점에서 그것이 다른 것에 대체 불가능한, 독자적인 의미를 가지고 있다고 한 것이다. 오락에 대한 번역어인 "레크리에이션(recreation)"은 바로 이러한 맥락에 입각한 것이었다. 이러한 의미에서 오락의 용어가 단순히 시간을 때우고 개인적 차원의 유희에 그치는 행위를 의미하는 것이 아니라는 점을 확인할 수 있다. 요컨대 '근로나 일'이라고 하는 대립개념으로부터 오락의 존재가 성립하고 이를 뒷받침하는 생산적이며 창의적인 활동이라는 점에서 '오락'이라는 용어는 독자성을 가지고 있었던 것이다. 이러한 점은 오락에 부여된 사회적 의미가 노동을 뒷받침하는 맥락에서 형성된 개념이라는 것을 시사한다.

이상 근대 일본에 있어서 '오락'이라는 용어의 사전적 정의에 보이는 변화와 그에 내재된 특별한 의미를 검토해왔다. 시대에 따른 오락의 의미 변화에서 주목되는 점은 단지 지식적 취미나 유희에 그치지 않고 '노동에 대한 위안'의 역할이 강조된 개념이었다는 사실이다. 오락이란 용어가 갖는 독자성은 단순히 즐거움을 추구하는 행위 본래의 의미보다 노동이라는 대립개념으로부터 성립하고 관계를 맺는 것에 있었다. 오락의 개념은 그것을 사용하는 개인의 취향이나 감각에 의해 좌우되는 측면이 큰 탓에 그 해석은 지극히 상대적인 성격을 보인다. 1920년대 '민중오락론'이라는 형태의 논의는 그와 같이 막연한 맥락을 가진 오락의 용어를 '노동력의 재창출' 혹은 '노동력의 보존'이라는 사회적 의미로 재규정한 것이라 할 수 있다. 오락에 대한 정의가 노동활동에 결부되어 개념화되는, 요컨대 '노동을 위한 활동'이라는 사회의 지향성이 적극적으로 반영된 개념으로 명확해진 것이다. 이러한 문맥에서 '민중오락론'은 '노동·수면·오락'이라는 구조를 설정함으로써 비(非) 노동시간을 독립적인 영역으로 취급하며,[44] 나아가 오락을 이

---

43) 小宮豊隆, 『明治文化史 趣味·娛樂編』 10卷, 原書房, 1955, 26~27쪽.
44) 小澤考人, 앞의 논문, 2004, 378~379쪽.

른바 '노동을 위한 것'으로 사회적 의미를 정립시키는 주도적인 역할을 했던 것이다.

이와 관련해 주목해야 하는 것은 '민중오락론'이 표면적으로는 '사회교육' 또는 '민중교화'라고 하는 틀을 내세우면서 그 논의의 중심에는 노동자의 여가·오락 문제가 있었다는 점이다. 이러한 점은 장시간 노동에 의한 피로를 해결하기 위해 그 필요성이 제기되기 시작한 이래, 노동시간 단축과 더불어 노동자의 여가·오락문제에 대한 사회적 관심 역시 증대하였다는 것을 의미한다. 앞서 언급했듯이 여기에는 노동자 생활의 개선이나 문화의 향상과 같은 역할까지 포함되었고, 이는 한층 세련된 형태로 노동과 상호관련성을 만들어 나갔다. 그 과정은 비(非) 노동시간에 해당하는 오락의 영역을 노동자 개인의 사적인 시간으로 인정하기보다는, 사회적 차원에서의 관리와 지도의 논리를 끊임없이 생산해 나가는 것이었다. 이러한 맥락에서 1920년대 '민중오락론'이라는 형태의 사회적 논의를 통해 오락에 대한 정의가 노동활동에 밀착된 개념으로 보다 명확해지는 것을 확인할 수 있다. 나아가 그것이 근대사회에서 규정된 노동과 여가·오락의 상호관계성을 사회 일반에 공유시킴으로써 일상생활 속으로 그것을 정착시켜 나가는 기폭제의 역할을 했다는 사실을 재차 생각할 수 있겠다.

4. 노동자 여가·오락의 실태

노동의 생산성을 보존하기 위한 여가·오락의 활용이 사회적 여론을 주도해가는 한편, 대다수의 노동자에게 있어 그것은 어느 정도 실현되고 있었을까? 다음에서는 그 실태에 대해서 검토해 보고자 한다.

우선 노동자가 스스로의 여가·오락생활을 어떻게 인식하고 있었는지에 관련해서 1922년에 출판된『상용 노동자의 생활』(常傭勞働者の生活)을 참

고해 보자. 본 자료는 오사카시 사회부(大阪市 社會部)가 주도한 노동조사
에서 그 결과를 엮은 보고서의 하나인데,[45] 그 서문에서 "노동자의 내부적·
정신적 생활 다방면을 조사하기 위한" 것이라고 밝히고 있다. 이는 노동자
에 대한 문제를 외부적, 경제적 조사에 한정하지 않고 그들의 생활 의식에
이르는 부분까지 시야에 넣음으로써 그 생활의 전반을 파악하려고 한 문제
의식을 담은 것이다. 그 구성은 기계, 염직, 화학, 특종공업 등 업종별로 노
동자를 나누었고 그들의 생활 전반에 관해 인터뷰한 것을 정리한 형식이다.
그 가운데 비(非) 노동시간에 해당하는 내용을 살펴보자면 그 문답에서 '오
락', '휴가', '취미', '휴일', '수양', '여가', '한가(閑暇)'라고 하는 다양한 용
어가 사용된 것을 확인할 수 있다. 구체적으로는 "특별히 오락이나 취미는
없음"이라는 답변이 많은 반면에 신문이나 잡지 읽기, 산책, 여행, 강연회의
참석, 수면, 신사나 절에 가는 것을 언급하고 있다.[46] 이를 통해 알 수 있는
것은 독서부터 각종 스포츠까지 노동자가 여가 혹은 오락으로 여기는 범위
가 매우 폭넓다는 사실이다. 그러나 그것들이 노동자의 생활에서 적극적으
로 향유되고 있었다고 단정 지어 말할 수는 없다. 요컨대 스스로의 여가·오
락생활에 선용(善用)의 의미를 부여하며 그것을 즐기는 노동자의 태도를
발견하기는 어렵다는 것이다. 이는 같은 노동자라고 해도 오락을 즐길 생활
의 여유가 없었던 일반 대다수가 그 저변을 형성하고 있었던 당대의 상황
을 고려할 수 있는 부분이다. 하지만 『상용 노동자의 생활』(常備勞働者の
生活)에서 확인되는 사례들은 비(非) 노동시간의 영역이 노동자의 생활에

45) 오사카시(大阪市)에서 일련의 노동조사 보고서를 생산하게 된 배경은 1차 세계대전
   후 새롭게 추진한 도시의 사회행정에 관계가 있었다. 요컨대 도시의 주요 구성원이
   자 핵심적 계층으로 부상한 공장노동자를 행정상 포착하지 않으면 안 되는 존재로
   인지하게 된 오사카시가 노동조사에 시행착오를 반복하면서도 다방면에 걸쳐 노동
   자 고유의 생활문제를 총체적으로 파악하려는 목적에서 일련의 노동조사를 시행한
   것이었다. 이에 대해서는 寺山浩司, 「大正期生活調査の韵-大阪市勞働調査報告をめ
   ぐって」, 『三田學會雜誌』 6號, 1986을 참조.
46) 大阪市社會部, 『常備勞働者の生活』, 勞働調査報告 16, 1922, 1~108쪽.

서 어떻게 자리 잡고 있는지를 엿볼 수 있는 실마리를 제공해 주는 것이다.

오사카시 사회부의 조사과(調査課)에서 1923년에 간행한 『여가생활의 연구』(余暇生活の硏究)는 남녀 직공(職工)의 여가 생활에 관한 조사가 보다 구체적이고 세밀한 항목으로 정리된 결과에 해당한다.47) 해당 내용을 간략히 소개하자면 다음과 같다.

① 휴양 및 오락적 여가활동 : 입욕(入浴), 휴식, 만담(寄席), 활동사진, 낚시, 원예, 바둑, 장기, 유희(遊戱), 담배, 음주
② 교화적 여가활동 : 독서, 신문 열람, 야학, 면학(免學), 자수, 뜨개질, 요리(割烹)
③ 호외적(戸外的) 여가활동 : 야구, 테니스, 축구, 등산, 해수욕, 산책, 여행, 소풍
④ 사교적 여가활동 : 방문, 외출, 담화(談話), 모임(會合), 꽃꽂이
⑤ 종교 및 예술적 여가활동 : 신사 참배, 교회 활동, 회화, 양악(洋樂), 작가(作歌)·작시(作詩), 조루리(淨瑠璃 - 일본 문학과 음악에서 행해지는 낭송의 한 종류), 요곡(謠曲 - 가요 부르기)

이는 활동 성격에 따라 다섯 가지 항목으로 분류된 것으로 휴양에서부터 스포츠, 교양 함양에 이르기까지 노동자 여가활동의 다양한 성향을 보여주고 있다. 그 가운데 주목되는 것은 "교화적 여가활동"인데, '야학'이나 '면학(勉學)'이 상징하고 있는 것처럼 이를 통해 비(非) 노동 시간과 노동의 밀접한 관계를 생각할 수 있기 때문이다. 이는 '담배'나 '음주'와 같이 단순한 기분전환이나 휴식에 끝나지 않는 활동으로써, 인간으로서의 자아실현이나 능력개발에 대한 지향성이 농후하게 내재되어 있다. 이러한 의미에서 "교화적 여가활동"에서는 노동을 뒷받침하기 위한 수단으로써 여가·오락의 시간

47) 大阪市社會部調査課, 『餘暇生活の硏究』, 1923(石川弘義 監修, 『餘暇·娛樂硏究基礎文獻集』 4卷, 大空社, 1989), 239~243쪽.

이 이용되는 맥락을 엿볼 수 있는 것이다. 타미오 다케무라(竹村民朗)는 이
와 관련해 1920년대 일본에서는 여가를 면학(勉學) 활동에 이용하려는 열
정이 노동자층에 매우 강하게 존재했다는 사실에 주목하였다. 이와 더불어
이 시기에는 중화학 공업계열의 대기업을 중심으로 숙련공 양성을 위한 교
육활동이 적극적으로 모색되고 있었다는 점을 지적하고 있다. 대표적으로
는 철도 부설이나 전기 공사 등에 종사하는 노무자(工手) 혹은 직공(職工)
을 대상으로 한 야간(夜間) 정시제(定時制) 기술학교를 꼽을 수 있다. 여기
에서의 교육은 곧 직공으로서의 자질을 높이고 기술을 향상시키는 데 중점
을 둔 것이었다. 노동자를 관리하는 입장에서 이러한 시책을 적극적으로 채
용하게 된 것은 과학적인 경영관리 정책을 추진하면서 한편으로는 우수한
직공을 선정해 교육, 훈련시킴으로써 결과적으로 생산능률의 향상을 도모
하기 위함이었다. 그리고 여기에는 그러한 기업의 기술 교육에 참여하려는
노동자의 자발적인 호응이 광범히 존재하고 있었던 것이다.[48] 따라서 1920
년대 노동자의 "교화적 여가활동"이 활발하게 전개되었던 맥락에는 '노동
을 뒷받침하는 오락 시간의 활용'을 자각한 노동자 스스로의 의지와 실천을
전제로 하는 것이지만 한편으로는 이것이 '여가의 선용(善用)'라는 이해가
절충된 노사의 상호관계에서 구축된 것임을 생각할 수 있다. 이러한 점은
노동의 영역에서 분리되었지만 노동을 뒷받침하는 것으로 사회적 가치를
인정받은 여가·오락적 시간이 노동자 생활에서 인지되고 나아가 노사 상호
관계에서 공유되어 가는 과정의 일면을 시사하는 것인데, 이를 총체적인 개
념에서 '오락의 사회화'로 이해해 두고자 한다.

이와 같이 "교화적 여가활동"에서는 여가·오락에 대한 노동자의 적극적
인 의지가 관철된 면모에 주목한다면, 노동자가 단순한 기분전환이나 휴식
이 아닌 노동활동을 뒷받침하는 수단으로써 '비(非) 노동시간'의 유용한 사
용을 모색한 점에서 그 의미를 찾을 수 있겠다. 나가노현(長野縣)에서 1923

---

48) 竹村民朗, 『笑樂の系譜-都市と餘暇文化』, 同文館, 1996, 203~204쪽.

년에 시행된 제사(製絲) 여공(女工)의 설문조사에서도 그러한 희망 사항을 확인할 수 있다. 예를 들면 "휴일에 쓸데없는 수다만 늘어놓는 것이 아니라 책을 읽게 한다든지 주산(珠算)을 가르쳐 주길 바랍니다"라는 것이나 "연극 이나 활동사진보다는 수양이 되는 강연 같은 것을 원합니다" 혹은 "교화적 여가활동이 교육 방면에 중점을 두었으면 합니다"라고 하는 사항이 공장주 에게 요구되었던 것이다.[49] 이는 여가·오락에 대한 노동자의 자발적인 요 구를 보여주는 것으로, 이 역시 '여가 선용(善用)'라는 이해가 절충된 노사 상호관계의 일면을 시사한다. 이를 통해 실제 생산현장의 '복리 증진' 시책 에서 이루어진 오락적 시설이나 활동을 통해 그러한 요구가 어느 정도는 충족되고 있었던 점을 생각해 볼 수 있다. 또 한편으로는 이른바 '여가 선 용(善用)'을 전면에 내세운 공장의 각종 시책에 노동자들이 충분히 만족하 지 못하고 있었던 상황도 가늠해 볼 수 있다.

이에 관해서는 1925년에 출판된 『여공애사』(女工哀史)에서 그 실마리를 얻을 수 있다. 이는 방적(紡績) 공장에서 근무한 경험이 있던 저널리스트 호소이 와키조(細井和喜藏)가 여직공의 현실을 밀도 있게 취재한 내용을 엮은 것으로, 다음과 같이 지적한 부분을 주목해 두고자 한다.[50]

> 회사의 설명이나 정치가가 가르치는 것처럼, 상급 관청·상관의 일방적인 지시에 의한 시설들이 참된 오락이 되는 것일까?……사람에 따라 취향도 각 각 존재하는 것인데, 수백 혹은 수천 명에게 공장장, 직공 관리인 등 몇몇 사람에 의해 만들어진 프로그램이 만족을 줄 수 있을 리는 만무하다……일 부러 공장에서 특별한 방법을 궁리할 필요는 없을 것이다……싼 임금을 주 면서 공장의 연극을 보여주기 보다는 적당한 임금을 주고 지급하고 아무 것 도 하지 않는 방치로, 노동자의 자치를 존중하는 것이야말로 시세에 맞는 현 명한 방법이다.

---

49) 産業福利協會 編, 『工場從業者の聲 : 産業福利パンフレット 8』, 1927, 257쪽.
50) 細井和喜藏, 『女工哀史』, 1925년, 325~328쪽.

실제로 여공(女工)들을 위로하는 예술을 만들려고 한다면 사회복지 활동
이라도 할 각오로 우선 공장 기숙사에 살아보지 않으면 거짓된 것이다……
당신들의 '공장 음악'으로 영혼이 황폐해진 여공들을 구제하려고 하려는 것
은 너무나 현실과 동떨어진, 로맨틱한 것에 불과하다.

노동자 오락문제에 대한 호소이(細井)의 비판은 이른바 '위에서 만들어
진' 교화적·교육적 차원의 오락물이 실제로는 여공들의 공감을 얻지 못하
고 있다는 사실을 착목한 것에서 나온 것이다. 요컨대 공장 관리자 측이 주
최하는 오락 활동이 직공 개개인의 취향이나 기호를 무시한 단조로운 것이
고, 따라서 사회적으로는 환영받았을 그것들이 과연 노동자에게도 똑같은
즐거움으로 위안이 될 수 있겠느냐 하는 문제를 제기한 것이다. 이에 직공
들의 현실을 반영하지 못한 관리자 관점의 일방적인 오락물을 고안하고 권
유할 것이 아니라, 근본적인 대책으로써 노동자의 저임금 문제를 개선해 그
들 스스로가 진정 자유롭게 오락적인 것을 누릴 수 있도록 해야 한다고 주
장한다. 이와 같은 호소이(細井)의 지적에서는 관리자 입장에서 '여가 선용
(善用)'이라는 의도가 무엇보다 강하게 내포되었을 공장 내의 오락이 노동
자들에게는 그만큼 제 역할을 다 하지 못하고 있으며 오히려 역효과를 초
래할 수도 있다고 하는 비판을 읽을 수 있다. 이는 사회적으로 환영받는 오
락과 그 의미가 노동자 내면의 오락적 욕망과 마찰을 빚게 되는 일면을 보
여준다. 이러한 의미에서 여가·오락적 시간을 둘러싼 양자 간의 어긋남 또
는 균열을 유추할 수 있는 것이다.

이상의 실마리를 토대로 '노동을 위한 비(非) 노동시간'으로 규정된 여
가·오락의 실제가 노동자에게 어떻게 수용되고 있었는가를 검토해 왔다.
단편적이긴 하지만 특히 비(非) 노동시간인 여가를 '면학(免學) 활동'에 이
용하려고 하는 노동자의 의지를 확인한 것에서는 여가 선용(善用)이라는
사회적 지향성이 대중에게 보편적으로 공유되는 '오락의 사회화 과정'을 엿

볼 수 있었다. 다만 한 가지 염두에 두어야 할 점은 그러한 사례가 대다수 노동자에게서 나타나는 일반적인 현상이 아니었다는 사실이다. 다이쇼기 (大正期) 노동자에게 있어서 활발한 여가·오락적 생활의 영위는 아직 미흡한 단계에 머물러 있는 것이었기 때문이다. 다이쇼(大正) 중기부터 말기에 걸쳐 상급 관료나 직원을 중심으로 다양한 오락적 향락이 유행하기 시작하였다. 그러나 이들은 극소수였을 뿐, 경제적인 궁핍함으로 생활에서 작은 여가조차 가지지 못하는 대부분의 노동자가 그 저변을 형성하고 있었다. 이러한 상황에 대해서는 단순히 노동자 개인의 사정과 함께 당대의 사회적 환경에서 야기된 측면도 고려해 두어야 한다. 무엇보다 제1차 세계대전 후의 일본 사회가 서구 열강에 비교하여 여전히 경제적으로 발전이 뒤처진 상태에 있었다는 점이다. 이를 명분으로 삼아 정부와 자본가는 노동시간 단축, 휴일·휴가의 확대 문제에 소극적인 대응으로 임하였다. 더욱이 이어지는 경제 불황과 관동대지진의 발생, 노동운동에 대한 탄압이 강화되는 가운데 노동자의 여가·오락을 둘러싼 문제는 1920년대에 사회 여론의 주변부에 머물며 점차 그 관심에서 사라져갔다.[51]

5. 나오며

지금까지 근대적 문맥에 의한 노동과 오락의 관계에 대한 이해를 바탕으로, 그에 해당하는 전형적인 일례로써 근대 일본 사회에 초점을 맞추어 오락문제가 부상하게 된 배경과 오락개념에 내재된 사회적 정의에 대해서 검토해 왔다.

본 장에서 문제의식의 출발점은 전통사회와는 다른 근대적 노동규율에서

---

51) 氏原正治朗, 「解說第一次大戰後の勞働調査と『餘暇生活の硏究』」, 『生活古典叢書』 8 卷, 光生館, 1970년, 68~69쪽.

파생한 새로운 여가·오락 관계로, 이를 도식화하자면 다음과 같은 변화 양
상이 주목된다.

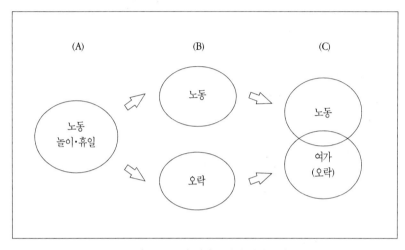

〈그림 2〉 노동과 여가·오락의 관계 변화

　일반적으로 전통사회에서는 노동과 명확히 구분된 '여가'라는 개념은 존
재하지 않았고 따라서 오락의 감각 역시 노동과 미분리 상태에 있었다고
볼 수 있다(A). 한편 근대적 노동체제의 확립에 따라 새롭게 정립된 근대사
회에서 노동과 오락의 관계에 대해서는 두 가지 특징을 꼽을 수 있다. 첫째,
노동 활동에서 오락적 시간과 그 활동이 독립적인 영역으로 분리되며 '비
(非) 노동시간'으로써 '여가'라는 개념을 형성한 것이다(B). 둘째, 그럼에도
불구하고 노동 활동을 뒷받침하는 것으로써 오락의 사회적 의미가 정의됨
에 따라, 표면적으로는 노동에서 독립한 오락이 이면적으로는 노동을 지탱
해가는 중첩된 경계를 형성하게 된다는 점이다(C). 근대적 노동에 대한 이
해를 기반으로 본 장에서는 이러한 일련의 흐름을 '노동을 위한 오락의 사
회화' 과정으로 정의하면서, 근대 일본에서의 사정을 반추해 고찰한 것이
다. 이에 입각하여 그 요지를 요약하면 다음과 같다.

첫째, 본 장에서는 다양한 유사개념이 존재하는 동시에 명확히 정의하기 어려운 '오락'이라는 용어를 적극적으로 사용하고 있는데, 앞서 설명한 대로 이는 근대적 맥락에 의한 '여가'의 개념을 전제로 한 것이다. 다만 '오락'이라는 용어를 전면에 내세운 사정에는 근대 일본 사회에서 '여가'라는 용어보다 '오락'이 일반적으로 통용되고 있었던 당대의 문맥을 고려한 측면이 크다. 여기서 주목한 것은 이를 전통사회에서의 '오락'과 같은 개념으로 해석할 수 없다는 점이다. 이러한 문제 인식을 토대로 근대 일본에서 통용된 '오락'의 의미와 그 용법의 변천 과정을 살펴봄으로써 당대 오락문제를 둘러싼 사회적 논의가 '노동에서 배제된 시간'에 관한 것으로 정의되는 양상을 확인하였다. 이는 곧 근대적 노동과의 새로운 관계에서 성립한 '여가·오락의 의미화'로써, '비(非) 노동시간'으로 오락의 새로운 사회적 가치가 규정, 정립되는 흐름을 보여준다고 할 수 있다.

둘째, 근대 일본의 오락 개념에서 주목되는 것은 '노동을 위한 것'이라는 근대적 문맥이 농후하게 반영되어 그것의 의미 규정이 명확해지는 점이다. 이는 노동자의 비(非) 노동시간을 둘러싼 사회적 논의가 단순히 노동문제의 머무는 것이 아니라 사회문제의 하나로 확장하게 되는 맥락으로 결부되는 한편 오락에 대한 당대의 사회적 지향성을 뚜렷하게 보여주는 것이라 할 수 있다. 이른바 '노동력의 보존' 혹은 '노동의 재창조'로써 오락의 가치가 주목받고, 이로 인해 노동자를 위한 여가·오락의 시간이 사회적으로 긍정적 의미를 획득하게 되었던 것이다. 이는 곧 개인적인 향락이나 유희로 소비되는 오락적 활동들이 사회적으로 비판을 받기 쉬운 대상이 되었다는 것을 의미한다. 이러한 맥락에서 표면적으로는 노동으로부터 분리된 비(非) 노동시간의 영역, 즉 노동자의 여가·오락을 둘러싼 문제가 사회문제로 부상하게 되는 것이다. 바꿔 말하자면 사회적 차원에서 건전한 여가·오락 생활에 대한 관리·지도의 필요성을 제기하는 것이다. 1920년대 근대 일본에서 민중 오락에 관한 일련의 연구가 활발히 전개되었던 배경은 그러한 관심이 구체화된 과정을 시사하고 있다.

셋째, 노동자가 여가·오락 시간을 실제 어떻게 사용하고 있었는가에 관한 조사에서 우선 주목되었던 점은 다양한 활동이 그 범주에 폭넓게 포함되어 '비(非) 노동시간'을 구성하고 있었다는 점이다. 그리고 공장 내에서의 행해지는 오락 관련 활동에서는 '생산성을 향상시키기 위해 어떻게 하면 유용하게 이용할 것인가'라고 하는 관리자 차원의 입장과 '그냥 마음 내키는 대로 자유롭게 보내고 싶다'라고 하는 노동자의 개인적 욕망이 존재했던 것을 확인할 수 있었다. 이는 비(非) 노동시간을 둘러싼 노사 간의 갈등을 가늠해 볼 수 있는 지점이면서 또한 여가 선용(善用)을 둘러싼 사회적 갈등 양상을 보여주는 것이라 할 수 있다. 그러나 한편으로는 여가·오락적 시간을 유용하게, 즉 노동을 뒷받침하기 위한 것으로 그것을 인식하고 활용하고자 했던 노동자 계층도 존재하였다. 이를 통해 근대사회에서 여가 선용(善用)으로 동일시된 오락의 의의가 노동자를 비롯해 대중적으로 수용·공유되는 면모를 생각할 수 있었다. 그리고 이러한 통념이 사회 일반적인 것으로 확산, 정착되는 일련의 흐름을 '오락의 근대화 과정'으로 규정할 수 있다. 이러한 맥락에서 '노동 시간'과 '오락 시간'이 근대사회에서 규정하는 객관적 기준만으로 분리할 수 없는 모호한 경계를 형성하게 되는 것을 생각할 수 있는데, 위의 그림(C)에서 겹쳐지는 부분이 이를 의미하는 것이다. 이는 곧 여가·오락의 영역을 정의하기 데는 사회가 정해 놓은 객관적 기준 이외에 그것을 시행하는 주체의 주관적인 기준도 함께 고려해야 할 필요성을 시사한다.

제2장 식민지 조선에서의 '오락의 사회화' 과정

1. 시작하며

본 장에서는 식민지기 조선인의 오락문제를 둘러싼 일련의 사회적 논의를 검토하고 그것이 어떠한 양상으로 전개되었는지를 규명하고자 한다.

식민지 조선에서 생활의 주변부에 머물러 있던 오락문제가 대중적인 영역에서 공론화되기 시작한 것은 1920년대 후반에 이르러서이다. 그 배경에서 주목되는 것은 자본주의적 경제체제에 따라 노동이 상품화되고 시간과 공간이 소비되는 일상이 정착하면서 취미에 관련된 대중문화적 현상들이 새로운 관습이자 제도가 되었다는 점이다. 그리고 이에 맞물려 오락의 산업화가 진행되는 한편 오락적 욕구를 표출하고 소비하는 것에 대한 개인적 관심의 증가로 인해 일상생활에서 오락을 적극적으로 누리려는 대중이 사회 저변에 대두하였다. 이러한 시대적 흐름을 토대로 식민지기 조선에서는 활동사진과 영화의 유행, 스포츠의 성행, 라디오의 등장 등 전통사회와는 다른 오락 활동이 다양한 상업적 시설을 통해 정착, 확산되었다.

식민지기 오락에 관한 기존 연구에서는 이처럼 대중문화의 출현과 상업화된 오락시설의 대두라고 하는 시대적 배경을 전제로 당대 대중이 즐겼던 오락물 자체에 초점을 맞춘 연구가 주류를 이루어 왔다. 주로 연극이나 영화, 독서, 가요, 스포츠 등과 같은 매체별·장르별을 대상으로 그것의 수용이나 변화 양상에 대해 논하는 것인데, 이와 관련해 유선영의 연구는 선구적인 것으로 꼽을 수 있다.[1] 성과적인 측면에서 보자면 대중문화의 역사적 발전과정에 관한 이론적 틀에 의거하여 한국사회의 '근대적 대중문화의 형성기'로써 식민지기를 설명하고 당대의 영화, 스포츠, 라디오 등 개개의 요소를 규명한 점이다. 요컨대 제의성(祭儀性)·축제성(祝祭性)·직접성(直接性)으로 특징 지워지는 전통사회의 놀이 문화가 식민지기에 전시성(展示性)·소비성(消費性)·비 참여성(非參與性)·효율성(效率性) 등을 본질로 하는 근대적 대중문화로 대체되고 그것이 정착한 시기로 규정함으로써 한국 대중문화의 근대적 형성과 발전과정을 총체적으로 고찰하고자 한 것이다. 같은 맥락에서 김진송의 연구 역시 근대적 문물 및 외래풍습의 유입과 도시화의 과정, 대중문화의 형성과 유행을 배경으로 한 1920년대~1930년대 경성 사람들의 일상을 통해 식민지기 자본주의적 소비와 도시적 제상(諸相)을 포착한 성과로 주목할 만하다. 이는 특히 기존의 식민지 연구에서 상대적으로 소홀하게 다뤄졌던 풍속 관련 기사나 시사(時事), 사회 평론, 르포르타주(reportage), 대담(對談)과 같은 사료를 적극적으로 활용함으로써 식민지 대중들이 어떤 존재였는지 이해하고자 한 시도로써 그 의의를 더하고 있다.[2]

식민지기 오락문제에 관해서는 이처럼 '근대적 대중문화의 형성'이라는 공통적 인식을 전제로 한 이른바 '문화사'의 분야에서 꾸준히 그 성과를 축적해 왔다. 이는 기존의 정치·경제 중심의 주제에서 벗어나 식민지기 다채로운 일상으로 문화연구의 범주를 확장하고 있다는 점에서 여전히 시사적이다. 본 연구와 관련해 주목되는 점은 이러한 관심을 통해 식민지 대중의 생활에서 일부를 차지했던 '유희 혹은 오락의 영위'라는 측면을 객관적으로 인지하고 그에 대한 재평가가 진전되었다는 것이다. 이러한 맥락은 일제의 동화정책 과 일본문화에 침윤된 당대의 대중문화를 부정적으로 평가했던 기존의 연구 시각을 넘어서 식민지기 대중의 성격을 보다 적극적으로 파악

---

1) 유선영, 「韓國 大衆文化의 近代的 構成過程에 對한 研究 : 朝鮮後期에서 日帝時代까지를 中心으로」, 고려대학교 박사학위 논문, 1992.

2) 김진송, 『현대성의 형성-서울에 딴스홀을 許하라』, 현실문화연구, 1999.

하려는 흐름에 연동한다. 그러나 오락문제에 관해서는 도시 대중의 문화나 생활 양식에 중점을 두고 이를 모더니즘 표상의 일환으로 개괄하는 것에 그치고 있어, 세밀한 분석을 과제로 남겨두고 있다. 이에 본 장의 목적은 '식민지성'과 '근대성'이 공존하였던 조선 사회에서 '오락'이라는 영역이 사회적 주목을 받기 시작한 1920년대를 중심으로 하면서 그것이 어떻게 공론화되었는지 대한 근본적인 물음에 초점을 맞추어 그 과정을 고찰하는 것에 있다.

노동의 효율성과 생산성을 강조하는 근대사회에서 오락의 사회적 가치란 단순히 개인적 유희가 아닌 노동력의 증진과 문화 수준의 향상을 꾀하는 수단으로 규정되었고 그에 대한 관리·통제는 사회문제의 하나로 인식되었다. 제1장에서 서양 제국(諸國)뿐만 아니라 일본의 사례에서도 확인했듯이, 근대사회에서 오락을 둘러싼 문제가 공론화되는 과정은 자본주의적 경제발전과 노동문제의 대두를 토대로 한 것이었다. 각국의 산업발전 정도나 문화적 차이를 고려한다고 해도, 이는 곧 공업화에 따른 도시의 성장과 오락산업의 독자적인 발전이라는 역사적 배경에 결부시켜 근대사회의 오락문제를 이해하는 보편적인 관점이다. 하지만 이러한 도식에 식민지 조선의 상황을 그대로 적용하기에는 무리가 있다. 단적으로 표현하자면 자본주의 발달과 맞물린 오락산업의 범람을 배경으로 한 오락문제는 도시 대중 특히 노동자 계층으로 대변되는, 지극히 '물질적' 배경의 '도시적' 성향에 기반을 둔 것이다. 하지만 엄밀한 기준에서 조선은 그러한 기반을 결여한 상태라고 할 수 있겠다. 그러나 여기서 중요한 것은 그러한 토대와는 별개로 '근대성'에 대한 열망이 자의건 타의건 조선 사회에서도 공유되고 있었다고 하는 동시대적 맥락이다. 오락문제에 '문명의 발달'이나 '민족의 자질'을 결부시켜 건전한 오락을 확립하려는 모색이 산발적이긴 하지만 전개되었던 것은 그러한 시대적 배경을 시사한다. 이러한 의미에서 사회적·문화적 기반을 달리한 식민지기 조선의 오락문제에 대해서도 '근대'라는 틀 속에서 구축된 이념적 토대를 기준으로 해서 당대 오락에 관한 사회적 의미와 공론화의 과정에 접근할 수 있는 것이다.

본 장에서는 근대사회와 오락의 보편적 성격을 전제로 하는 한편 근대 일본에서의 상황을 반추하면서, '식민지'라는 상황에 놓인 조선에서의 '오락의 사회화 과정'에 대해 고찰한다. 이는 곧 식민지기 조선에서 오락의 필요성이 제기되고 공론화되는 과정을 추적하는 것인데, 이를 위해 두 가지 점을 중심으로 논고를 진행하고자 한다. 첫째, '일상에서의 오락'이라는 관심에서 조선인의 오락 생활을 검토하는 것이다. 이와 관련해서는 조선총독부에서 생산한 일련의 구관조사(舊慣調査) 자료를 참고함으로써 그 양상과 실태를 분석하고자 한다. 그리고 이를 통해 조선인의 일상에서 오락이 어떻게 인식되고 있었고 영위(營爲)되었는지에 관한 검토를 덧붙일 것이다. 둘째, 대체로 '마음을 위로하고 즐겁게 하는 것'으로 이해되는 오락의 의미에 대해서 식민지라고 하는 시공간은 어떠한 맥락을 부여하는지 그 특징을 고찰하고자 한다. 이에 관해서는 식민통치 권력과 식민지 대중이라는 입장을 각각 대변하는 미디어 자료를 활용함으로써 오락에 관한 사회적 논쟁을 분석할 것이다.

2. 식민지기 조선인의 오락 생활

(1) 타자의 시선에 비친 조선인의 '오락'

오락 생활의 양상을 규명하는 것에 앞서 먼저 그 범주를 기본적으로 노동에서 벗어난 개인이 자유롭게 보내는 생활 영역을 포괄하는 의미로 설정해 두고, 그것의 구체적인 실태를 파악하고자 한다. 조선총독부가 양산한 일련의 구관조사(舊慣調査) 자료에 기록된 조선인의 오락 생활 관련 내용은 그에 대한 실마리를 제공해 준다. 총독부는 조선의 관습 전반에 대한 조사를 꾸준히 실시하여 사회와 경제, 문화 전반에 걸친 방대한 정보를 축적하였다. 예컨대 풍습·생활·언어·역사·문화·종교 등에 이르는 폭넓은 분야에서 조사가 전개되었는데, 1919년 3·1 독립운동을 기점으로 고문헌 중심에서 벗어나 현지 중심의 경험적 조사를 중시한 점을 특징으로 꼽을 수 있다.3) 이것의 목적은 "무릇 풍습이 다른 민족에 대해……조사하여 선정(善政)의 혜택을 베푸는 것에는 그 풍습(風習), 구관(舊慣)을 철저히 참고해 제도를 만들고 시설을 구축하지 않으면 안 된다'고 한 것에서 알 수 있듯이, 무엇보다 식민지 통치의 효율성과 안정을 꾀하는 것에 있었다.4) 근래 한국 학계에서는 이를 단순히 식민지 통치를 위한 조사자료로 간주하기보다는 그에 포함된 정치적 목적과 함께 학제적 성격을 면밀히 검토하려는 시도가 이루어지고 있다.5) 이러한 연구 동향을 염두에 두면서 여기서는 조선총독부의 구관조사를 활용하여 통치자의 시선과 더불어 그로 인해 '타자화'된 조선인의 오락 생활을 확인해 두고 싶다.

먼저 1925년에 출판된 『조선의 풍습』(朝鮮の風習)에서는 조선인의 오락 생활에 대해 아래와 같이 서술한 내용을 확인할 수 있다.

어른의 오락으로서는 이거라고 할 만한 정해진 것은 없는데……대체로 각 계급을 통해서 음주(飮酒)와 잡담(雜談) 같은 것이 가장 보편적인 오락이다. 때문에 음식점(飮酒店) 수가 인구수보다 놀랄 정도로 대단히 번창하고 있다. 민중오락(民衆娛樂) 기관으로서 근래 도회지에는 활동사진관, 극장 등도 생겼지만 활동사진은 둘째치고 연극도 아직 민중이 애호하고 있지 않다. 이와 같은 기관이 없는 시골에서는 줄다리기나 씨름 같은 것으로 단조로운

---

3) 박현수, 「日帝의 朝鮮調査에 관한 研究」, 서울대학교 박사학위 논문, 1993, 서문.
4) 朝鮮總督府中樞院, 『朝鮮舊慣制度調査事業槪要』, 1938, 1쪽.
5) 대표적으로 주영하, 임경택, 남근우 지음, 『제국 일본이 그린 조선민속』, 한국학중앙연구원, 2006이 있다.

일상을 위로하고는 있지만 이는 일 년에 한, 두 번 개최되는 것이기 때문에 일생의 즐거움으로는 월 6회의 5일마다 열리는 시장에 가서 구복(口腹)을 충족시키고 진귀한 이야기를 듣는 것 이외에 없다. 시골에서는 이와 같은 시장이 오늘날 유일한 민중오락 기관이다.[6]

요컨대 조선인의 오락 생활이란 상업적 오락기관이 많지 않은 환경을 고려한다 해도 '오락'이라고 할 만한 정해진 것이 딱히 없으며, 그 종류도 매우 제한적인 것에 지나지 않는다고 본 것이다.

한편 조선을 방문한 외국인이 농촌을 둘러보고 작성한 1928년의 시찰보고서 가운데에는 농민의 '한가한 시간'에 관해서 다음과 같이 기록한 것이 있는데, 이 역시 조선인의 오락 생활을 엿볼 수 있는 내용으로 주목된다.

어떤 마을에서는 한가한 시간에 가내수공업으로 보내고 있으나 대부분 마을에서는 빈둥거리며 잡담으로 유희를 즐기거나 혹은 긴 조선 담배(煙管)를 만들어 피우고 있는 것을 볼 수 있다……일반적인 놀이는 조선 장기나 카드를 포함하고 있다. 젊은이 사이에는 연날리기, 돌 팔매질(石投げ, 석전), 그네뛰기, 줄다리기 및 돌 차기(石蹴, 사방치기)의 유희가 있다……대부분의 나이 있는 사람에게 있어 한가할 시간의 놀이는 강담사(講談師, 이야기책을 전문적으로 읽어 주던 사람)의 이야기를 듣는 것이다.[7]

이 보고서로부터 농민이 '한가한 시간'을 보내는 방법은 다음의 두 가지로 요약할 수 있다. 첫째, "빈둥거리며 잡담으로 유희를 즐기거나 혹은 긴 조선 담배(煙管)를 만들어 피우고 있는 것"처럼 언뜻 무료하게 보이기도 하지만 특별한 것 없이 자유시간 그 자체를 즐기는 것이며 둘째, "연날리기, 돌 팔매질(=석전), 그네뛰기, 줄다리기 및 사방치기"와 같은 전통오락을 즐기는 것이다. 농업이 근간이었던 조선 사회에서 이러한 농민의 '한가한 시

---

6) 朝鮮總督府, 『朝鮮の風習』, 1925, 52~56쪽.
7) 朝鮮總督府, 『外人の觀たる最近の朝鮮』, 1932, 64쪽.

간'을 전통적 생활 양식에 입각한 자유시간의 형태로 이해해도 무방할 것이다. 이는 앞의 『조선의 풍습』(朝鮮の風習)에서 확인한 오락의 형태와도 겹치는 양상인데, 특별한 오락기관이 존재하지 않아도 그 나름 여가 시간으로써 의미를 가졌던 전통사회에서의 감각을 보여주는 것이라 할 수 있다.

또 1928년에 출판된 『조선인의 사상과 성격』(朝鮮人の思想と性格)에서 오락 관련 내용을 살펴보면 다음과 같다. 요컨대 "조선인(韓人)은 많은 이야기를 나누고 진귀한 것을 좋아하는 까닭에 교제(交際)로 나날을 보내는 것"을 즐기는데, 경제적으로 여유가 있는 상류층은 "항상 이와 같은 모임을 찾아가며 많은 이야기를 나누고 또 서로 여러 가지 새로운 소식을 교제(交際)하며 시간을 보낸다"라고 하며, 한편 평민의 경우는 "시가(市街)나 도로(道路) 및 음식점에 모이는데, 겨우 2~3명이 모여도 누구와도 이야기(談話)하며 바로 교제(交際)하는 것이 오락의 하나"로 되어 있다는 것이다.[8] 이는 조선인이 오락의 하나로 "교제(交際)"를 빈번하게 즐긴다는 의미로 해석되며, 나아가 조선인의 생활에서 교제가 행해지는 맥락과 그에 내재된 문화적 층위를 생각할 수 있다.

이상 조선총독부의 구관조사(舊慣調査) 자료에서 조선인의 오락 생활에 관련된 내용을 살펴보았다. 이를 통해 타자화된 조선인의 오락 생활이 어떻게 인식되고 있었는지 식민통치 권력의 생각을 엿볼 수 있었다. 그것은 대체로 동일한 문맥에서 서술되고 있는데, 그 요지를 대략 세 가지로 정리할 수 있다. 첫째, 오락이라는 명목으로 가장 많이 거론되고 있는 것은 연례행사로 즐기는 연날리기, 줄다리기, 씨름 등과 같은 전통놀이(=전통오락, 향토오락)인데, 이는 오늘날의 세시풍습으로 이해해도 무방한 것들이다. 둘째, 활동사진이나 극장과 같은 상업적이고 대중적인 오락기관이 발달하지 않았다고 지적하고 있는 점이다. 이를 이유로 셋째, 조선인의 생활에는 오락이라고 할 만한 것이 거의 없다고 보는 점이다. 요컨대 오락기관의 부재(不

---

8) 朝鮮總督府, 『朝鮮人の思想と性格』, 1928, 215~216쪽.

在)라는 인식을 축으로 두고 굳이 꼽는다면 잡담(雜談)이나 음주(飮酒), 교
재(交際), 노름, 장기 혹은 간단한 소일거리 등으로 조선인은 한가한 시간을
채운다고 서술한 것이다. 뒤에서도 확인하겠지만 식민지기 조선인의 오락
문제에 관련해 이와 같은 총독부의 서술 구조는 반복, 재생산되는 것이었
다. 일례로 『조선의 풍속』(朝鮮の習俗)은 1925년의 초판을 시작으로 일본
인에게 조선의 풍속과 문화를 소개하기 위한 목적에서 10년이 넘게 해마다
새롭게 발간되었는데, 여기에 언급된 조선의 「오락과 취미」 역시 앞서 확인
했던 『조선의 풍습』(朝鮮の風習)과 거의 동일한 내용이다.[9]

그러나 19세기 말 조선을 방문했던 다수의 서양인 기록에서도 '오락'이
나 '취미' 혹은 '놀이'로 번역된 내용을 살펴보면 대체로 총독부 입장과 유
사한 맥락을 이루고 있는 것을 확인할 수 있다. 다만 여기서 눈에 띄는 점
은 시기상 구한말에 성행하였던 석전(石戰)에 관한 언급이 자주 등장한다
는 것이다.[10] 그것은 대체로 "봄과 가을에 한국의 서민들은 그 계절에 경의
를 표하기 위해 축제를 여는데, 이 대중적인 축제는 그야말로 가장 미개한
것이다"와 같은 부정적인 서술이거나,[11] "미국인들이 야구를 즐기는 만큼
조선인(韓國人)들이 이 위험스러운 놀이를 그렇게도 좋아하는 이유가 무엇
일까"라며 호기심으로 관찰한 시선으로 구분된다.[12] 한편 자신의 나라와
비교해 "조선에는 극장이나 공공 오락시설 같은 것은 없으나, 그들만의 방
식으로 오락을 대단히 즐기는 민족"이라고 보는 평가가 있는가 하면,[13] 반

---

9) 朝鮮總督府, 『朝鮮の習俗』, 1935, 57~58쪽.
10) 석전(石戰)은 20세기 전후 조선을 대표하는 대중적인 오락으로써 매우 격렬하고 폭
    력적인 형태로 진행되었는데, 그 폐해를 이유로 한일병탄 후 1912년에 「경찰범처벌
    규칙」(警察犯處罰規則) 제50조에 의해 법적으로 금지되었다. 이에 대해서는 유선영,
    「편쌈 소멸의 문화사 : 식민지의 근대주의와 놀이 대중의 저항」, 『사회와 역사』 86,
    2010을 참고.
11) 끌라르 보티에·이뽀리트 프랑뎅, 김상희·김성언 옮김, 『프랑스 외교관이 본 개화기
    조선』, 태학사, 2002, 120쪽.
12) 호머 헐버트, 신복룡 옮김, 『大韓帝國滅亡史』, 집문당, 1984, 268쪽.

면에 그러한 시설이 없기에 "평민들에게는 오락이 거의 없다"라고 하며 심심풀이 소일거리로 따분한 시간을 보낸다고 보는 입장도 있었다.14)

　시간적 간격은 있지만 이와 같은 타자의 시선에 의한 조선인의 오락 생활에 관한 기술에서 당대 '오락'으로 간주되었던 것들의 실체에 접근해 보면, 오늘날 세시풍습에 해당하는 전통놀이가 그 중심에 있었다는 사실을 알 수 있다. 그러나 이는 일상적으로 행해지는 것이 아닌, 즉 계절성을 띈 특수한 것들이다. 그렇기 때문에 타자의 시선에서 '오락이라고 할 만한 것이 없다'라는 이해에는 일상에서 '오락'이라는 것의 실체가 뚜렷하지 않은 것에 기인한, 즉 오락이 없는 무료한 생활로 각인된 측면이 크다고 볼 수 있다. 이러한 인식은 대중적이고 상업적인 혹은 사회적 오락시설이 갖추어지지 않았다고 보는 비교 관점으로부터 파생하는 차별적 시선과도 연동하는 것이다. 이러한 의미에서 타자의 시선에 의한 '오락이라고 할 만한 것이 없다'라는 관념은 자의적 해석이 큰 비중을 차지하며 상대적인 것에 지나지 않을지도 모른다. 그러나 한편으로는 여기에는 전근대적 오락문화를 재단하고 배제하는 근대적 여가개념의 잣대가 자리 잡고 있음을 생각할 수 있다. 그것은 노동과 명확히 분리된 영역으로 드러나는 근대사회에서의 오락적 감각과는 분명히 다른 성질을 갖는다. 요컨대 오락의 영위가 의식적으로 구분한 시공간에서 계획된 형태로 존재하기보다 오히려 무의식적이고 생활의 일부로 자연스럽게 행해지는 것이었다. 이러한 맥락에서 조선인의 오락 생활에 대한 타자의 시선은 그에 반해 '근대성'을 기저에 둔 비교 관점에서 작동한 것이라 할 수 있다. 이에 조선인의 오락 생활은 근대적 오락개념과는 다소 거리가 먼, 단조로운 유희로 채워진 일상으로 비춰지는 것이다. 이러한 인식구조를 토대로 식민지기 조선에서 오락을 둘러싼 사회적 논의는

---

13) 에른스트 폰 헤세-바르텍, 정현규 옮김, 『조선, 1894년 여름 : 오스트리아인 헤세-바르텍의 여행기』, 책과함께, 2012, 169~170쪽.
14) 호레이스N 알렌, 윤후남 옮김, 『알렌의 조선체류기』, 예영커뮤니케이션, 1996, 137쪽.

세시풍습에 해당하는 전통놀이의 종류를 오락의 범주에 넣어 언급하면서도, 그것을 실질적인 오락으로 간주하지 않는 탓에 '오락 부재(不在)'라는 문제 의식을 축으로 전개된다. 이는 곧 오락의 결핍, 조선인의 단순한 오락 생활 그리고 상업적 오락기관의 부족을 강조하는 언설(言說)로 반복된다. 그로 인해 '오락 부재(不在)'라는 담론(談論)에서는 근대사회에서의 오락에 대한 특정한 의미 체계가 작동하거나 이데올로기가 개입된 형태를 엿볼 수 있다.

다음에서는 조선인에게 전통적인 오락기관으로써 중요한 공간이었던 시장(市場)을 둘러싼 문제에 초점을 맞추어 조선인의 오락 생활에 대해 좀 더 살펴보기로 하자.

(2) 오락기관으로서 시장의 존재

앵거스 해밀톤은 영국 출신의 기자로서 1899년부터 1905년까지 조선에 체류했는데, 일상의 노동에 충실한 조선 농민의 근면함을 칭찬한 후 그들의 오락 생활에 대해서는 다음과 같이 서술하였다.

> 농민이 매우 드물게 오락에 심취하는 것은 장날(市日)이다. 장시(場市)의 유혹에 빠진 그는 육체적으로도 도덕적으로도 통제할 수 없는 불능이 되는 데, 지금까지의 단조로운 절제와 조용한 생활이 순식간에 술에 취해 버린다. 이 순간은 놀랄 정도로 자기주장이 강해지고 옆자리 아낙네를 심술궂게 괴롭힌다든지 자신의 의견을 강요하는 행동으로 친구의 머리를 때리거나 한다. (이러한 행동은) 이상적이지는 않지만, 그가 소박한 자연의 아들인 것을 보여주는 것이다.[15]

앞서 『조선의 풍습』(朝鮮の風習)에서도 확인했듯이 농민이 갖는 최고의 오락으로써 시장에서의 유희를 언급한 앵거스의 기록에서도 조선인에게 오

---

15) 앵거스 해밀튼, 이형식 역, 『러일 전쟁 당시 조선에 대한 보고서』, 살림, 2010, 157쪽.

락기관으로 중요한 시장의 존재를 확인할 수 있다. 요컨대 오락이라고 해도 특별한 것이 없고 활동사진관이나 극장과 같은 상업적 오락기관이 성행하지 않았던 조선인의 생활에서 정기적으로 개최되는 시장의 장날은 오락 거리로써 매우 큰 의미를 가지고 있었다는 점이다.

이에 관련해 1919년부터 1941년까지 조선총독부 촉탁(囑託)으로 활동하면서 다방면의 구관조사(舊慣調査)에 관계하였던 무라야마 지준(村山智順)의 『조선 시장의 연구』(朝鮮市場の硏究)를 주목해보자. 이는 무라야마(村山)가 사회사적 견지에서 조선의 시장을 분석한 연구서로, 1930년대에 완성한 것으로 추측된다.[16] 무라야마(村山)는 조선사회의 정체성을 상징하는 하나로 시장을 규정하고 있는 만큼, 조선 사회에서 시장이 형성하고 있는 다양한 사회적 기능에 주목하였다. 그 가운데 여기서는 시장의 오락적 역할이라고 하는 부분에 초점을 맞추어 조선인의 오락 생활과 시장의 밀접한 관계성에 대해 생각해 보려고 한다.

먼저 조선의 독특한 사회현상으로써 '시장의 성행'을 꼽은 무라야마(村山)는 그 존재감에 대해서 다음과 같이 서술하고 있다.

> 조선 전역에 걸쳐 존재하는 시장은 어떤 것이든 월 6회 정기적으로 개최되기 때문에 그것의 기능은 단순히 경제적으로 농산물의 생산적 거래 또는 생활 유지에 필요한 소비재의 거래뿐만 아니라, 다른 생활적 요구에 응해야만 하는 작용을 갖추고 있는 것이라고 보지 않으면 안 된다.[17]

여기서 무라야마(村山)가 주목한 사람들의 생활적 요구는 "사회적 해방의 요구"와 "문화 향유의 요구 및 향락추구의 요구"였다. 그리고 이러한 요구가

---

16) 『朝鮮市場の硏究』는 1932년 혹은 1933년에 완성되었을 것으로 추정되는데, 당시에는 출판되지 않았다. 이에 대해서는 朝倉敏夫, 「解題」, 村山智順, 『朝鮮場市の硏究』, 國書刊行會, 1999, 274~294쪽을 참고.

17) 위의 책, 135쪽.

시장에서 표출되는 원인으로 다음의 세 가지 항목을 꼽았다. 첫째, 생활에서 세시풍습 이외의 오락기관이 부족한 점, 둘째, 유학(儒學)을 중시하는 사회적 분위기 속에 개인의 오락적 향락에 대한 구속이 많은 점, 셋째, 단조로운 생활을 위로할 만한 자연적 볼거리가 없다는 점이다. 이리하여 무라야마(村山)는 대다수가 농민인 조선 사회에서 시장이 갖는 오락적 기능으로써 "각 지역의 사람들과 다양한 종류의 사람들이 모이고 접촉할 기회가 있는 공간이기 때문에 그곳에는 호기심과 새로운 것을 알고 싶어하는 욕구를 만족하게 할 수 있는 재미있는 이야기(珍談), 뉴스와 같은 것이 있다"라는 점과 "음식점을 중심으로 전개되는 것에서 보듯이 조선의 시장에서는 구복(口腹)의 욕망이 완벽히 채워진다"라는 점을 설명하였다. 이러한 오락적 기능 때문에 무라야마(村山)는 조선인의 생활에서 시장이란 "월 6회는 개최되기 때문에 5일에 한 번은 이러한 해방된 기분으로 군거(群居) 본능을 만족하게 하고 문화와 오락을 만끽"할 수 있는 "생활 위안의 오아시스"이며 "유일의 사교기관"으로서도 빼놓을 수 없는 것이라고 강조하였다.[18]

이와 같이 조선인의 오락 생활에서 시장이 매우 중요한 역할을 하고 있다고 서술하면서 무라야마(村山)는 한편으로 그 폐해에 대해 다음과 같이 지적하였다.

> 시장 이외에 그들이 품고 있는 문화 향유의 요구를 만족하게 할 만한 것이 있다고 하더라도 고려치 않거나 혹은 늘 시장에서 그러한 요구가 채워지고 있기에 더욱 필요로 해야 할 문화적 존재의 유무조차 신경 쓰지 않는 것이다. 문화 향유에 대한 자각적 요구가 없으며 설령 있다 하더라고 이를 만족하게 하는 것은 유일하게 시장뿐이라고 생각해 온 조선 지방 농민에게 어떻게 해서 도시의 발전, 발달을 촉진해야 할 욕구가 생길 수 있을 것인가……조선 지방 농민이 근대 도시 발달에 관심이 없는 것은 또한 이러한 이유 때문이기도 하다.[19]

---

18) 위의 책, 136~144쪽.

시장이 조선사회의 "문화 향상"과 "도시의 발달"을 저해하는 요인이라고 한 무라야마(村山)의 견해에서는 조선인에게 시장에서의 향락이 매우 중요하게 여겨지고 있으며 이러한 '시장 중심'의 오락 생활에 만족하는 탓에 다른 문화적 요구에 대한 자각을 갖지 못하는 민족으로 평가된 것을 알 수 있다. 이러한 견해는 식민지기에도 건재했던 조선의 수많은 시장을 축소하고자 끊임없이 그 방법을 모색했던 총독부의 입장이기도 했다. 시장의 운영을 관리·통제함으로써 지방 행정의 경영기관으로 일원화시키기 위해 1941년에 발표한 『시장규칙』(市場規則)은 그러한 정책을 대변하는 것이었다.[20] 그 취지는 "몽매(蒙昧) 시대의 습관인 시장을 시류에 적응시키 위한" 것이라고 밝히고 있는데,[21] 시장에 대한 이러한 인식은 다음의 견해에서도 확인할 수 있다.

> 시장 거래를 통해서 본 조선의 경제력과 생활 정도는 정말 극도로 빈약한 것이기에, 개인 매매의 방식이 천 년 전이나 오백 년 전이나 다르지 않을 뿐만 아니라, 그 구매력도 그 시절과 별반 다른 바 없다……대부분 있어야 할 시설도 없고 불완전한 거래 방식으로 화물(貨物)의 수급(需給)을 행하며, 재래 시장의 영속(永續)은 조선에서 경제상태의 침체를 대표적으로 보여주는 것이다.[22]

요컨대 조선에서 도시와 경제가 발달하지 않은 점, 상업자본이 빈약한 점 등의 원인은 여전히 건재한 수많은 시장에 있다고 보고, 이를 곧 사회의 후진성·정체성을 상징하는 것으로 규정한 것이다.

한편 총독부에서는 농촌의 생산성 향상을 도모하기 위한 대책으로써 '장

---

19) 위의 책, 187쪽.
20) 허영란, 『일제시기 장시에 관한 연구』, 역사비평사, 2009, 78쪽.
21) 『每日申報』 1941년 9월 16일.
22) 朝鮮總督府, 『朝鮮の市場經濟』, 1929, 455쪽.

날의 축소'를 검토하게 되는데, 이는 "월 6회의 장날에 소비되는 헛된(無用) 시간과 금전"이라는 문제의식에 의한 것이었다.[23] 이에 총독부는 지역의 독자적인 상황에 따라 제각각 개최되고 있는 장날을 축소함으로써 농업에 전념할 수 있는 시간을 늘리고 결과적으로 농촌의 생산성 증대를 꾀하고자 한 것이었다. 여기서 주목하고 싶은 조선인의 오락 생활에서 시장이 중요한 위치를 점하고 있었다는 점이며, 이와 관련해 총독부가 '장날의 축소'를 제기하게 된 배경을 두 가지 측면에서 생각할 수 있다. 하나는 앞서 구관 조사 자료에서 확인했듯이 조선인의 오락 생활은 오늘날 세시풍습에 해당하는 전통놀이를 제외하면 잡담이나 음주, 교제와 같은 유희로 채워지는 것이었다. 무라야마는 이와 같이 일상 생활에서 조선인의 오락이 단조로운 것이기 때문에 시장이 오락기관으로써 중요한 구실을 하고 있다고 하였다. 그러나 장날을 축소하고자 한 총독부의 입장에서는 그러한 시장에서의 오락적 향유를 "시간과 금전"의 낭비 및 무의미한 것으로 간주하며, 이러한 점에서 빈번히 열리는 장날이 생업을 방해하고 생산성을 저해하는 공간으로 문제시된 것을 엿볼 수 있다.

다른 하나는 전통사회의 시간적 순회에 따른 '문화 달력', 즉 '근대성'에 반하는 독자적인 생산·휴식 주기에서 장날이 정해져 내려온 관습의 문제인 것이다.[24] 이는 통일된 획일적 시간 체제가 자리 잡는 근대사회의 지향성과 지역의 독자적인 시간 감각에 의해 제각각 운영되어 온 장날의 부정기적(不定期的) 관습이 빚는 갈등을 의미한다. 예를 들면 총독부의 생산조사위원회의 일원이었던 가다 나오지(賀田直治)는 「조선인의 노동 능력에 관한 연구」에서, 조선은 시장에서 다양한 오락적 향유를 누릴 수 있기에 "장날=휴일"로 생각하는 관습이 있는데, 그로 인해 "장날 또는 명절에 쉬는 자가 많은 점"을 조선인 노동자의 단점 중 하나로 언급하였다.[25] 이러한 지적

---

23) 『每日申報』 1934년 3월 1일.
24) 허영란, 앞의 책, 248쪽.

에서는 전근대의 시간적 리듬에 따르는 "장날 또는 명절"이 근대사회에서 정해진 휴일과 일치하지 않다는 점과 따라서 근무를 해야 하는 날임에도 불구하고 노동자가 전통적 관습에 따라 장날이나 명절을 휴일로 여기고 출근하지 않는 문제를 유추해 볼 수 있다. 이는 시장에서의 오락적 향유를 "시간과 금전"의 낭비로 간주하고 생산성 증대를 이유로 총독부가 월 6회씩이나 개최되는 '장날의 축소'를 주장하게 된 배경을 시사하는 것이기도 하다.

그러나 장날 축소에 관한 문제를 담당한 총독부 상공과(商工課)에서는 "특히 농촌에서의 장날은 일종의 오락일 이라고도 할 수 있는데, 그로 인해 개선방법이 조금만 잘못되어도 그 영향은 경제적으로, 정신적으로도 큰 손실을 초래할지도 모른다"며 신중한 태도로 안건을 검토하고 있었다.[26] 이는 시장이 조선에서 매우 중요한 오락적 역할을 담당하고 있는 공간임을 상기시켜 주는 것이다. 이러한 견지에서 상공과(商工課)의 입장은 오히려 노동에 대한 위안으로써 시장의 존재 가치를 인정하는 한편 시장에서의 오락적 향락을 결코 가볍게 여길 수 없었던 현실에 대한 이해를 기저에 둔 것이라 할 수 있다.

하지만 시장에 대해 부정적인 자세로 일관해 오던 총독부에서는 '장날의 축소'를 구체적으로 추진해간다. 1941년부터 '전시 통제의 강화'와 '노동력 절약'이라는 방침 아래 몇몇 지역에서 시행되고 있던 장날 축소의 움직임은 1942년에는 조선 전역으로 확대되어 보통 월 6회로 개최된 장날이 월 4회로 축소되었다.[27] 이에 대해 총독부는 "장날이 농업, 공업, 광업 등에 종사하는 노무자에게 낭비의 기회로 작용하는 측면이 많기에 각 도(道)에서 장날을 축소하는 것은 전시(戰時) 체체 아래 노동 능률의 증진을 위해 무엇보

25) 齊藤實, 『齊藤實文書:朝鮮總督時代關係資料(八)』, 高麗書林, 1990, 277쪽.
26) 『每日申報』 1934년 3월 5일.
27) 허영란, 앞의 책, 92·104쪽.

다 중대한 시책"이라고 그 취지를 설명하며, 장날의 횟수를 축소함으로써 "조선 전역의 노동력 향상"을 목표로 하였다.[28] 그러나 허영란이 지적한 것처럼, 조선에서 시장은 경제적인 목적에서만 존재하는 것이 아니었다. 요컨대 시장은 생활에 관련된 다양한 입지를 가지고 있었기 때문에 총독부의 그러한 정책은 애초에 계획했던 것에 비해서 미비한 성과에 머물며 원만하게 진행되지 못했다.[29]

3. 식민지기 '오락' 용법과 오락문제의 공론화

(1) 식민통치와 오락문제

식민지 조선에서 오락문제가 사회적으로 공론화되는 계기는 재조선(在朝鮮) 일본인의 취미 생활과 관련한 문제 제기에서 찾을 수 있다. 전신(前身)인 『조선』(朝鮮)을 포함해 약 34년 동안이나 조선에서 발행되었던 최장수의 종합잡지 『조선 및 만주』(朝鮮及滿洲)는 그에 관한 여론을 형성하는데 중심적인 역할을 했던 매체로 주목할 만하다. 본 잡지에서는 한일병탄 전이라는 이른 시기부터 조선에서의 오락문제에 관심을 가지고 이를 언급한 기사를 볼 수 있는데, 그것은 다음과 같이 우선적으로 조선에 거주하고 있는 일본인을 대상으로 한 것이었다.

> 조선의 산천은 헐벗고 말라서 삭막하기 그지없고 조선인들 또한 불결, 난잡, 음침하여 살벌한 풍경(殺風景)이다. 그러나 십여 만의 조선에 체재하고 있는 우리 민족(在韓邦人)은 아직도 (조선을-인용자) 타국의 돈벌이로 여기는 근성에서 탈피하지 못했고 취미가 속되고 비루하여 한인화(韓人化)됨으

---

28) 『每日申報』 1942년 2월 3일.
29) 허영란, 앞의 책, 109쪽.

로써 대부분이 앵두나무 꽃의 나라(櫻花國)이자 후지산(富士山) 나라 사람
으로서 좋은 자질을 잃어버리고 있는 듯……나날이 퇴락(頹落) 중이며 요보
화(ヨボ化)되고 있다. 그들을 연회병(宴會病)이나 사치병(奢侈病)으로 방치
해두기 보다는, 더욱더 계획적으로 도서관·음악당·공원 등의 시설을 서두르
지 않으면 안 된다. 술집이나 요릿집(旗亭), 오복점(吳服店=잡화점)에 투자
하는 반액만 할당한다면 취미(趣味) 많은 공공적(公共的) 오락시설을 설치
하는 것이 어렵겠는가.[30]

이것은 당시 십여만 명에 달하는 재조선(在朝鮮) 일본인이 일본 민족으
로서의 좋은 기질을 상실하고 점점 조선인을 닮아가는, 즉 "요보-화(ヨボ
化)"[31]되어 타락의 일로를 걷고 있는 것과 관련해 그들의 '취미 타락'에 대
한 문제를 제기한 것이다. 그 원인으로는 생활에 위안이 없는 조선의 척박
한 환경적 요소와 함께 단순히 돈을 벌기 위한 목적으로 조선에서 생활하
고 있는 재조선 일본인들의 태도 문제를 언급하고 있는 것을 알 수 있다.
이에 대한 개선책으로 필자의 주장은 "도서관·음악당·공원 등"과 같은 "공
공적 오락시설(公共的 娛樂施設)"에 적극적인 투자가 이루어져야 한다는
것이다.

여기에서 "공공적 오락시설"로 지칭된 도서관·음악당·공원 등과 같은 기
관을 통해 당대 '오락'이라는 용어가 갖고 있는 개념 범주를 유추해 볼 수
있겠다. 이에 대한 검토를 진행하기 전에 먼저 본 잡지에서 이듬해 「취미와
오락기관」(趣味と娛樂機關)이라는 특집기획을 개설한 것에 주목하려고 한

---

30) 「趣味の向上」, 『朝鮮』 第19號, 1909年 9月, 8쪽.

31) "요보-화"란 사람을 부를 때의 한국어 '여보'라는 말을 흉내 낸 것으로, 조선인을
차별하는 의미에서 일본인이 자주 사용했는데 "한인화(韓人化)" 역시 그와 유사한
맥락에서 통용되었다. 이는 재조선 일본인이 조선인처럼 되어간다는 우려를 담아
일종의 유행어처럼 사용되기도 했다. 여기에는 일본인들이 상정한 조선인의 부정
적인 이미지가 내포되어 있는데, 주로 노쇠하고 나태하며 모든 면에서 '신경이 무
디다'라는 의미에서 표현되는 경우가 많았다. 이에 대해서는 權錫永, 「「ヨボ」とい
う蔑稱」, 『北海道大學文學研究科紀要』 132號, 2010을 참조.

다.[32] 이 기획이 갖는 의미는 재조선 일본인의 생활개선과 관련해 '고상한 취미와 오락기관의 필요성'이라는 문제를 부각시킨 점에 있다. 기획의 요지는 앞서 본 기사 내용과 대체로 동일한 맥락을 이루고 있지만, 그에 관한 문제를 보다 비중 있게 다룸에 따라 공론의 장을 양성하였다는 점에서 특집기획의 의미를 재차 되짚어 볼 수 있겠다. 그 가운데 주목하고 싶은 것은 내무경찰국장 마츠이 시게루(松井茂)가 "취미와 오락이란 자연히 별개의 문제이지만 취미가 미천하면 열등한 오락에 빠지고 마땅한 오락기관이 없으면 저절로 취미가 타락한다"고 하여 취미와 오락 관계를 설명한 부분이다. 논지는 '고상한 취미'를 위해서 '좋은 오락'이 있어야 한다는 것인데, 이와 같은 견해는 양자가 매우 밀접한 관계로 인식되고 있었던 당대의 보편적인 사고 방식을 보여주는 것이다. 이러한 점은 당대 '오락'이라는 용어가 어떠한 개념 범주로 통용되었는가와 관련해 중요한 실마리를 제공해 준다. 요컨대 '취미'와 '오락'이라는 두 용어가 구별 없이 혼용된 채 사용된 점, 그러한 맥락에서 양자가 긴밀한 상호적 관계를 구축하고 있었다는 점이다. 관견(管見)에 한해서 지적하자면 식민지기 조선에서는 '오락'이라는 용어 자체에 대한 명확한 정의가 이루어지지 않았다. 그러나 취미와 연동된 개념으로 오락의 의미와 그 용법이 형성, 유통되고 있는 것을 확인할 수 있다. 이러한 의미에서 제국과 식민지 사이에 유통되던 용어의 상호관계성을 고려한다면 근대 일본에서 통용되었던 '오락'의 의미·용법은 그에 관한 중요한 실마리를 제공한다.

우선 당시 '취미'라는 용어가 갖는 다중적인 의미 체계를 살펴볼 필요가 있다. 메이지 말기 일본에서 통용된 취미의 의미와 그 용법을 고찰한 진노 유키(神野由紀)의 연구에 따르면, 일본에서는 1907년 전후에 '취미'라는 용어 일반적으로 사용되기 시작했는데 이는 문예계(文藝界)에서 부흥한 새로운 동향을 배경에 둔 것이었다. 원래 영국의 낭만파 시인들을 중심으로

---

32) 松井茂, 「趣味と娛樂機關」, 『朝鮮』第24號, 1910年 2月, 47쪽.

자연의 아름다움을 감상하고 이해하는 능력을 뜻하는 의미로 "테이스트 (taste)"라는 용어가 사용되었다. 그런데 이러한 조류에 영향을 받은 일본인이 이것을 "취미(趣味)"로 번역, 대체하여 사용하기 시작했던 것이다. 그러는 가운데 취미의 용법은 예술에 대한 개인의 미적 감각을 뜻하는 고차원적인 의미에서 일상에서 사물의 취향을 정하는 표층적인 의미까지 다양한 폭을 가지게 되었다. 그 용법을 대략 구분하자면 ① 멋, 풍취(趣) ② taste(인간의 미학적 판단 능력) ③ hobby(즐길 수 있는 오락)로 나눌 수 있다. 도시를 중심으로 한 근대적인 소비의 성장과 서양문화를 흡수한 시대적 조류 속에서 '취미'라는 용어는 폭넓은 분야에서 다양한 해석으로 확장되며, 메이지기의 새로운 유행어가 되었다.[33]

이와 같은 취미의 의미 체계에서 보자면 일차적으로 오락의 용어는 ③에 해당하는 용법으로 결론짓기 쉽다. 그러나 다양한 층위의 의미가 혼재되어 실제 많은 해석을 가능케 하는 취미의 용법에 주의한다면 그와 밀접한 관계에 있었기 때문에 파생되는 오락의 다중적인 의미의 층위 또한 생각하지 않을 수 없다. 이는 곧 오락의 용법을 단순히 ③에 한정시킬 수 있는 것이 아니라는 것을 시사하며, 취미의 의미 체계에 대한 이해와 함께 당대에 통용되었던 오락의 의미와 그 용법을 고려해야 한다는 것을 의미한다. 재조선(在朝鮮) 일본인의 '취미 향상'을 위한 '오락기관'으로서 도서관, 음악당, 공원 등이 열거된 맥락은 그러한 측면을 잘 보여주는 것이다. 여기에서 '오락'은 단순히 '즐긴다'라는 의미에 국한되지 않는, 요컨대 사물에 대한 심미안을 갖추고 미학적 판단능력을 높이는 행위까지를 범주에 담는 개념인 것이다. 이러한 맥락에서 식민지기 조선 사회에서 통용되던 오락의 용어는 일본에서 전파된 '취미'의 의미 체계가 혼용된 개념이라고 할 수 있다. 또한 취미와 오락의 용어는 특별한 구분 없이, 거의 동일한 개념으로 그 쓰임이 공론화된 것이라고 할 수 있다.

---

33) 神野由紀, 『趣味の誕生―百貨店がつくったテイスト』, 勁草書房, 1994, 6~29쪽.

　재조선 일본인(在朝鮮)의 취미 문제에 관심을 표명해 온 『조선 및 만주』 (朝鮮及滿洲)에서는 한일병탄 후 다음과 같이 크게 두 가지 맥락에서 조선의 오락문제에 관심을 드러내고 있다. 첫째로, 조선인을 위한 오락기관의 필요성을 제기한 것이다. 이것은 이미 누누이 언급되었던 '조선의 오락기관 부족'이라는 문제의 연장선에 있는 것인데, 취조국 사무관인 시오카와 이치타로우(鹽川一太朗)는 다음과 같이 서술하고 있다.

　　　조선인을 지도하는 데 있어서도 모두 근면해라, 절약·저축을 해라는 점만 말하는 것은 효과가 적다. 그러므로 사람은 무언가 위안의 여유가 없으면 점점 태만해지는 존재라고 한다면, 가능한 이에 맞춰 조선인에게 노는 방법 및 금전을 유쾌하게 사용하는 방법을 지도하지 않는다면 그들의 분발심을 살려서 충분한 성과를 얻는 것은 어려운 일이 될 것이다……이쯤에서 우리들이 천천히 생각하기에는 가장 통속적이고 예술적 오락기관을 일본인·조선인 유지(日鮮有志)들이 계획하여 그들로 하여금 충분히 유쾌하게 즐길 수 있도록 하는 것이 근면저축 장려와 함께 더불어 필요한 것이라고 본다.[34)]

　이글의 요점은 조선을 통치하는데 있어 조선인에 대한 '근검·저축'의 지도가 필요하지만 이러한 측면만 강조한다면 오히려 역효과가 날 것이므로 이에 대해서는 생활에 윤활제가 되는 요소도 적당히 필요하다고 한 점에 있다. 바꿔 표현하자면, '근검·저축'의 성과를 원활히 얻기 위해서는 "유쾌하게 즐길 수 있도록 하는 것", 즉 효율적이고 유용하게 즐길 수 있는 오락생활에 대한 관리가 필요하다는 것이다. 오락을 장려한다는 것이 궁극적으로 '근검·저축'이라는 목적과 연동되어 있는 것을 볼 때, 그에 관한 지도의 목적은 수준 낮은 오락에 돈을 낭비해 버리는 것을 경계하기 위한 것에 있다고 볼 수 있다. 시오카와(鹽川)가 "노는 방법 대한"에 대한 지도와 더불어

---

34) 鹽川一太郎, 「朝鮮人に對する娛樂機關の設備と改良を図れ」, 『朝鮮』 第39號, 1911년 5월, 17쪽.

"금전을 유쾌하게 쓰는 방법"을 언급하고 있는 이유는 이러한 문맥에서 이
해할 수 있는 것이다. 이것은 결국 건전한 오락적 소비를 장려해야 한다는
것을 의미한다. 이를 위해 그는 "통속적이고 예술적인 오락기관"의 필요성
을 거론하는 한편 "일본인·조선인 유지(日鮮有志)들"로 대변되는 사회적 지
도계층을 향해서는 그에 관한 관심과 투자의 행동을 촉구하고 있는 것이다.

둘째로, 재조선 일본인의 영주의식(永住意識)을 높이기 위한 수단으로써
취미시설을 개선해야 한다는 지적이다. 이러한 문제의식을 잘 표현한 「취
미화(趣味化)의 설비」라는 기사의 내용을 요약하자면 다음과 같다. 요컨대
한일병탄으로 조선은 이미 영구적인 정주지(定住地)로 그 의미가 바뀌었다
고 강조한 다음, "조선은 더 이상 타국의 돈벌이로 여길 수 있는 곳이 아니
며, 한 밑천 잡고 떠나야 라고 노래 부를 수 있는 땅이 아니다"라고 하여,
재조선 일본인들이 조선을 단지 타향의 돈벌이 장소로만 여기는 것에 대한
비판과 그에 대한 각성을 촉구하고 있다. 이러한 맥락에서 조선에 도항한
재조선 일본인의 건실한 생활을 위해서는 정주지(定住地)가 된 조선에서
위안과 즐거움을 찾지 않으면 안 된다고 지적하고 있다. 나아가 재조선 일
본인의 취미향상은 "요보-의 불결과 무취미"를 개선하기 위한 본보기가 되
는 문제이므로 취미·오락시설 설치에 대한 총독부의 재정적 지원이 필요하
다고 강조하였다.35)

이상 『조선과 만주』(朝鮮及滿洲)에 실린 오락 관련 논의를 실마리로 삼
아 식민통치 권력의 입장에서 제기된 조선의 오락문제에 대해 살펴보았다.
그에 관한 문제제기에서 전제가 되었던 점을 두 가지로 정리할 수 있겠는
데, 조선인의 '취미 생활 결여'와 '오락기관 부재'를 지적하는 점이다. 이에
대한 여론이 공론화되는 가운데 '취미'와 '오락'이라는 용어는 명확한 구분
없이 그 의미가 서로 중첩되어 통용되는 것을 확인했다. 이를 통해 당대
'오락'이라는 용어가 어떠한 맥락에서 사용되고 있었는가를 유추해 볼 수

---

35) 旭邦生, 「趣味の設備」, 『朝鮮及滿洲』 第49號, 1912년 3월, 6~7쪽.

있었다. 엄밀히 구분하자면 '취미'가 상위 개념으로 '오락'은 그것을 뒷받침하는 구체적, 실천적 산물에 해당하는 격이지만, 그러한 경계는 중요하게 의식되지 않았고 오히려 취미와 오락은 긴밀한 관계 속에 서로 치환되는 개념이었다. 또한 그 대상에는 주로 근대적 오락시설이 나열되고 있는 것에서 전통 사회의 놀이 혹은 오락과는 다른 형태라는 사실을 엿볼 수 있다. 이는 오락기관으로 명명된 시설을 통해 구체적으로 가늠해 볼 수 있는데 도서관, 음악당, 공원, 극장, 동물원 등이 이에 해당하였다. 이와 같은 오락기관은 고상한 취미를 배양하고 좋은 인격 형성을 실현할 수 있는 수단으로 거론된 시설들이었다. 이러한 점은 오락이 갖는 의미가 단순한 유희를 뜻하는 것이 아니며 나아가 전통사회에서의 여가생활과는 다른 형태의 개념을 갖는 것을 시사한다. 요컨대 그것은 '근대성'을 매개로 한, 근대적인 생활 감각을 기저에 둔 개념이라는 사실을 의미하는 것이다.

이와 같이 생활의 필수불가결한 요소로 취미·오락의 필요성이 강조되는 가운데 조선인은 그에 무지한 '불결과 무취미'의 민족으로 규정되고 취미를 고양할 수 있는 오락기관이 부재(不在)한 곳으로 문제시되었다. 이는 조선의 오락문제를 '오락 부재(不在)'로 단정지어버림으로써 그에 정형화된 이미지를 형성하게 되는데, 조선에서 다수를 점하고 있던 음식점(飲食店)에 관한 문제 제기에서도 그러한 측면을 확인할 수 있다. 일례로『조선의 군중』(朝鮮の群衆)에서「음식점의 군중」(飲食店の 群衆)에 대한 기록을 살펴보자. 이는 식민통치 권력에게 조선의 '음식점'이 주시해야 할 대상으로 여겨질 만큼 인상적이었다는 것을 시사하고 있는데, "조선에서는 대도시와 농촌을 불문하고 그 토지 호구(戶口)에 비례해 음식점(飲食店) 수가 대단히 많은 것을 조선의 특색으로 꼽아도 좋을 정도"라고 하며 그 배경에 대해 다음과 같이 서술하고 있다.

그것은 하급(下級)의 오락기관이 전혀 발달하여 있지 않기 때문에 많은 사람이 음식점에서 그 향락을 구하기 때문이다. 음식점은 단순히 주식(酒食)을 취하여 입과 배를 즐겁게 하기 위한 곳일 뿐만 아니라 그곳에서 사행 심리를 만족하게 하는 도박이 행해지고, 세상 이야기를 나누는 재미가 있으며, 때로는 주식(酒食)을 파는 젊은 여자를 탐할 수 있다는 점에서 여러모로 즐거운 곳이다. 음식점은 그 경영 규모가 극히 작아서, 환경이나 도구에 개의치 않고 주식(酒食)을 늘어놓고 겨우 앉거나 설 수 있는 좁은 토방에 긴 의자 두, 세 개가 준비된 정도이다. 따라서 일본 음식점처럼 입장 후 방으로 안내받고 요리를 일일이 날라주는 번잡한 절차가 필요 없이, 그 대부분은 내지(일본-인용자)에서 서서 먹는 형태의 선술집(居酒屋)과 같은 분위기이다. 그러므로 누구라도 바로 들어가 종업원을 기다릴 것도 없이 좋아하는 것을 골라 먹고 마실 수 있고, 또 음식 가격도 비교적 싸다. 음식점의 손님은 대개 하급 노동자, 농민 등이지만 저렴하고 재미가 많으므로 귀천 구분 없이 신사이건 노동자이건 누구라도 들어와 이곳에서 먹고 마시는 동안에는 차별 없이 사귀게 된다. 때문에 계급 관념이 강한 조선에서는 가장 평민적이고 차별 없는 구락부(倶樂部)이자 향락소(享樂所)가 바로 음식점이다.36)

이는 곧 조선에서 음식점 수가 많은 이유가 오락기관이 발달하지 못했기 때문이고, 그로 인해 음식점은 많은 사람이 오락적 향락을 즐길 수 있는 "구락부(倶樂部)이자 향락소(享樂所)"라고 분석한 것이다. 이러한 점에서 음식점이 단순히 구복을 충족시키는 것 이상의 의미를 가지는 오락 공간으로, 그 규모가 크지 않지만 저렴한 가격과 신분에 구애받지 않는 즉 일상적이고 대중적인 장소라는 것을 엿볼 수 있다.

1928년에 출판된『조선의 범죄와 환경』(朝鮮の犯罪と環境)에서도 이와 유사한 인식을 확인할 수 있다. 여기서 주목할 것은 문화 수준이 범죄 발생에 지대한 영향을 끼친다는 인식을 전제로 대개 그것이 낮을수록 범죄의 발생도 증가한다고 하며 그러한 상관성을 보여주는 척도의 하나로「오락유흥」을 언급하고 있는 부분이다. 요컨대 "어느 사회에서나 고상한 취미를 함

---

36) 朝鮮總督府,『朝鮮の群衆』, 1926, 209~211쪽.

양하고 오락을 제공해야만 하는 기관이 부족할 때 저절로 주색(酒色), 유흥
에 쉽게 빠지는 현상은 피하기 어려운 일이다. 따라서 유흥기관과 범죄는
매우 긴밀한 관계를 가지고 있다"고 지적하며 다음과 같이 설명한다.

> 유흥을 위하여 생업을 버리고 사기, 횡령, 문서위조 등의 죄를 저지르고
> 그 자금을 얻기 위하여 강도를 하고 치정(痴情) 또는 술주정으로 인해 유흥
> 장의 살인, 상해(傷害)는 너무 많아 셀 수 없을 정도다. 우선 참고삼아 지금
> 조선의 오락, 유흥기관 분포 상황을 보면 다음와 같다(표1, 표2-인용자). 대
> 체로 도회지나 경제상태가 발달한 지방에 그 수가 많다. 미국의 뉴욕, 시카
> 고, 보스턴, 필라델피아 정도 규모의 대도시에서는 범죄의 중심에 비밀의 선
> 술집(bar)이 있다고 한다. 우리 내지(內地)나 조선에 있어서도 도회지 유곽이
> 나 마굴(魔窟)이라 지칭되는 곳에서는 항상 각종 범죄가 일어나기 쉽고 종
> 종 범인의 은닉장이 되는 경향이 있다. 특히 조선에서는 다수의 주막(酒幕)
> 이 시가지, 부락, 시장 소재지 등에 흩어져 있는데 조선인은 대체로 문화 수
> 준이 낮고 자극성 강한 주류(酒類)나 음식을 이용하는 탓에, 흥분해서 싸움
> 을 하고 마침내 상해(傷害)사태에 이르는 사례가 드물지 않은 것이다. 또 유
> 흥기관은 때에 따라 불온분자의 비밀 집합소가 되는데 대정(大正) 8년의 독
> 립소요(獨立騷擾, 3·1 독립운동-인용자) 사건 때 경성 종로의 요정(料亭) 명
> 월관(明月館)이 선언 발표 장소로 선택된 것은 유명한 이야기이다. "범죄의
> 그늘에는 여자가 있다"라는 속담처럼 예기(=기생), 창기(=매춘부), 작부(주막
> 여자), 사창(私娼) 등이 직접적·간접적으로 범죄에 관계하고 있으며 혹은 사
> 건의 발생에 있어 실제적인 원인이나 동기가 되는 경우도 적지 않다.[37]

문화와 범죄의 상관관계에서 보자면 사회적으로 "고상한 취미를 함양하
고 오락을 제공해야만 하는 기관이 부족"할 때 ‘주색(酒色)과 유흥’에 쉽게
빠지게 된다고 지적한 것을 알 수 있다. 이것의 문제는 사기, 횡령, 문서위
조나 강도, 상해, 치정, 살인에 이르는 각종 범죄를 초래하는 것인데, ‘유흥

---

37) 앞의 자료, 朝鮮總督府, 『朝鮮人の思想と性格』, 108~109쪽.

장'으로 총칭되는 장소가 그에 관련된 대표적인 공간으로 언급되었다. 이는 마치 유흥과 범죄의 온상과도 같은 곳으로 '유흥장'이 인식되고 있음을 보여주는 것이라 할 수 있다. 이와 더불어 주목되는 점은 "조선인은 대체로 문화 수준이 낮고 자극성 강한 주류(酒類)나 음식을 이용하는 탓에, 흥분해서 싸움하고 마침내 상해(傷害)사태에 이르는 사례가 드물지 않다"라고 하며 "다수의 주막(酒幕)"을 언급함으로써 이를 '주색(酒色)과 유흥(遊興)'의 기관으로 관련시키는 것이다. 조선의 주막에 대한 이러한 인식은 앞서 살펴본 음식점에 대한 견해와 유사한 것이다. 요컨대 '고상한 취미를 함양할 수 있는 건전한 오락기관이 부족'하므로 '저급한 쾌락, 불건전한 오락 시설'이 만연하고 조선의 경우 음주를 매개로 한 향락이 주로 행해지는 주막이나 음식점의 비율이 높은 것이 이러한 이유에서 그렇다는 것이다.

　이상 조선의 오락문제를 둘러싼 사회적 담론이 등장하게 된 계기와 그것이 어떤 형태로 정형화되는지 검토해 왔다. 우선 식민통치 권력자의 입장에서 끊임없이 제기되었던 조선의 '오락 부재(不在)'라는 문제의식을 살펴보면, 그 저변에 식민지 대중의 민족적 자질이나 문화적 수준을 결부시키는 소위 문명주의적 시각을 확인할 수 있다. 또한 이는 식민지 통치를 원활히 유지하기 위해 고상한 취미와 건전한 오락시설이 뒷받침되어야 한다는 실질적인 목적이 수반된 것이기도 하였다. 식민통치 권력의 권위적인 시선과 함께 한편으로 그것이 근거한 맥락에 주목하자면 근대사회의 새로운 문화 실천으로써, 취미·오락에 대한 개념이 신지식과 신사상의 흡수와 보급을 토대로 개념화되고 그 자체가 근대적 일상으로 공론화되었다는 점이다. 이는 곧 전통 사회와는 다른 '근대성'을 매개로 둔 개념의 출현이자, 문화 수준을 향상하기 위한 필수적인 가치로 취미와 오락에 대한 사회적 의미가 구축되는 것을 시사한다. 요컨대 취미와 오락의 용법과 활용이 문명, 교육, 실업, 구국 담론과 같은 실천에 연동되며 계몽과 교화의 실현을 위한 일종의 개념적 장치로 자리를 잡음으로써, 지배적인 통념으로 거듭나는 것이다.

이러한 문맥에서 식민통치자와 식민지 대중 사이에 공유되는 '오락 부재(不在)'라는 문제의식은 '근대성'을 매개로 생산, 반복되는 측면을 확인할 수 있는데, 이에 대해서는 다음 장을 통해 좀 더 살펴보기로 하자.

(2) 오락문제에 관한 민족적 자각과 의식화

공장과 도시의 성장에서 오락산업의 독자적인 발전과 오락문제의 대두라는 보편적 배경을 설정하려고 할 때, 식민지기 조선의 경우 그러한 도식을 그대로 적용하기에는 무리가 있을 것이다. 단적으로 표현하자면 자본주의 발달과 맞물린 오락산업의 범람이라는 물질적 토대를 배경으로 오락에 관한 문제는 도시 대중, 특히 노동자 계층에 초점이 맞춰진 지극히 '도시적' 성향에 기반을 두고 있다. 조선에서 오락문제가 대두하게 되는 배경과 관련해 중요한 것은 그러한 물질적 성취와 무관하게 '근대'로의 열망이 지구적 차원에서 자의건 타의건 공유되고 있었다는 사실이다. 이러한 의미에서 사회적·문화적 기반을 달리한 식민지기 조선의 오락문제에 대해서도 '근대성'을 매개로 구축된 이념적 토대에서 그것의 사회적 의미 체계에 논할 수 있다. 앞서 당대 조선에서 통용되었던 '오락'의 용법 및 개념의 범주를 해명함으로써 식민지기 조선에서 오락문제를 인지하게 된 계기를 살펴본 것은 '근대성과 식민지성'의 상호적인 교차에서 그것이 출현하는 배경을 이해하기 위한 것이었다. 또한 이와 같이 오락의 사회적 가치가 발견되어 가는 일련의 과정을 '오락의 사회화'로 정의할 수 있다.

개화기에 간헐적으로 등장하면서 그 용례를 넓혀가고 있던 '취미'는 1910년 이후 본격적인 문예 담론이나 계몽 담론 안에서 비중 있게 다루어졌다. 이에 '취미'나 '오락'은 전근대 신분 사회의 질서 속에서 소수 계층만이 누리던 '수양' 또는 '도락'에 한정되는 것이 아닌,[38] 근대사회에서 규정

---

38) 일반적으로 전통사회에서의 노동과 여가에 대한 개념을 이해할 때, 그것은 신분사

된 '비(非) 노동시간'에 해당하는 여가(餘暇)의 영역을 아우르는 개념으로
자리 잡았다. '근대성'을 배양하고자 하는 민족적 절실함을 담아 조선인의
실력양성을 제창하며 문화 향상과 생활개선에 관한 다양한 사회적 여론이
생성되는 가운데 취미와 오락에 관한 언설(言說)을 살펴보면 문명, 교육, 실
업, 구국 담론과 같은 실천에 연동되며 계몽과 교화의 실현을 위한 개념적
장치로 기능하고 있음을 확인할 수 있다. 이는 취미의 오락적 요소를 규정
하는 지배적인 통념이 근대의 새로운 사회문화적 정황을 지시하기 위해 그
내포가 채워진 개념이라는 것을 의미한다.[39] 그리하여 취미와 오락에 관한
사회적 담론은 인간의 감정과 삶의 쾌락에 대한 논의를 '어떻게 살 것인가'
라는 문제에 결부되어 '고상한 것'과 '저열한 것'을 분별시키는 일종의 계
몽으로 자리를 잡는다. 그에 반해 조선의 현실은 대체로 '취미가 없거나 부
족한 상태' 혹은 '고상한 취미가 결여된 상황'이 문제시되는, 소위 '취미 문
제'가 제기되었다. 여기서는 오락 관련 기사를 토대로 하여 조선인 식자층
(識者層)에 의해 언급된 오락문제 언설(言說) 양상을 중심으로 살펴보고자
한다.

　우선 그에 관한 기사의 요지는 대체로 '조선인에게 마땅한 오락이 없다'
는 인식을 바탕으로 '고상한 취미와 건전한 오락'에 대한 계몽을 통해 민족
자질을 함양하고 민족의 장래를 위해 '불건전한 오락'을 지양해야 한다는
주장으로 정리할 수 있다. 일례로『조선일보』(朝鮮日報)의 "우리 조선인의
취미적(趣味的) 생활을 촉진시키자"라는 기사의 내용은 소개하면 다음과

　　회의 질서를 전제로 한 것이다. 그 특징은 노동보다 여가의 시간, 즉 "무위(無爲)와
　　자유(自由)"의 시간에 사회적 가치가 매겨지는 것에 있다. 이는 직접적 생산노동(=
　　육체노동)에서 면제된 유한계층만이 향유할 수 있는, 도덕과 정신의 수양을 위한
　　영역으로 간주되었다. 하지만 근대사회에서 이러한 관념은 전복된다. 이에 대해서
　　는 今村仁司,『近代の勞働觀』, 岩波書店, 62~90쪽, 1998을 참조.
39) 식민지기 취미 담론에 관해서는 천정환·이용남, 「근대적 대중문화의 발전과 취미」,
　　『민족문학사연구』, 2005; 문경연, 「1910년대 근대적 '취미(趣味)' 개념과 연극 담론
　　의 상관성 고찰」,『우리어문연구』30, 2008을 참고.

같다. 요컨대 환경적·심리적으로 삭막한 "식민지"라는 현실 아래에서 조선 사회에는 "취미의 부지(不知)"에 의해 도서관·공원·극장 같은 것 보다 요리점(料理屋)이나 매춘업(賣春屋)이 번성하고 있다는 것이다. 때문에 일신의 사적인 즐거움을 추구하는 "소인(小人)의 즐거움(樂)"이 아닌 사회와 민족, 국가를 위한 "군자(君子)의 즐거움(樂)"을 가져야 한다고 주장한다.[40] 이러한 문제의식은 기본적으로 근대적 내면의 자각과 의식화를 통해 형성된 감각, 요컨대 오락에 대한 근대적 보편성에 기인한 것으로 이해해도 무방할 것이다. 문화 매체에 의해 표출된 오락 관련 언설(言說)에서 엿볼 수 있는 것은 당대 오락에 대한 개인의 내밀한 욕망과 그것을 통제하려는 사회적 긴장관계이다. 이는 오락의 사생활에 대한 사회적 통제를 전제로 건전한 오락을 장려하고자 하는 점에서 근대사회의 보편적 흐름을 드러내는 동시에 그러한 가치를 공유하였던 식민통치 권력과도 교착점을 형성하게 되는 지점이다. 그러나 한편으로 지배 담론의 표상에 깃들어 있는 무의식을 내면화하면서 자신을 타자화 시키는 과정에서 수용된 '조선인은 오락이 없다'라는 인식은 고착화되는 것이었다. 김예림이 설명하고 있듯이 이는 한 집단이 공존하는 외부적 집단들과의 연관 '속'에서 자기 자신을 형성해 가는 메커니즘, 즉 식민지기 조선인의 자기 구성 또는 자기 반영 양상은 식민통치 권력이 생산한 담론과 서로 겹치고 순환하고 있음을 시사하고 있다.[41] 그러나 조선인 식자층(識者層)에 의해 언급된 오락문제 관련 언설(言說)에는 '식민지'라는 특수한 상황이 야기한 처지를 의식해야만 하는 자기 구성의 또 다른 층위가 작동하고 있음을 엿볼 수 있다. 여기에는 그러한 처지에 놓인 자민족에 대한 동정 혹은 안타까움이 내재되어 있는 반면 오락에 대한 사회적 합의를 민족적 운명과 결부시켜 도출하고자 하는 감정이 중첩되어 있다.

---

40) 『조선일보』 1920년 12월 11일.
41) 김예림, 『1930년대 후반 근대인식의 틀과 미의식』, 소명출판, 2004, 258~262쪽.

오락문제에 접근하는 조선인 식자층(識者層)의 태도는 이러한 틀을 크게 벗어나지 않는 것으로, 『동아일보』(東亞日報)의 "단조(單調)와 삭막(寂寞)을 제거, 참사람다운 삶을 하려면 모든 일에 취미를 양성해라"는 논지 역시 그러한 맥락을 토대로 하고 있다.

> 현재의 조선 사람처럼 취미 없는 생활을 하는 민족은 세계에 드물 것이올시다. 바꾸어 말하면 단순 무미하고 살풍경의 냉랭한 살림으로 그날그날을 무의식하게 보내는 것이 일반 우리의 가정인가 합니다……조선 사람은 먹고 입고 일하는 생활은 있다 하겠지만 뜻있는 생활, 쾌락한 생활, 취미 있는 생활은 못하는 줄로 생각합니다. 개조(改造)시대에 더욱 쾌락하게, 고상하게, 뜻있는 살림을 하는 것이 곧 온전한 의미의 삶이올시다…기타, 음악, 독서, 산보, 구경, 교제 등 고상한 취미를 양성하여 참으로 생활다운 생활을 하는 것이 우리 인생의 뜻 있는 삶인가 합니다.[42]

조선인만큼 취미가 부재(不在)한 민족은 없을 것이라는 한탄의 이면에는 "단순 무미하고 살풍경의 냉랭한 살림으로 그날그날을 무의식"하게 보내버리고 마는 대중을 향해 "취미 있는 생활"이 "뜻있는 생활, 쾌락한 생활"임을 설파하고자 하는 취지를 읽을 수 있다. 이것은 '고상한 취미'에 무관심한 대중을 각성시키고자 하는, 요컨대 '오락, 취미가 있어야 하는 생활'을 계몽시키고자 하는 목적을 담고 있다. 하지만 "조선 사람은 누구나 다 불쌍하다. 그러나 그중에도 가난한 사람은 더욱 불쌍하다"하여 "가난한 사람은 먹기에도 여가가 없거늘 오락을 취할 수 있으리오"라며 현실적인 문제를 간과할 수 없게 된다. 이는 결국 대다수의 조선인은 그러한 "반쪽 생활의 슬픔" 상태에 있음을 인정하지 않을 수 없는 실질적인 문제였던 것이었다.[43]

---

42) 『東亞日報』 1921년 4월 13일.
43) 『東亞日報』 1923년 12월 13일.

이와 관련해 1926년에 창간된 『별건곤』(別乾坤)은 본격적으로 조선인의 오락·취미에 관한 문제에 관심을 표명하고 그에 초점을 맞춘 매체였다는 점에서 주목하지 않을 수 없다. 창간호에 실린 「빈취미증만성 조선인」(貧趣味症慢性 朝鮮人)은 본 잡지의 그러한 의도를 상징적으로 보여주는 대표적인 기사로 꼽을 수 있다. 논지의 요점은 "위안과 취미가 따르는 생활"이 진정 필요한데도 "오늘날 조선 사람치고 인간적 취미를 가지고 생활하는 자 몇 사람이나 되는가?"라는 반문을 통해 "활동사진관, 박물관, 동물원, 공원, 극장, 무도(舞蹈), 음악" 등이 유행하지만 실제 그런 것은 일부 계층한테만 해당하는 "독점적 향락기관"에 지나지 않는다며 오락문제의 현안을 지적하였다. 그로 인해 대부분의 조선인 처지를 "빈취미증(貧趣味症)"으로 표현한 논자는 "취미잡지"를 표방하며 창간된 『별건곤』(別乾坤)에게 "돈과 장소에 구애" 받지 않는 대중적 취미 매체로 역할을 당부하며 그 활약에 대한 기대를 밝히고 있다.44)

본 잡지의 편집후기에는 이러한 여론을 수렴하는 한편 다음과 같은 사정을 덧붙이고 있다.

> ……아픈 생활에서 때때로는 웃어도 봐야겠다. 웃어도 별수 없겠지만 그렇다고 울고만 있을 것도 아니다. 우리네 형편도 그렇게 되지 못하였지만 웃음을 웃을 줄도 모른다. 자좀 웃어 보자! 입을 크게 버리고 너털웃음을 웃어 보자! 그렇다고 아픈 것을 잊어서도 안 된다……취미라는 명목에 의미 없는 읽을거리(讀物) 만을 늘어놓는다든지 혹은 방탕한 오락물만을 기사로 삼는 것과 같은 비열한 정서를 조장해서는 안 될 것이고, 뿐만 아니라 그러한 취미는 되도록 박멸하고자 우리는 이 취미 잡지를 시작하는 것이다.45)

본 잡지의 창간 목적으로 취미 생활에 대한 계몽과 더불어 건전한 취미·

---

44) 碧朶, 「貧趣味症慢性의 朝鮮人」, 『別乾坤』 제1호, 1926년 11월 1일.
45) 「餘言」, 『別乾坤』 제1호, 1926년 11월 1일.

오락의 장려에 있다는 것을 밝히면서, 한편으로 여기에는 이율배반적인 감정이 뒤섞여 있음을 엿볼 수 있다. 이는 '웃음을 잃어버린 혹은 잊어버린 아픈 생활'에서 기인한 것으로, 이것은 '식민지'라는 현실에 놓인 조선인의 처지를 의미한다고 볼 수 있다. 이러한 점은 그와 같은 상황에서 조선인은 웃을 형편도 아니고 웃어도 별 수 없다는 자조적인 한탄을 뒤로 하고서 '그래도 생활에 웃음은 있어야 한다'며 그 당위성을 환기시키고 마무리 짓는 듯하나 "아픈 것을 잊어서도 안 된다"라는 주의를 덧붙이고 있는 것을 통해 가늠해 볼 수 있는 것이다. 요컨대 '식민지'라는 삭막한 현실에서 활력을 갖기 위해서라도 그동안 방치되었던 '오락적 감정'을 들여다보아야 하고 더욱이 한 인간으로서 그것은 마땅히 누려야 할 필수적 요소라는 점을 환기시키고 있다. 하지만 여기에는 오락의 역할이 당대의 처지를 망각케 하는 일신의 쾌락이 되어서는 안 된다는 경계가 동시에 내포되어 있다. 따라서 본격적인 "취미 잡지"를 표방한 『별건곤』(別乾坤)가 지향하는 것은 앞서 살펴본 『조선일보』(朝鮮日報)의 표현을 인용하자면 취미와 오락의 필요성은 인정하지만 그것이 "군자(君子)의 즐거움(樂)"으로서 존재해야 한다는 논리와 유사한 맥락에 있다는 점을 생각할 수 있다.

1932년에 잡지 『삼천리』(三千里)에서는 "장차 서울에 댄스홀이 신설 된다"는 사안에 대해 「댄스홀이 되면 춤추려 다니세요?」라는 설문조사를 실시하였다.[46] 게재된 답변을 살펴보면 공통적으로 "조선 사람의 생활같이 무미건조한 것이 없지요"나 "그 무미건조하고 기름기라고 없는 폼이 꼭 사막지대(沙漠地帶)에 사는 것", "너무도 취미 없는 우리 사회이니 시대 풍조에 따라서"와 같은 문제인식에서 댄스홀 그 자체에 대해서는 긍정적인 태도를 보이고 있다. 그러나 '댄스홀의 조선인 출입'에 관해서는 '신체의 운동'이라는 개념에서 그를 찬성하는 의견이 있는 반면 남녀의 풍기문란을 이유로 반대, 혹은 유보하는 의견으로 나누어진다. 예컨대 "교양이 깊지 못한

---

46) 「딴스홀이 되면 춤추려 다니서요?」, 『三千里』 제4권 제5호, 1932년 5월 15일.

사람들이 그런 곳에 출입하면 그저 타락하고 말뿐"인데 하물며 "지금 우리 사회는 가장 건전한 기풍을 양성해야 할 때"라는 것이다. 혹은 "과도기에 있는 우리 사회에서 남녀의 풍기를 유지"하기 위한 차원에서 "부부동반"의 조건을 덧붙인 입장이다.

　이상 검토해 온 것처럼 오락문제에 관한 조선인 식자층(識者層)의 언설(言說)은 두 갈래의 양상을 동반하는 것이었다. 요컨대 첫째, '취미나 오락'에 대한 근대적 가치를 수용하고 그에 대한 타자의 시선을 내면화하게 됨으로써 조선인의 오락문제에 대해 식민통치 권력과 동일한 문제인식을 공유하게 되는 지점이다. 둘째, '식민지'라는 상황에 놓인 민족적 처지를 의식하게 됨으로써 '식민지민'로서의 입장을 중첩하게 되는 지점이다. 조선의 오락문제를 둘러싼 식민통치 권력자의 언설(言說) 보다 조선인 식자층(識者層)에 의한 그것이 보다 복잡한 감정적 양상을 내재할 수밖에 없었던 것은, 식민지 사회에 내재된 성격의 일면을 시사하고 있는 점이기도 하다.

4. 나오며

　'오락의 사회화'는 '비(非) 노동시간'으로 구분된 오락개념의 성립 및 그에 대한 인식의 전환이 일반화되는 것과 함께 그것을 사회적 기준으로 공유해 가는 과정 그 자체라고 정의할 수 있다. 식민지기 조선의 경우 공장과 도시의 성장에 따른 오락산업의 독자적인 발전 및 오락문제 대두라는 근대사회의 보편적 배경을 그대로 적용하기에는 무리가 있을 것이다. 하지만 여기서 중요한 것은 그러한 물질적 성취와 무관하게 '근대'라는 틀 속에서 구축된 이데올로기를 공유하고 있었다는 사실이다. 당대 오락문제를 둘러싼 사회적 논의는 근대적 삶을 대중에게 계몽시키고 그것에 응하도록 요구하는 맥락 속에서 전개된 것이었다. '근대성'을 토대로 한 삶이 전 지구적으로

유포됨으로써 그것이 일종의 사회·문화적 제도로 작동하였던 식민지기의 조선인 식자들은 이에 입각한 타자의 시선을 내면화하고 타자의 언어를 구사하면서 자기 구성의 층위를 형성해 간다. 오락문제에 한해서 보자면 조선에서는 비록 '오락'이라는 용어 자체가 규정되지 않은 상태로 '취미'와 혼용된 형태였지만, 그에 관한 문제 틀은 명백히 전통사회와는 다른 오락 개념을 전제로 한 것이었다. 이는 곧 '오락의 근대성'에 기인한 가치관의 변화를 보여주는 것이다.

　이러한 흐름과 맞물려 식민지기 조선의 오락문제를 둘러싼 일련의 사회적 논의는 '오락 부재(不在)'라는 담론을 중심으로 전개되었다. 조선인의 일상적 맥락에서 그간 특별히 의식하지 않았을 오락의 실체가 '근대성'을 내면화한 타자의 시선을 통해 저울질되고 평가되는 가운데 이러한 인식은 고착화하고 정형화된다. 타자의 시선에 의한 조선인의 오락생활 및 오락에 관한 기술에서 당대 '오락'으로 간주되던 것들의 실체에 접근해 보면, 오늘날 세시풍습에 해당하는 전통오락이 그 중심을 차지했다는 점이 주목된다. 그러나 이는 일상적으로 행해지는 것이 아닌, 계절성을 띤 특수한 것들이다. 그렇기 때문에 타자의 관점에서 '오락이라고 할 만한 것이 없다'라는 인식에는 자의적인 해석이 큰 비중을 차지하고 있다고 지적할 수 있으나 한편으로 그러한 인식이 기인한 맥락에 대해서는 다음과 같이 생각할 수 있겠다. 요컨대 기존의 전통오락에 대해 그것들이 '오락답지 못하다'는 인식에서 그를 배제하는 한편 일상의 맥락에서 그를 제외하면 '오락'이라고 할 만한 것의 실체가 뚜렷하지 않다는 인상을 기반으로 한 것이라는 점이다. 이는 '도서관·음악당·공원' 등으로 표상되는 대중적·상업적·공공적 오락시설이 갖추어지지 않았다고 보는 차별적 시선과도 연동하는 것이었다. 생활의 필수불가결한 요소로 취미·오락의 필요성이 공론화되는 가운데 조선인은 그러한 요소들을 결여한 '불결과 무취미'의 민족으로 규정되고, 조선은 취미를 고양(高揚)시킬 수 있는 오락기관이 존재하지 않는 척박한 환경으로 문제화되었다. 식민통치 권력이 지배의 정당성을 구축하는 데 있어서 이러한 문제 틀이 유효하게 작동했을 것이라는 점은 쉽게 유추할 수 있다.

그러나 이러한 문제 틀이 '근대성'을 공유한 조선인 식자층(識者層)의 언설(言說)에서도 중심축을 형성하고 있었다는 점은 지배적 담론을 내면화한 자기 구성의 또 다른 일면을 시사하고 있다. 이는 '취미나 오락'이 필요하다는 당위성을 설명하고 그조차 인식하지 못하고 있는 대중을 계몽해야 할 필요성, 나아가 건전한 오락을 누리도록 설득하고자 하는 것으로 전개되었다. 다만 일상의 맥락에서 그러한 요소가 결핍된 조선인의 처지를 동정할 수밖에 없는 현실적 문제와 한편으로는 오락의 공적 의미를 불가피하게 강조할 수밖에 없었던 식민지 현실을 의식하게 됨에 따라, 그것은 보다 복잡한 감정이 중첩된 양상을 나타내고 있었다.

Ⅲ. 제2부

제3장 농촌진흥운동과 조선총독부의 오락 장려책

1. 시작하며

1920년대에 간행된 조선총독부의 구관조사(舊慣調查) 자료에 의하면, 조선에는 오락이라고 할 만한 것이 거의 없고, 오락이라고 해도 겨우 세시풍습과 같은 전통오락(=향토오락)이나 잡담(雜談)과 음주(飮酒), 교제 등에 지나지 않으며, 조선인은 상업적·근대적 오락기관과는 거리가 먼 것 같은 생활을 하고 있었다.[1] 이처럼 생활에 있어 '오락의 결핍'이라는 문제가 주로 부각되었던 식민지 조선에 있어서, 오락문제에 대한 총독부의 구체적인 정책이 등장하게 되는 것은 중일전쟁 이후의 일이다. 이는 전쟁의 장기화·총력전이라는 상황을 배경으로 하고 있으며, 오락의 효과적인 이용·동원을 목적으로 한 것이다. 일본 내지에서는 이러한 움직임이 1938년의 '후생운동(厚生運動)'으로 발전하고, 총후(銃後) 생활을 뒷받침하기 위한 '건전오락의 보급'이 제창되었다. '여가·오락의 조직화'가 국책으로서 본격적으로 추진되었던 것이다.[2]

일본과 한국에서 오락에 관한 연구는 대체로 이와 같은 전시체제의 오락정책에 초점을 맞춰, 그 성과를 축적해 왔다. 대표적으로 아카자와 시로(赤澤史郎)의 『근대 일본의 사상동원과 종교통제』(近代日本의 思想動員과 宗教統制)를 들 수 있다.[3] 여기에서 아카자와((赤澤)는 전시체제 오락정책에

---

1) 제2장 참조.
2) 후생운동의 전개과정과 성격에 대해서는 제4장에서 구체적으로 논한다.
3) 赤澤史朗, 『近代日本の思想動員と宗教統制』, 校倉書房, 1985.

내재된 이데올로기의 형태와 특징을 검토하고 오락이 전쟁과 관련하여 어떻게 동원되는지를 밝혔다. 다카오카 히로유키(高岡裕之)는 전시기 대중문화 현상으로 부상한 '여행=투어리즘(tourism)'을 분석하고, 이를 통해서 전시기 문화정책의 단면을 고찰했다.[4] 한편 다카오카(高岡)의 연구에서 시사를 얻었다고 밝힌 김예림은, 전시기 조선의 체력향상 붐과 오락이 장려된 현상을 고찰하고 이것을 "전쟁 테크놀로지"의 일환으로 정의하고 있다.[5] '전쟁과 오락'의 친화성(親和性)을 지적한 일련의 연구는, 1930년대의 오락을 둘러싼 문제를 생각하는데 있어 중요한 시사점을 보여주고 있다. 전시기에 다양한 '오락의 영위(營爲)'가 존재했고 이것이 어느 정도 조직성을 갖추고 추진되었다는 점을 규명한 측면에서 그동안 구체적인 검토가 부족했던 전시기 문화영역에 대한 새로운 연구 방향을 제시하고 있다고 할 수 있다. 그러나 한국과 일본을 불문하고 1930년대의 오락문제를 대상으로 한 기존의 연구에서는 주로 전시체제로 한정하고 있으며, 또한 이를 도시대중의 생활문제로만 인식해 검토해 왔다.

본 장의 목적은 기존의 식민지 연구에서 간과해 온 농산어촌진흥운동(이하, 농촌진흥운동)과 오락 장려책의 상관관계를 고찰하는 것이다. 일상생활의 기층(基層)을 이루고 있는 한 요소임에도 불구하고 식민지민의 오락문제에 대해서는, 총독부의 정책에서 큰 비중을 차지하고 있지 않았던 점에서 구체적 성과 또한 미흡했던 것이 사실이다. 그러나 식민지 통치에 있어 오락문제는 부차적인 차원에서 고려할 수밖에 없는 성격을 가지고 있었는데, 이러한 점을 해명(解明)함으로써 제국일본과 식민지 사이에 구축된 지배정책의 다양한 회로를 확인할 수 있을 것이다. 그런 가운데 식민지 조선의 오락문제를 검토함에 있어 특히 1930년대 초에 개시된 농촌진흥운동과 오락 장려의 관계에 주목하는 이유는 다음과 같다. 제1장에서 검토했듯이 일반적

---

4) 高岡裕之, 「観光·更生·旅行」, 赤澤史朗 他, 『文化とファシズム』, 日本経済評論社, 1993.
5) 김예림, 「전시기 오락정책과 '문화'로서의 우생학」, 『역사비평』 73, 2005.

으로 근대사회에서의 오락문제의 부상은, 공업과 도시의 성장을 기반으로 한 오락영역의 독자적인 발전을 전제로 하고 있다. 요컨대 자본주의적 경제 발달과 그에 따른 공장 노동자의 증가는, 상업적 오락기관의 출현과 대중문화의 확산을 촉진하는 한편, 이와 더불어 도시문제나 노동문제와 연계된 형태로 그들의 비(非) 노동시간에 대한 사회적 관심 또한 대두하게 되는 것이다. 근대사회에서 오락문제가 '사회문제'의 하나로 간주되면서 정책적 차원에서 이를 관리하고자 하는 움직임의 등장은 이러한 배경에서 설명되어져 왔다. 하지만 식민지기 조선의 오락문제는 이러한 기준에서 파악할 수 없는 특징을 가지고 있는데, 사회적 배경으로 농촌사회의 오락문제에 대한 관심이 그 중심에 있었다는 점이다. 이를 단적으로 보여주는 것이 바로 농촌진흥운동 개시에 따른 오락문제에 대한 사회적 관심의 증가이다. 게다가 이후 전시체제에 발표된 조선의 오락정책은 농촌진흥운동의 전개과정에서 구상된 오락 장려책을 반영한 형태로 등장하게 된다.[6] 이는 곧 그러한 구상이 전시기(戰時期) 오락정책의 틀을 제공하게 되는 가능성을 보여주는 것이다. 따라서 농촌진흥운동과 오락 장려책을 고찰하는 것은 전시체제 오락정책의 선행적 과정을 이해하기 위한 과제라고 할 수 있다.

농촌진흥운동이 추진되는 과정에 노동의 생산성을 높이기 위한 불가피한 수단으로써 오락이 장려된 측면 역시 '오락 선용(善用)'을 지향하는 당대의 일반적·보편적 흐름과 같은 맥락에 있는 것이다. 다만 본 장에서 주목하는 것은 일찍부터 조선의 '오락이 결여된 생활'과 '건전한 오락기관의 부족'을 지적하면서도 그에 대한 구체적인 대책을 고려하지 않았던 식민통치 권력의 태도에 변화가 나타난 지점이다. 요컨대 피폐해진 농촌을 부흥시키고 나아가 식민통치의 안정을 도모하고자 했던 농촌진흥운동의 목적 달성을 위

---

6) 조선총독부에 의한 오락정책은 1938년에 발표되는데, 이에 관해서는 『朝鮮日報』 (1938년 7월 12일)나 『東亞日報』(1938년 7월 30일), 『每日新報』(1938년 12월 27일) 에서 확인할 수 있다.

해 '오락 선용(善用)'에 관한 구체적인 모색이 이어지게 된 것이다. 결론적으로 미리 언급하자면 이를 계기로 총독부에서는 조선의 오락문제를 해결하기 위한 정책적 검토에 착수하게 되었다. 이러한 과정은 농촌진흥운동의 전개가 총독부의 입장에서 조선인의 오락문제에 관한 실질적인 정책을 강구(講究)할 수밖에 없게 되는, 즉 정책적 계기로써 작용한 부분을 시사한다.

이와 같은 문제 관심을 전제로 본 장에서는 농촌진흥운동의 전개에 의한 조선총독부의 오락 장려책에 착안하고 그 실태와 특징을 밝히고자 한다. 이를 위해 세 가지의 과제를 중심으로 논고를 전개하겠다. 첫째, 농촌진흥운동이 개시되는 과정에서 오락의 필요성이 제기된 배경에 대해 다각적으로 고찰하겠다. 둘째, 각 지역의 사례에 초점을 맞춰 농촌진흥운동의 전개에 의한 오락 장려책이 구체적으로 어떻게 추진되었는지를 밝히겠다. 셋째, 이 시기 조선에서 농촌오락으로서 새롭게 부상한 가미시바이(紙芝居)에 주목하고 그 실상을 검토하겠다.

2. 농촌진흥운동과 오락문제

식민지기 조선에서 농촌진흥운동은, 1932년 9월 30일 총독부에 '농촌진흥위원회(農村振興委員會)'가 설치되고 이듬해 각 도지사 앞으로 『정무총감통첩』(政務總監通牒, 1933년 3월 7일자)이 내려진 것에 의해 본격적으로 시작되었다. 이는 당시 일본 본국에서 개시된 '농촌경제갱생운동(農村経濟更生運動)'에 연계된 것이며, 경제적 파탄에 직면한 농촌구제에 그 목적이 있었다.[7]

이에 조선에서 농촌진흥운동이 개시되는 경위와 배경에 대해 간략히 살펴보자.[8] 일반적으로 자본주의적 경제침투는 도시의 성장과 집중으로 전통

---

7) 朝鮮總督府, 『朝鮮に於ける農村振興運動の實施概況と其の實績』, 1940, 1~2쪽.

적인 촌락공동체의 해체를 유발하고, 이는 농민의 계층분화와 이농(離農)을 촉진시키는 요인이 된다. 그런데 1930년대 일본 본국에서 비롯된 경제적 불황(昭和恐慌)은 식민지 조선에도 큰 여파로 몰려와 농민의 생활은 극도의 피폐함에 직면하게 되었다. 한편 1920년대부터 성장한 조선의 농민운동은 다양한 활동을 벌이며 농민대중으로부터 높은 지지를 획득해 나가고 있었다. 지역 농민을 기반으로 한 내실 있는 조직체를 구축하였고 이것이 성장의 원동력이 되었던 것이다. 그 가운데 함경도 일대를 중심으로 한 사회주의 계열의 농민조합운동은 단순한 경제투쟁이 아니라 반제국주의 투쟁으로서의 면모를 더하고 있었다. 1931년에 총독으로 부임한 우가키 가즈시게(宇垣一成)가 직면하게 된 것은 이처럼 농촌의 급속한 붕괴와 더불어 민족적·계급적 모순이 격화되고 있던 조선의 상황이었다. 따라서 막 부임한 우가키(宇垣) 총독의 입장에서 조선의 '농촌사회 안정'은 최대의 현안이자 가장 시급하고 중요한 문제가 될 수밖에 없었다. 더군다나 만주사변 이후 조선은 '만주침략의 기지(基地)' 혹은 일본과 만주를 잇는 '중계(中繼) 지점'으로 설정되면서, 일본 본국과 더욱 긴밀한 관계를 구축해야만 하는 상황에 놓이게 된다. 이와 같은 제반의 사정에서 우가키(宇垣) 총독은 "반도(半島) 총 인구의 약 8할을 점하는 농민의 생활 향상과 안정의 문제는 반도 시정 이래 긴요한 문제"라며 농촌구제의 중요성을 설파하고, "모든 공사(公私) 기관과 총 계급이 협력적 일치로 전조선의 동원"이 되는 농촌진흥운동의 조직화를 추진하게 된다.9) 이를 위해 "자력갱생(自力更生)"이라는 슬로건을 내걸고, "물심양면"의 갱생을 목표로 경제적으로는 "부족한 식료의 충원, 부채 근

8) 농촌진흥운동에 대해서는 富田晶子, 「農村振興運動下の中堅人物の養成―準戰時體制期を中心に―」, 『朝鮮史硏究會論文集』18號, 1981; 靑野正明, 「植民地期朝鮮における農村再編成政策の位置付け―農村振興運動期を中心に―」, 『朝鮮學報』136號, 1990; 趙景達, 『植民地期朝鮮の知識人と民衆』, 有志舍, 2008, 第6章을 참고했다.
9) 朝鮮總督府, 『朝鮮に於ける農山漁村振興運動』, 1934(近現代資料刊行會, 『戰前·戰中期アジア硏究資料1 植民地社會事業關係資料集―朝鮮編27』, 2000), 4~14쪽.

절, 균형 잡힌 현금유입"을, 정신적으로는 "근로호애(勤勞好愛)·자주자립(自主自立)·보은감사(報恩感謝)"을 제창하였다.[10]

그렇다면 농촌진흥운동의 개시에서 조선의 오락문제는 어떠한 형태로 대두하게 되었을까? 관견(管見)에 한해서 보자면, 조선의 오락문제에 관한 우가키(宇垣) 총독의 최초 발언은 1933년 2월 8일에 열린 기자단과의 정례회(定例會)에서 확인할 수 있다. 이 자리에서 우가키(宇垣) 총독이 조선농촌의 오락문제에 대해 다음과 같이 거론한 것이다.

> 농촌의 오락, 즉 농악(農樂)의 유희를 봤는데, 이는 극소수자의 가무(歌舞)에 지나지 않는 것이었다. 따라서 민중적 오락으로 볼 수 없다. 그리고 조선의 농촌에는 오락기관이 전혀 없으며 참으로 안타까운 상황이라 말하지 않을 수 없다. 어떤 구체적이고 좋은 방법이 있다면 농촌의 실정에 알맞은 시설을 가지고, 그들에게 위안을 줄 만한 민중적 오락기관을 만들고 싶다.[11]

'농악(農樂)'이란 글자 그대로 '농민·농촌의 음악'이라는 명맥을 가지고 있으며, 농업의 영위와 함께 전해져 내려온 조선 전통예능의 하나이다. 봄에는 풍작을 기원하는 축제로, 여름의 수확기에는 농사의 피로를 위로하기 위해, 또 가을에는 수확을 감사하는 제례로서의 역할을 해 왔다. 이때 농악대에 의한 징·꽹과리·장구 등의 악기 연주가 더해져 신명을 돋운다. 하지만 농악은 실제 지역적으로 농촌에만 한해 전해온 것이 아니라, 조선 전 지역에서 볼 수 있는 향토 오락의 일종이었다.[12] 이러한 점에서 유추해 보자면, 우가키(宇垣) 총독이 "농촌의 오락"으로 "농악"을 일반적으로 언급한 것은 자연스런 맥락이었다고 생각한다. 더욱이 농촌진흥운동 과정에서 제시된 「부락

---

10) 朝鮮總督府, 『農村振興運動の全貌』, 1936, 37~40쪽.
11) 『每日申報』 1933年 2月 9日.
12) 三橋廣夫·趙完濟 譯者, 『カラ-日本語版韓國伝統文化事典』, 國立國語院, 2006, 364~365쪽.

개량(部落 改良)에 관한 일반 시설물 설치 표준」에서는 "오락과 위안"을 목적에서 "장구, 북, 징" 등과 같은 농악기(農樂器)가 포함된 것을 확인할 수 있다.[13] 각 마을마다 갖추어야 할 기본적 시설로써 농악에 관련된 농악기가 포함된 것인데, 이러한 점 역시 농악이 그만큼 보편적이고 일반적인 오락으로 향유되었던 농촌의 일상을 뒷받침한다. 따라서 이는 농악의 유희가 생활과 밀착된 조선 농촌의 실상을 반영한 항목이라고 할 수 있으며, 이에 농악이 오락과 위안의 차원에서 장려, 지원되었던 면모를 생각할 수 있다.

'농악'을 문제시한 우가키(宇垣) 총독의 발언이 구체적으로 어떤 배경에서 나온 것인지에 대해서는 명확히 알 수 없다. 다만 이 단편적인 발언에서 판단하자면, 우가키(宇垣) 총독의 입장은 "농악이 극소수자의 가무(歌舞)에 지나지 않다"고 지적함으로써 보다 '대중적인 오락'의 필요성을 제기한 것으로 여겨진다. 또한 여기에는 농촌의 문제로 '오락의 결핍'을 개선하지 않으면 안 된다는 총독부의 문제의식이 드러나 있음을 지적할 수 있다. 우가키(宇垣) 총독의 발언이 있고 얼마 지나지 않은 1933년 2월 11일자『每日申報』의 사설이 그에 대한 실마리를 제공해 주고 있다. 「대중오락의 필요성」이라는 제목을 단 사설의 내용을 요약하자면 다음과 같다. 오락은 "인류 본성(本性)의 당연한 발로(發露)"로, 우리들은 오락에 의해 "생존의 의의를 느끼고 생활의 향상"을 기약할 수 있다. 따라서 대중적 오락이 존재하지 않는 사회는 "발전향상의 장래성"을 기대할 수 없는 "몰락·퇴폐"한 것과 다름없다. 이처럼 사회를 유지하고 "탄력성의 함양"과 "건전한 발달"을 도모하기 위해서는 "대중적 오락"은 절대적으로 필요한 것이다. 사설의 논자(論者)는 그럼에도 불구하고 현재 조선의 농촌에는 "실로 대중적 오락이라고 할 만한 게 전혀 없다"고 지적하며, "오락의 빈곤 상황"을 조선 사회의 문제로 규정하였다. 그리하여 이러한 문제에 대해서 조선총독부가 어떠한 방침을 세웠는가에 대해 다음과 같이 보도하였다.

---

13) 朝鮮總督府 學務局, 『朝鮮社會教化要覽』, 1937, 42~43쪽.

당국은 이제부터 사회시설의 일환으로 대중적 오락의 부활과 창조의 시
정(施政)을 행할 방침이라고 한다. 즉 각 지역에 라디오, 축음기 등의 근대
적 오락시설을 갖추는 것과 동시에 재래의 농촌 산대극(山臺劇) 같은 것 등
의 부활을 추진해, 극도로 무미건조한 오늘날 농촌생활에 일대의 '오아시스'
를 세우려는 계획을 하고 있는 중이라 한다. (이는) 매우 실정에 적합한 조
치이며 일반 농촌생활자를 위한 복음(福音)이 될 것이다……인심(人心)의
원기(元氣)를 꾀하기 위해서도, 교화(敎化)의 보급을 도모하기 위해서도 매
우 현명하며 적절한 조치라고 말하지 않을 수 없다.[14]

여기에서 총독부는 조선에 대해서 '오락이 결핍된 사회'라는 인식을 전
제로 하여 농촌의 오락문제를 거론하고 있는 것을 알 수 있다. 그리고 이를
개선하기 위해 "오아시스"와 같은 오락시설을 농촌에 확충하겠다는 계획을
세운 것인데, 그것은 다음과 같이 크게 두 가지 방향으로 제시되고 있음을
지적할 수 있겠다. 첫째로, "대중적 오락의 부활"이라는 방침이다. 이는 여
기에서 언급된 "산대극(山臺劇)"이 상징하고 있듯이, 예전부터 행해져 온
농촌오락, 즉 전통적 오락의 장려를 의미한다. 앞서 거론된 농악을 포함해
이러한 종류의 오락들은 본질상 사회적·문화적 요소를 기반으로 한 '향토
성' 또는 '전통성'에 가장 큰 특징이 있다. 이러한 문맥에서 '향토오락=전통
오락=농촌오락'으로 이해해도 무방할 것이다. 따라서 총독부의 "대중적 오
락의 부활"이라는 계획은 조선의 농촌오락을 활성화 시키는 것이며, 그에
내재된 '향토성·전통성'을 이점으로 내세워 대중오락으로써 장려해 나가고
자 한 구상이었다고 할 수 있다. 뒤에서 검토하겠지만, 농촌진흥운동의 과
정에서 제기된 오락문제를 해결하기 위해 가장 우선시 되었던 방침이자 실
천으로 이어지고 있는 것이 바로 조선의 "대중적 오락의 부활", 즉 농촌오
락의 장려였다.

둘째로, "대중적 오락의 창조"라는 방침이다. 이는 "근대적 오락시설"이

---

14)『每日申報』1933年 2月 11日.

라고 지칭된 라디오나 축음기와 같은 시설의 확충을 의미하는데, 이것들은 서양 문물로써 새롭게 등장한 문화매체이면서 동시에 대중에게 높은 인기를 얻고 있던 오락물이었다. 따라서 총독부의 두 번째 방침은 오락적 요소를 겸비한 이러한 매체를 농촌사회에 적극적으로 보급하고 이를 통해 오락적 즐거움이 적은 농촌사회를 개선하겠다는 방침으로 이해할 수 있다. 이와 관련해 이 시기 조선의 라디오 사정을 참고하자면 대략 다음과 같다. 조선에서는 1927년 콜사인 'JODK'로 본격적인 라디오 방송이 시작된다. 그러나 2년 뒤의 청취자 조사에서 그 대부분이 '재조일본인(在朝日本人)'이었고 조선인 청취자의 비중은 전체의 1할에도 미치지 못하는 상황이었다. 이를 개선하기 위해서는 무엇보다 "전파(電波) 증강(增强)"과 일본어와 조선어에 의한 "이중(二重) 방송의 실시"라는 두 가지 사항이 요청되었다. 그런 가운데 만주사변이 발발하고 총독부에서는 "국책통일(國策統一)과 전파국방(電波國防)"을 기치로 라디오의 보도기관(報道機關) 역할을 강조함으로써 라디오 방송의 강화에 적극적인 자세로 임하게 되었다. 한편 1933년 4월 26일부터 일본어와 조선어에 의한 "이중(二重) 방송"을 개시하게 됨에 따라, 총독부는 보도기관 및 오락매체로써 라디오에 대한 조선인 청취자가 증가할 것이라고 낙관적으로 전망하고 있었다.15)

그럼, '대중적 오락의 부활과 창조'를 축으로 한 총독부의 오락 장려 방침은 농촌진흥운동과 어떤 관련에서 나온 것일까? 1936년에 간행된 『농촌진흥운동의 전모』(農村振興運動の全貌)에서 그 배경을 정리해 보자면, "조성(助成)해야 할 시책(施策)"의 일부로 "농촌오락"이라는 항목에 대해 다음과 같이 설명하고 있다.

조선의 농촌에는 옛날부터 농악(農樂) 기타 등등의 오락이 있었다. 하지만 농촌의 피폐와 시대의 변화에 의해 점차 쇠퇴의 일로에 있어 매우 안타

---

15) NHK 編, 『日本放送史(上)』, 日本放送出版協會, 1965, 244~245쪽.

까운 일이라 하지 않을 수 없다. 원래 농촌은 농민대중의 낙토안주(樂土安住)의 땅이어야 함에도 불구하고, 무미건조한 생활을 어쩔 수 없이 참아야 하는 지경에 이르게 된 것에 차마 동정을 금치 못하겠다. 본 운동은 농가갱생(農家更生) 계획의 수행에 의해 확실하게 농민을 자각시키고 근로심의 고취, 영농의 개선과 더불어 한편으로는 생활의 개선, 소비의 절약 등에 의해 생활을 근본적으로 시정해 가는 과정에 있다. 그 사이 농민의 고군분투, 지도자의 협력은 실로 놀랄 정도지만, 이것은 말하자면 그 때의 일시적인 현상이다. 따라서 한편으로는 단호히 갱생(更生) 계획의 실천을 장려함과 동시에 다른 한편으로는 가급적 농가의 위안, 농촌의 오락 등 미풍양속을 해치지 않는 범위에서 조금씩 윤택 있는 생활도 지도해야 할 필요가 있다. 근래 각지에서 각종 경기회(競技會), 운동회, 또는 농악, 윷놀이, 백종(白踵), 택견, 줄다리기 등 각종 오락을 장려하고 있는 것은 정말로 적절한 조치라 할 수 있다. 장래 더욱 그것들의 부흥과 조성(助成)에 힘써야 할 것이다.[16]

이를 통해 농촌진흥운동에서 오락 장려의 취지와 내용을 명확히 알 수 있다. 요컨대 운동을 추진하기 위해서는 '근로의식' 이나 '생활개선'을 강조하는 것뿐만 아니라, 그러한 정신을 유지할 수 있도록 농민에게 오락적 즐거움 또는 위안을 적절하게 제공하는 것 역시 중요하다는 것이다. 이는 곧 피폐해진 농촌에 활력을 불어 놓고 농민에게 위안을 줄 수단으로써 오락에 주목한 것인데, 단 "미풍양속을 해치지 않는 범위"의 소위 건전한 오락을 장려하는 것임을 의미한다. 구체적인 대상으로는 "경기회(競技會)나 운동회", 또는 "농악, 윷놀이, 백종(白踵), 택견, 줄다리기" 등 조선의 전통오락이 그 범주에 포함되었다.

한편 '오락 장려에 대한 관심'이 농촌진흥운동의 전개 과정 속에서 부상한 것에 관련해 내무부(內務部) 지방국(地方局) 소속 미요시 이와기치(三吉岩吉)는 『조선의 농촌사회사업 고찰』(朝鮮に於ける農村社會事業の考察)에서 다음과 같은 견해를 밝히고 있다. 농촌진흥운동에 관련된 제반의 상황

---

16) 앞의 자료, 朝鮮總督府, 『農村振興運動の全貌』, 126~127쪽.

을 조망하면서 미요시(三吉)는 "복리적(福利的) 사회사업" 측면과 관련해 "농촌에서의 민중오락 문제"를 거론하였다. 요컨대 "조선의 농촌은 도시와 달리 민중 오락이라고 할 만한 것이 거의 없는 관계로, 농민은 걸핏하면 음주(飮酒)나 여타 폐풍(弊風)에 빠지는 경향'이 많기 때문에 "어떻게 해서든 선량한 민중 오락 보급에 힘써야" 한다는 것이다. 이는 곧 조선의 농촌사회에 대해 '오락의 빈곤함'을 지적하며 이를 개선하기 위해 건전한 오락을 보급해야 한다는 견해이다. 그 대책으로 미요시(三吉)가 주목하고 있었던 것은 "여름과 가을의 계절에 따른 전통춤 같은 것이 근래 부흥하는 기운이 높아지고 있는 경향'이었다. 왜냐하면 이러한 오락은 "농촌 생활의 자연적인 조화이면서 계절마다 즐길 수 있는 것을 뜻하므로 매우 의의"가 크다고 보았기 때문이다.[17]

이와 같이 농촌진흥운동에 있어서 오락의 필요성이 제기되는 가운데 건전한 오락으로써 조선의 전통오락이 장려되는 경향이 거론되었는데, 잡지 『경농』(耕農)에 게재된 「농촌오락」이라는 기사에서도 그와 같은 문맥을 확인할 수 있다. 이 글의 필자는 "농촌에 대한 구급책(救急策)은 예전의 풍습에 따른, 농촌에 적합한 오락시설을 만드는 것"이라 주장하며 그 이유를 아래와 같이 서술하고 있다.

……농촌을 안정시키고 청년의 이촌(離村)을 막아 스스로 분발토록 여러 가지 대책이 있을 테지만, 우선적으로 농촌오락 이라는 항목을 꼽지 않을 수 없다. 농촌에 오락시설을 조성하고 취미가 있는 살기 좋은 이상향(理想鄕)으로 만든다면, 청년의 이촌(離村)을 막을 수 있을 뿐만 아니라 나아가 도회인(都會人)의 농촌 유입까지도 가능할 것이다. 그러나 자명할 정도로 그러한 시설들이 갖추어지지 않은 현실이다.[18]

17) 三吉岩吉, 『朝鮮に於ける農村社會事業の考察』, 1936(近現代資料刊行會, 『戰前·戰中期アジア研究資料1 植民地社會事業關係資料集-朝鮮編31』, 2000), 235~236쪽.
18) 申義均, 「農村娛樂」, 『耕農』 1935年 3月.

여기에서 필자는 농촌진흥운동의 추진에 '중견인물(中堅人物)'로서 그 역할이 한껏 기대되는 청년들이 도시생활을 동경해 農村을 떠나는 현실을 한탄하며, 이에 대한 예방책으로서 농촌에 "위안·오락기관"이 필요하다고 주장한 것이었다. 당시 농촌의 경제적 피폐가 갈수록 깊어지는 가운데 농촌의 청년 대부분은 이익이 되지 않는 농업을 기피하거나, 전문적인 교육기관을 졸업한 후에도 농업에 종사하지 않고 보다 안정된 봉급자로의 생활을 희망하며 도시로 떠나버리는 현상이 눈에 띄게 진행되고 있었다.19) 이와 같은 '농촌 청년의 이촌(離村)' 문제는 농업이 기간산업(基幹産業)이었던 조선의 사회구조상 더욱 심각한 문제로 여겨지고 있었다.

> 오늘날 자본주의 경제사회에서 인구가 급격히 도시에 집중하고 농촌은 점점 감소해 가는 경향은 일본에서도 마찬가지이지만, 조선의 농촌에서도 이러한 현상을 보이고 있는 것은 매우 심각한 문제라 하지 않을 수 없다. 특히 조선의 농촌에서 무엇보다 중요한 청소년이 경쟁하듯이 농촌을 떠나 도시에 집주(集注)하는 경향에 있다는 사실은 진심으로 중대하게 생각해야 할 문제이다. 이에 현재 농촌갱생운동에 있어서도 이 점에 대한 지도적 방책 등에 고심과 협력에 노력하고 있는 형편이다.20)

이러한 제반의 상황에서 보자면, '농촌 청년의 이촌(離村)'이라는 문제에 대한 예방책이자 농촌에 오락시설을 조성하는 맥락에서 농촌의 오락, 즉 전통오락이 장려된 것임을 유추할 수 있다. 그에 부응하는 오락시설로써 고려된 대상에는 농촌의 생활환경을 기반으로 한 "윷놀이, 유산(遊山), 줄다리기, 마을 축제" 등과 같은 것이었고, 이러한 '농촌 오락'은 "향토심 고양(高揚)에 유의미(有意味)"한 가치를 지닌 것으로 강조되었다.21) 이는 당시 농

---

19) 富田晶子, 앞의 논문, 154쪽.
20) 앞의 자료, 三吉岩吉, 『朝鮮に於ける農村社會事業の考察』, 139~140쪽.
21) 앞의 자료, 申義均, 「農村娛樂」.

촌문제에 관련해 조선의 전통오락이 어떠한 의미에서 장려된 것인지를 시
사한다.

　이상 농촌진흥운동의 개시와 오락 문제를 관한 견해를 검토해 왔는데,
이를 정리하자면 다음과 같다. 농촌진흥운동에 있어 오락은 경제적으로 피
폐해진 농민에게 정신적 위안을 주는 것과 동시에 생산성 향상과 근로의식
을 높이기 위한 보조적 수단으로써 그 필요성이 제기되었다. 이에 가시적으
로 직면한 상황은 '오락의 결핍'이라는 조선 사회의 문제였고, 그 대책으로
오락기관의 확충이 요구되었다. 구체적인 부분까지 언급하고 있지는 않지
만 이와 관련하여 총독부에서는 대략적으로 '대중적 오락의 부활과 창조'라
는 틀을 제시하고 있다. 농촌진흥운동에 있어 오락문제에 대한 관심은 '단
순하고 무미건조'한 농촌 환경을 개선하기 위한 '복리적(福利的) 사회사업'
의 일환으로 혹은 '농촌 청년의 이촌(離村)'을 예방하기 위한 대책과도 결
부되어 있었다. 그를 위해 '농촌의 실정에 맞춘 오락 장려'가 공통적으로 제
시되고 있었다. 이는 각종의 전통오락을 대상으로 한 것으로, 이러한 것들
이 나아가 '향토심의 고양(高揚)'에도 유효하다고 평가되었다. 여기에서 주
목하고 싶은 것은 1920년대의 구관조사(舊慣調査)를 통해 '오락이 없는 조
선인'을 강조해 왔던 총독부[22]가 농촌진흥운동의 개시와 더불어 조선의 향
토색 짙은 오락에 관심을 가지고, 그것들을 공적(公的)으로 장려하고자 했
던 움직임이다. 이어서 살펴볼 내용은 각 지역에서 전개된 오락 장려책인
데, 이러한 사례는 농촌진흥운동과 오락문제의 실태를 구체적으로 보여주
는 것이라 할 수 있다.

---

22) 제2장 참조.

3. 오락문제에 대한 지역적 대책

조선총독부의 오락정책은 중일전쟁 개시 후인 1938년에 공식적으로 발표된다.[23] 이러한 정황에서 엄밀히 구분하자면 농촌진흥운동이 시작된 단계에서는 오락문제에 대한 통일된 정책이 아닌, 각 지역의 개별적인 활동에서 그에 관련된 구체적인 형태를 확인할 수 있다. 요컨대 지역적 차원에서 개별적으로 오락에 관한 제반의 조사를 시행하고 사업을 전개하였던 것이 이를 뒷받침한다. 이러한 활동이 농촌진흥운동과 밀접한 관계를 가지고 추진된 것을 확인할 수 있는데, 이를 통해 앞서 분석한 조선총독부의 오락 장려책 구상과의 접점(接點)을 유추해 볼 수 있다. 그 구조를 전체적으로 파악할 수 있는 사료(史料)의 한계는 있지만, 이에 관해서는 당시 신문에 소개된 몇몇 지역의 사례가 존재한다. 이러한 사례를 토대로 농촌진흥운동의 전개와 오락문제가 어떻게 관계를 맺고 있었는지, 어떤 방법이 모색되고 있었는지에 대한 실태의 일면을 해명하고자 한다.

우선, 1933년 4월 21일자 『경성일보』(京城日報)가 보도하고 있는 강원도의 상황부터 살펴보자.

> 농촌 청년들이 도회지를 동경하고, 전통적 가족을 싫어해 이촌(離村)하는 경향이 점점 증가하고 있으므로 강원도 당국에서는 그에 대한 대책을 강구 중인데, 어느 정도 농촌 미화(美化)를 도모함으로써 그들에게 애향심(愛鄕心)을 심어주게 되었다. 이촌(離村)의 원인은 생활고 외에도 여러 가지 사정이 있지만, 농촌의 환경이 무미건조하고 어떠한 위안이나 오락이 없는 것도 큰 요인의 하나가 되었다. 이에 우선 향토(鄕土)를 인상적으로 만들기 위한 산야(山野)의 녹화(綠化)에 힘쓸 것이다.[24]

---

23) 제5장 참조.
24) 『京城日報』 1933年 4月 21日.

여기에서 알 수 있듯이 청년의 이촌(離村) 증가 문제에 직면한 강원도에서는 "농촌 미화(美化)" 사업을 추진하게 되었다. 이는 "수목(樹木)·식재(植栽)의 녹화(綠化) 및 보호"와 "위안·오락 시설의 장려"라고 하는 두 가지 항목을 주된 내용으로 하는 것이었다.[25] 이를 통해 강원도 당국이 기대한 것은 "애향심(愛鄕心) 환기(喚起)에 의한 안주(安住) 관념의 함양"과 더불어 "농촌 생활의 즐거운 고취로 민심작흥(民心作興) 환기(喚起)와 농촌진흥운동의 활동적 기풍"을 체험하는 것이었다.[26] 이와 같은 강원도의 사업은 농촌진흥운동과 청년의 이촌(離村) 문제에 결부하여 이른바 '농촌 미화(美化) 사업'이나 '위안·오락 시설의 장려'가 추진된 예를 보여주는 것이다.

다음은 극히 단편적인 기사로밖에 확인되지 않으나, 함경남도에서 추진된 오락에 관한 조사 활동에 대해서 보도록 하겠다. 이는 부윤(府尹)의 군수 회의에서 농촌오락에 관한 연구를 실시하기로 결정하고 이를 '함남교육회'에 위탁한 것에서 비롯되었다. 이에 교육회에서는 예전부터 누려온 오락의 종류와 역사뿐만 아니라, 현재 오락 생활에 관한 시간과 비용, 장소 등의 항목까지 구체적인 조사를 시행하게 되었다. 그 결과에 입각해 교육회에서는 오락의 "조장(助長)·장려·교정(敎正)"에 관한 참고의견을 덧붙일 계획임을 밝히고 있다.[27] 한편 농촌진흥운동에 대한 총독부기관지『자력갱생휘보』(自力更生彙報)에서는 다음과 같은 내용이 확인된다. 함경남도에서는 농촌진흥운동에 있어 "사회적·교화적 시설의 설치와 더불어 일반 민중의 갱생적(更生的) 분위기를을 고취하는 반면, 정신적으로 위안을 주는 것과 동시에 수양을 기르고 단조로운 농촌 생활에 윤택함을 가지게" 하기 위해서 "매우 쉬운 언문으로 월간(月刊) 농촌 독서물(讀書物)『지방진흥시보』(地方振興時報)를 일만부 발행"한 것이나 "농촌 오락의 일조(一助)로 활동사진 순

---

25) 『每日申報』 1933年 4月 22日.
26) 『每日申報』 1934年 4月 10日.
27) 『每日申報』 1934年 7月 8日.

회영사(巡廻映寫)를 실시"했다는 것이다.[28]

경기도 지방의 경우 "지방과(地方課)에서 일 년여에 걸쳐 지방 오락에 관한 조사를 실시했는데, 작성된 초안을 가지고 5월에 개최되는 농촌진흥위원 회의 석상에서 구체안을 정할 예정"이라 하였으며, 이는 "지방색(地方色)을 가미한 농촌 오락 개선"의 계기로 삼을 구상이었다.[29] 이러한 배경에서 만들어진 결과물로 추측할 수 있는 것이 경기도 지방과가 1934년 9월에 간행한 『농촌 오락행사 길라잡이-부립춘서예시』(農村娛樂行事栞-附立春書例示)이다. 본서(本書)의 구성은 계절별 세시풍속을 정리한 내용인데, 경기도 당국은 서두에서 아래와 같이 설명하고 있다.

一. 오락은 정조(情操)를 도치(陶冶)하고 심신의 피로를 위안할 수 있는 것으로, 능률을 도모하는데 필요 불가결한 행사다. 그러나 조선 재래의 농촌 오락은 그 종류가 매우 적을 뿐만 아니라 오락 그 자체도 단조·무미건조하고, 더욱이 각각 폐해가 있어 개선을 요하는 것이 적지 않다. 따라서 이의 개선을 목표로 하고 좋은 것을 장려하기 위해 본서(本書)를 간행한 것이다.

二. 본서(本書)는 경기도에서 가장 공통적으로 하고 있는 오락에 대해 그 유래를 간략히 서술하고, 또 실행에 앞서 개선해야 할 점을 대략적으로 정리한 것이다.

三. 오락이 아니라도 일반적으로 하고 있는 농촌 행사 가운데 개선이 필요한 점이 있는 것은 적당히 기술했다.

四. 오락으로 일부 지방에서만 하고 있는 것이나 장려·개선이 필요하지 않는 것은 생략했다.

五. 기존에 하지 않았던 오락이라고 해도 농촌 오락 혹은 행사로써 새롭게 장려해야 할 것은 그 실행방법을 설명해 두었다.

六. 농촌 오락 행사는 무엇이든 음력에 의한 것이므로, 본서(本書)에는 음

---

28) 神穀小一, 「我道の農山漁村振興」, 『自力更生彙報』 第11號, 1934年 7月, 4쪽.
29) 『東亞日報』 1934年 4月 14日.

력을 사용하고 있다.

七. 본서(本書)는 새로운 오락행사를 안출(案出)하는 것보다 오히려 기존
의 것에 개선을 더해 농촌진흥운동 촉진에 보탬이 되고자 하는 것에
지나지 않는다. 그렇기에 농촌 지도자에게는 이상의 취지에 따라 지
방에 적합한 오락을 안출(案出)해 그것들을 유효하게 실시해 줄 것을
무엇보다 바라고 있다.30)

본서(本書)의 취지와 목적에 대한 설명에서 주목되는 것은 우선 농촌 오
락의 의미가 이전부터 농촌에서 존재해왔던 '세시풍속'과 동일한 맥락에 있
다는 점이다. 또 농촌 오락에 대해 경기도 당국이 내세운 방침의 요지는 향
토 재래의 특성을 살리되 폐해는 '개선'하고 좋은 것은 '장려'하는 것이라
고 할 수 있다. 이러한 점은 '새로운 오락을 창출'하는 것보다 되도록 '기존
의 농촌 오락을 활용'하는 것에 무게를 두고, 그것들의 개선을 강조하고 있
는 것에서도 명확히 드러난다. 그리고 이러한 방침의 총제적인 목표가 '농
촌진흥운동의 촉진'에 있었던 것을 확인할 수 있다. 한편 이와 같은 방침이
세워진 3년 후의 도회의(道會議) 자리에서는 "농촌진흥운동은 농민에게 근
로(勤勞)만 강조하고 있는 측면이 많다. 심신에 위안을 줄 시설에 관해서
당국은 어떤 방침을 생각하고 있는가" 라고 오락 시설에 대한 의견을 구하
는 발언이 나온다. 이에 대해 내무부장(內務部長)은 "오락기관 설치는 별도
로 생각하고 있지 않으나, 재래의 향토적(鄕土的) 민속으로 전해 온 지방의
독특한 연예(演藝)와 같은 것을 한층 조장(助長)해 가고 싶다"고 대답한
다.31) 이 문답에서는 대략 두 가지 측면을 생각할 수 있겠다. 첫째, 농촌진
흥운동의 추진에서 여전히 '근로'에 대한 측면만 강조하다 보니, 그에 대한
위안 시설 즉 오락기관은 여전히 불충분하다는 사실이다. 둘째, 그러나 이
러한 요구에 대해 경기도 당국은 앞서 밝힌 것처럼 '새로운 오락의 창출'이

30) 京畿道 地方課, 『農村娛樂行事采-附立春書例示』, 1934, 1~2쪽.
31) 『每日申報』 1937年 2月 28日.

아닌 '기존의 농촌 오락을 활용'이라는 방침을 고수하고 있었던 것을 알 수 있다.

지금까지 검토해 온 몇몇 지역 사례에서 명확해진 것은 각 지역에서 추진된 오락 장려에 관한 제반 사업이 농촌진흥운동과 밀접한 관계에서 전개되었다는 점이다. 그리고 지역에서는 나름의 실정에 맞춰 오락에 관한 조사를 실시하고 그 대책을 모색해 나간 면모를 보여주고 있다. 이와 관련해 경상북도 지역에서의 오락 장려에 관한 활동은 흥미를 더해주는 사례로 꼽을 수 있다. 먼저 1933년 3월 6일자 『매일신보』(每日申報)의 기사를 인용하면, 경상북도에서는 농촌진흥운동에 직면해 "농민의 위안"과 "애향심(愛鄉心)의 조장(助長) 그리고 "청년의 이탈(離脫) 방지"를 목표로 세우고 "현재 무미건조한 농촌을 개선하기 위한 대중적 오락을 강구하고 있는 중"이라고 하며, 그 방법으로는 "지방색(地方色) 농후한 노래, 춤"과 같은 대중적 오락을 보급하고자 계획하였다.[32] 경상북도 도지사 김서규(金瑞圭)가 동년(同年)에 『자력갱생휘보』(自力更生彙報)에 게재한 기사에서 이에 관련한 구상이 어떻게 진행되었는지 엿볼 수 있다. 이는 도내(道內) 농촌진흥운동 상황을 개괄한 것인데, "본도(本道)에서는 올해 6월 농촌의 미화(美化) 및 오락시설 요항(要項)을 정해, 향토에 적당하다고 인정되는 시설을 장려함으로써 농산어민(農山漁民)의 정조(情操) 및 향토애(鄉土愛) 관념을 함양(涵養)하고 자력갱생(自力更生) 및 민심작흥운동(民心作興運動)에 맞물려 농촌 진흥에 이바지하고 있다"고 언급한 것이다.[33] "농촌 미화(美化)의 실현"과 "건전한 오락시설의 보급"으로 제시된 이러한 활동의 의의에 대해 도지사는 다음과 같이 설명하고 있다.

……벌거벗고 황폐한 산야, 어떤 취미(趣味)도 없는 조선의 농촌에서는

---

32) 『每日申報』 1933年 3月 6日.
33) 金瑞圭,「農山漁村振興施設に就て」, 『自力更生彙報』 第5號, 1933年 11月, 10~11쪽.

모내기나 추수에 한 잔의 탁주를 기울여도 마당에 꽃 한 송이 피어 있다면 얼마나 농민의 마음을 부드럽게 하고 윤택을 주는 것이던가. 농촌어민(農村漁村)에는 종래 적당한 오락·위안 시설이 부족하여, 자칫하면 도박이나 다른 나쁜 유희에 빠지거나 도회(都會)의 향락에 이끌려 이촌(離村)하는 자가 생기기 쉬운 경향에 있다. 이러할 때 교육적인 적당한 오락시설을 장려하는 것은 마치 사막여행의 '오아시스'처럼 농민에게 활기를 불어넣는 것과 다름없다.

그리고 적당한 오락시설로는 "종래 농촌 오락 가운데 선량한 것은 보존하고 나쁜 오락이나 시대에 맞지 않는 것은 점차 개선해 장려하고 있으며, 이에 본도(本道)에서는 노동가 외에 농촌을 찬미하는 농민가(農民歌), 씨름 및 택견, 농민극(農民劇), 줄다리기, 그네, 널뛰기, 운동회, 경로회(敬老會), 추수, 모내기, 세서연(洗鋤宴=호미씻기) 등의 위안회(慰安會) 외에 활동사진회(活動寫眞會), 축음기 시설" 등 대상이 되었다.[34] 이를 위해 경상도 당국에서는 오락에 관한 본격적 조사와 연구를 추진하게 되었고, 이를 통해 "향토적 오락의 부흥"을 꾀하고자 했다.[35] 이와 관련해 눈에 띄는 것은 1937년에 조직된 "오락위원회"인데, 다음에서 그 배경을 자세히 살펴보자.

　　자력갱생(自力更生) 농촌진흥운동의 전면적 확대에 따라 경상도 당국에서는 한발 앞서 본 운동의 합리화를 꾀하고 좀 더 부드러운 분위기로 지방의 농민을 지도해서 운동이 빠른 성과를 맺도록 협력하게끔 오락교화사업의 일대(一大) 확충을 계획했다. 가미시바이(紙芝居) 및 교육사회사업에 관한 영화를 도내(道內)의 각 군(郡)에 배포하고 이를 지방 농촌에 계속 투입함으로써 오락방면의 교화를 도모해 온 것이다. 그런데 최근 지방 농촌의 실정에서 봤을 때 본 사업을 철저히 해야 하는 점을 통감하고 당국에서는 도내(道內)의 각 군(郡) 내무계(內務係) 주임(主任)을 위원장으로 사회과 소속의 관

---

34) 위의 자료, 11쪽.
35) 『每日申報』 1936年 4月 16日.

런자들, 농진(農振)조합 간부 등과 농진운동(農振運動) 관계 지도자를 망라해 오락위원회를 결성하게 되었다. 초지(初志)의 관철을 기약하며 더불어 명랑한 도정(道政) 수행에 매진하게 될 것으로 기대하고, 미리 각 군(郡)에 통첩(通牒)을 내리고 조직을 서둘렀다. 25일 달성군에서 본 위원회 조직을 마치고 드디어 도 당국이 총지휘자로, 각 군(郡) 위원회를 총동원해 지방 농촌의 오락 교화에 제2의 출발을 시작하게 되었던 것이다.36)

위에서 알 있듯이 "오락위원회"는 기존의 오락교화사업에 대한 반성을 토대로 오락의 교화적 기능을 재차 강조하며, '농촌진흥운동의 조장(助長)'과 '명랑한 도정(道政) 수행'에 오락을 효과적으로 활용하겠다는 취지에서 조직된 것이었다. 조직의 구성은 경상도 각 군에 이르는 "농촌진흥운동 일선의 지도자들"이 위원회의 주축을 담당하는 것으로 되어있다. 본 위원회에서 제시된 취지와 활동 내용을 덧붙이자면 다음과 같다.

> <취지>
> - 도읍(都邑)·농산어촌(農山漁村)의 통속교화(通俗敎化), 민중오락에 관한 연구조사, 시설 지도를 하기 위해
> <기구>
> - 도(道)에서는 농촌진흥위원회의 일부로서 도내(道內)에 오락교화위원회를 두고, 위원장(李産業 課長)과 위원(농촌진흥운동 관계의 각 과(課) 소속자, 기타 관계자)을 조직한다.
> - 군(郡)에서는 군(郡)의 내무계(內務係) 주임(主任)을 위원장으로, 관계 직원을 위원으로 한다. 위원 중 적당한 자를 강사로 위촉해 가미시바이(紙芝居=종이연극)의 순회와 실연(實演)을 행한다.
> <사업>
> - 수시로 위원회를 개최하고 이상의 취지에 입각한 구체적 방책을 결정, 실행한다.37)

---

36) 『朝鮮民報』 1937年 7月 28日.
37) 古田才, 「朝鮮に於ける紙芝居の實際」, 『朝鮮』 1938年 5月, 72쪽.

이와 같이 농촌진흥운동의 일환으로 조직된 '오락위원회'의 활동 가운데 특히 주목해야 할 것은 "가미시바이의 순회와 실연(實演)"을 명시한 점이다. 이와 관련해 『조선민보』(朝鮮民報)가 보도한 경상북도의 "오락사업에 관한 금후(今後) 활동계획"을 요약하면 대략 다음과 같다.

> 지방 농촌의 오락교화 사업의 확충을 도모하고 있는 한편 오는 8월 1일부터 사회계 관계자를 동원해 도내(道內) 각지에 출장하여 오락교화사업 실시 현황을 조사하고 기존 시설을 재점검한 다음 각 부문에 이르는 가미시바이(紙芝居)를 작성해 각 군(郡)에 배포하고 지방 농촌에서 실시할 것이며……이로써 가미시바이(紙芝居)를 철저하게 농촌에 진출시킬 계획이다.

그리고 "각 부문에 이르는 가미시바이(紙芝居)"의 내용을 보면 (1) 농산어촌진흥(農山漁村振興)에 관한 것 (2) 사회사업 교화에 관한 것 (3) 만주국 이민 취지를 철저히 하는 것 (4) 납세에 관한 것 (5) 산업장려에 관한 것 (6) 교육보급에 관한 것 (7) 금융조합사업에 관한 것 (8) 체신사업 및 전매사업에 관한 것 (9) 밀조주(密造酒) 방지에 관한 것 (10) 치전치수(治田治水)에 관한 것 (11) 위생사상 보급 및 재해예보, 교통사고 방지에 관한 것 (12) 범죄 방지에 관한 것이 다루어질 내용이다.[38]

'오락을 이용한 교화'를 지향했던 '오락위원회'의 입장에서 유추해 볼 때, 가미시바이(紙芝居)를 이용한다는 것은 바로 그러한 목적에서 선택된 최적의 방책이라 할 수 있다. 앞서 확인했듯이 가미시바이(紙芝居)가 주제로 삼은 내용에는 '시국의 현안(懸案)'으로 간주되는 모든 항목이 포함되어 있다. 이러한 점은 '오락위원회'는 가미시바이(紙芝居)가 갖고 있는 '오락적이면서 교화적'인 기능에 주목한 것을 시사하고 있다. 당시 총독부에 의한 가미시바이(紙芝居)의 제작과 보급이 구상 단계에 있었다는 사실에 비추어 볼

---

38) 『朝鮮民報』 1937年 7月 29日.

때, 경상북도 지역에서의 이와 같은 활동은 조선 사회에서 선구적인 것으로 위치 지을 수 있다. 이에 관해서는 총독부 관방문서과(官房文書課) 후루다 사이(古田才)가 잡지『조선』(朝鮮)에 게재한『조선에서의 가미시바이(紙芝居) 실제』(1938년 5월)를 중심으로, 그 배경과 실태에 대해 구체적으로 살펴보도록 하겠다.

4. 농촌오락으로서 가미시바이(紙芝居)의 부상

중일전쟁 발발 후, 총독부는 조선에서의 '가미시바이(紙芝居) 확대'라는 방침을 발표하게 된다. 매일신보『』(每日申報)는 이에 대해 "시국 인식을 강화하는 자료로써 가미시바이(紙芝居)를 이백여 개 군도(群島)에 배포할 예정"이라 보도하고 있다. 이 방침은 시국에 관한 선전 활동의 중요성이 점차 고조되는 가운데, 가미시바이(紙芝居)를 "국책(國策) 선전"의 수단으로 적극적으로 활용하겠다는 구상에서 나온 것이었다.[39] 뒤에서 다시 서술하겠지만 가미시바이(紙芝居)는 원래 쇼와(昭和) 공황기(恐慌期)에 가두(街頭)의 어린이용 오락으로 생겨난 종이연극인데, 전시기(戰時期) 대중에 대한 국책(國策) 선전 용도로 급격히 부상한 매체가 되었다.[40] 이러한 맥락에서 앞서 보도한 총독부의 방침도 그의 일환으로 제시된 것임을 생각할 수 있다.

한편 당시 대중매체에 관한 제반의 상황에서 봤을 때 조선총독부가 "국책(國策) 선전"의 수단으로써 가미시바이(紙芝居)를 채택할 수밖에 없었던 나름의 사정에 대해서도 고려해야 한다. 이에 관해서는 '라디오 보급률의 저조'와 '활동사진의 시설 부족'이라는 두 가지 측면을 지적할 수 있겠다. 전시기(戰時期) 보도선전 기관으로서의 중책을 담당했던 두 매체는 시국

---

39)『每日申報』1937年 10月 7日.
40) 赤澤史朗, 앞의 책, 278~279쪽.

선전에 있어서 빼 놓을 수 없는 중요 수단으로 각광을 받은 공통점을 갖고 있다. 특히 주목되는 점은 이러한 매체가 무엇보다 대중적 교화에 유효한 수단이면서 오락성을 겸비한 도구로 활용되었다는 점이다.[41] 먼저 라디오 사정을 간략히 언급하자면, 앞에서 서술한 것처럼 총독부가 '국책적(國策 的) 견지'에서 라디오 방송 강화에 적극적인 자세를 취하게 된 것은 만주사 변 이후의 일이었다. 미비했던 조선인 청취자를 늘리기 위해 1933년 4월부 터 조선어와 일본어로 이중 방송을 개시한 것도 그러한 움직임의 일환이었 던 것이다. 그럼에도 불구하고 1939년의 전파보급 비율은 "백 세대 당 겨우 12호(戶)" 밖에 되지 않았으며, 이러한 수치는 2년 후에도 그다지 개선되지 않았다.[42] 1941년의 조사에 의하면 기대했던 조선인 청취자 수는 "백 세대 당 불과 2.3%"에 지나지 않는, 매우 저조한 상황이 계속되었던 것이다.[43]

당시 대중적 오락으로 성행했던 활동사진의 경우, 일찍부터 '사회교화' 나 '국책 선전'을 위한 용도로도 빈번히 이용되는 매체였다. 조선총독부에 서 정치적 색채가 짙은 활동사진의 제작·보급에 힘써왔던 것이 이를 뒷받 침한다. 총독부에 의한 영화제작은 1920년부터 시작되는데, 동년(同年) 4월 에 '활동사진반'과 '활동사진위원회'를 조직하고, 이어 11월에 '조선정보위 원회(1920년~1924년)'를 만든 것이다. 그 후 총독부 내무국 사회과가 '선전 영화'에 관한 업무를 담당하게 된 것을 계기로 사회교화사업에 활동사진이 본격적으로 활용되기 시작한다. 이러한 조류에 편승하여 지방에서도 "사회 교육·부정(府政) 선전·부민(府民) 위안이라는 목적 하에 '활동사진반'의 조 직화가 추진되었다.[44] 이처럼 총독부가 식민지 통치에 활동사진을 적극적

41) 加藤厚子, 『總動員體制と映畫』, 新曜社, 2003, 3~6쪽; 阪本愼一, 『ラジオの戰爭責任』, PHP硏究所, 2008, 序文을 참조.
42) 津川泉, 『JODK消えたコールサイン』, 白水社, 1993, 11쪽.
43) NHK 編, 앞의 책, 412쪽.
44) 이에 대해서는 배병욱, 「1920년대 전반 조선총독부의 선전영화 제작과 상영」, 『지 방사와 지방문화』 2호, 2006을 참조.

으로 이용하고자 했던 경향과 관련해서 잡지『별건곤』에 게재된 「활동사진
이야기」라는 기사는 빈정거리는 어투를 담아 다음과 같이 서술하고 있다.
요컨대 "활동사진의 성행으로 그것의 세상이 된 지금, 오락꺼리가 적은 조
선 대중에게 있어 이는 등한시 할 수 없는 현상"인데, "조선총독부마저 활
동사진을 가지고 자랑스럽게 조선통치를 선전"하기에 이르렀다는 것이다.
이는 "단지 놀이로 하찮게 여기던 오락이 대중의 의식을 지배하는데 있어
얼마나 큰 힘을 발휘하고 있는지에 대해 자각한 것"이라 지적하였다.[45]

　활동사진에 관한 업무는 이후 총독부 학무국에 신설된 사회교육과(1936
년)에서 담당하게 된다. 이는 활동사진에 대해 "사회교육상 가장 유효한 방
법의 하나"라는 인식을 전제로 한 것으로 "특히 조선에서는 모범부락의 실
황을 촬영하거나 배우를 고용해 사회교화극을 촬영하거나 사회교화·사상
선도·내선융화에 관한 기존의 필름을 구매하는 등, 이를 가지고 순회영상
(巡廻映寫)이나 필름 대출 및 강연회 등을 실시"하고 있는 상황이었다.[46]
그러나 사회교육과는 "활동사진을 각종 교화에 이용하는 한편, 유력한 민중
오락으로서도 매우 적극적으로 활용하고 있다"고 하면서도, 1936년도에 조
사된 각 지방의 활동사진 시설 현황을 가지고 다음과 같은 문제점을 지적
하고 있다. 요컨대 "지방 실정에 맞추기 위해서는 기존에 제작된 원판(原
版)만으로 충분하지 않고, 스스로 이를 제작할 필요가 있으며 수시로 새 것
을 보급할 필요도 있고, 더욱이 영사(映寫)를 보편적으로 하기 위해서는 상
당수의 직원이 있어야 하는 등의 이유로, 자연히 경비 관계상 그 활동은 아
직 미흡함을 벗어날 수 없다"고 한 것이다.[47] 이것은 '아직 지방의 활동사
진 시설이 불충분하다'는 문제를 지적한 것인데, '열악한 제작 환경'이나

45) 「활동사진 이야기」, 『別乾坤』 第2號, 1926年 12月, 90쪽.
46) 朝鮮總督府, 『朝鮮の社會事業』, 1936(近現代資料刊行會, 『戰前·戰中期アジア硏究資
　　料1 植民地社會事業關係資料集-朝鮮編46』, 2000년), 139쪽.
47) 앞의 자료, 朝鮮總督府 學務局, 『朝鮮社會敎化要覽』, 92~93쪽.

'경비 부족'에 그 원인이 있음을 엿볼 수 있다.

이상과 같은 상황을 통해 라디오나 활동사진의 시설 확충에 대한 총독부의 계획이 뜻대로 진행되지 않고 있었다는 점, 그로 인해 총독부는 전시체제하 '선전 매체 부족'이라는 문제에 직면할 수밖에 없는 상황에 있었다는 점을 유추해 볼 수 있겠다. 1941년에 개최된 조선영화 관계 좌담회에서 총독부 한 관계자가 "나는 농촌 대중을 상대로 하는 지방 행정의 제일선에서 임해 왔는데 신문은 고사하고 라디오, 영화는 꿈과 같은 이야기다"고 한 것을 통해서도 그러한 사정이 예상 가능하다.[48] 그렇다면 가미시바이(紙芝居)가 라디오나 영화를 대신하는 선전 매체로 주목을 받을 수 있었던 것은 어떤 이유였을까? 그것은 가미시바이(紙芝居)가 대중성과 오락성을 겸비했을 뿐 만 아니라 무엇보다 비용이 적게 들고 시설이 매우 간단한 점, 게다가 자전거를 이용하여 어디서든 손쉽게 공연할 수 있다는 편리성까지 갖추고 있었기 때문이다. 이러한 점을 확인하는데 있어 후루다 사이(古田才)의 「조선에서의 가미시바이(紙芝居) 실제」는 매우 중요한 사료라고 할 수 있다.[49]

여기에서 후루다(古田)는 일본 본국의 가미시바이(紙芝居) 경우, "원래 쇼와(昭和) 공황기(恐慌期)에 도쿄(東京)을 중심으로 생겨난 아동오락 이었기 때문에 주관객 층은 어린이"이고, "가미시바이(紙芝居) 전문 종사자"가 그 실연(實演)을 담당하고 있다고 했다. 그에 반해 조선에서는 "도쿄(東京)에서 압도적인 인기를 얻고 있는 가미시바이(紙芝居)의 대중성과 편리함"이 주목을 받게 되어 "시국 선전과 농촌오락을 겸하는 것으로 그것을 수용하기에 이르렀다"고 그 배경을 설명하고 있다.[50] 그리하여 조선에서 확인되는 가미시바이(紙芝居)의 경향을 아래와 같이 정리하고 있다.

48) 津川泉, 앞의 책, 13쪽(재인용).
49) 古田才, 「朝鮮に於ける紙芝居の實際」, 『朝鮮』, 1938年 5月. 이와 대략 같은 내용은 『朝鮮行政』(1938年 1月·6月·7月), 『警務彙報』(1938年 5月·6月), 『文敎の朝鮮』(1938年 6月·7月)에도 연재되었다.
50) 위의 자료, 79쪽.

① 가미시바이(紙芝居) 종사자가 극히 미비한 숫자인 것에 반해, 민중의 지도적 입장에 있는 관청 방면의 적극적 관여로 가미시바이(紙芝居) 업계가 점차 확대, 개척되고 있는 것.

② 아이들을 주된 대상으로 하지 않고, 순박한 농촌의 어른 대중에 향해 각종 선전과 농촌오락·위안을 겸하고 있는 것.

③ 사회교육 선전에 주안점을 두고 흥행의 영리(榮利)를 목적으로 하지 않는 것.

이러한 이해를 바탕으로 후루다(古田)는 "조선에서의 가미시바이(紙芝居) 특징"에 대해 다음과 같이 정리하고 있다. 즉 "만주사변 발발로 반도(半島)의 농산어촌(農山漁村) 대중에게 시국인식 선전을 위한 수단의 하나"로 채택되었기 때문에 그 내용은 "농산어촌(農山漁村) 대중을 향한 시국 인식 선전물"이 중심인 점, 그러한 관계로 공연도 "제일선에 임하고 있는 관청이나 단체의 직원"이 담당하고 있다는 점이다.[51] 그리하여 1938년 4월의 시점에서 총독부에 의해 제작·배포된 가미시바이(紙芝居)의 사정을 보면 <표 1>과 같다.

<표 1> 총독부가 제작·배포 가미시바이(紙芝居) 현황[52]

배부 년일	종류	본부제작총수 (本府製作總數)	배부내역	적요
1937. 11	지나사변과 총후(銃後)의 반도(半島)	28枚組234組	도군도(道郡島) 각 1세트	무대첨부 (舞台添付)
1937. 12	생업보국(生業報國)	16枚組127組	도(道)1세트 2군도(郡島)1세트 할당	
	김소좌(金少佐)의 분전(奮戰)	15枚組127組	같음	
1938. 1	애국소년(愛國少年)	16枚組128組	같음	
1938. 3	낙토반도(樂土半島)	16枚組127組	같음	
1938. 4	김형제(金兄弟)의 충성(忠誠)	16枚組127組	같음	가까운 시일 내 배포할 예정

51) 위의 자료, 83쪽.

아래의 사진은 당시 가미시바이(紙芝居) 실연(實演) 모습을 보여주는 것
이다. 같은 사진이 『조선행정』(朝鮮行政)에도 실려 있는 관계로 그 설명을
참고하자면, 이는 "농촌 대중을 상대로 실연(實演)하고 있는 면(面) 직원"의
모습을 촬영한 것이다. 또한 무대는 "자전거에 직각으로 서 있는 것이 보통
이고, 장소는 사정에 따라 사진처럼 적당히 평탄한 곳이 편리"하다며 설명
하고 있는데53), 이러한 점들로부터 가미시바이(紙芝居)의 '간편성과 대중
성'을 엿볼 수 있다.

農村に於けるけ紙芝居の實演光景
〈사진〉 농촌에 있어 가미시바이 실연(實演)54)

대중의 입장에서 가미시바이(紙芝居)에 대한 호응이 실제 어느 정도였던
가를 보여주는 사료는 발견되지 않으나 예를 들면 『동아일보』(東亞日報)는
"총독부의 데뷔 작품인 '지나사변(支那事變)과 총후(銃後)의 반도(半島)'가
각 군(郡)에 배포되어 대호평을 받았고 이에 호응하여 이번에 제2편 제작에
착수할 예정"이라 보도하였다.55) 『매일신보』(每日申報)에서도 이미 배포된

---

52) 앞의 자료, 古田才, 「朝鮮に於ける紙芝居の實際」, 84~85쪽.
53) 古田才, 「紙芝居の本質と其の宣伝性」, 『朝鮮行政』 第2號, 1938年 6月, 53쪽.
54) 앞의 자료, 古田才, 「朝鮮に於ける紙芝居の實際」, 1938年 5月.

가미시바이(紙芝居)가 "농산어촌(農山漁村) 대중에게 대호평"을 받았기 때문에 후속 작품이 계속 제작되고 있다고 했다.56) 이러한 기사를 통해서 가미시바이(紙芝居)가 대중에 큰 인기를 모으고 있었고 이에 부응하여 총독부가 그 제작에 더욱 박차를 가하고 있었다는 것을 알 수 있다. 후루다(古田) 역시 이와 같은 맥락에서 가미시바이(紙芝居)에 대한 반향을 다음과 같이 서술하고 있다. 즉 총독부의 가미시바이(紙芝居)에 대해 "농촌 대중의 심리를 얼마나 잘 파악하고 있는지, 즐거움을 주면서도 시국을 명확히 인식시키는 수단으로 간편한데다 국책(國策) 선전에 더없이 적합한 이유로 본부에서 제작·배포 된 것에 추가 구입의 요청이 계속되는 것으로 충분히 알 수 있다"고 한 것이다.57) 이는 농촌 대중에게 있어 가미시바이(紙芝居)가 오락으로써 인기가 매우 높았다는 점, 이와 더불어 농촌 대중에 대한 시국 선전의 도구로써 중요한 역할을 하고 있었다는 점을 시사 한다.

한편 후루다(古田)는 "현재 비상시국을 신문이나 라디오 등과 같은 문화적 시설로 조선의 농촌 대중에 인식시키는 것은 좀처럼 쉬운 일이 아니다"라고 하며, 이에 "특히 일본어를 모르는 자 혹은 조선 전체를 통틀어 인구의 5할을 넘는 문맹자"에 대해서 오락이나 선전 수단으로써 가미시바이(紙芝居)의 가치를 더욱 높이 평가하고 있었다.58) '시국 선전'의 중요성을 실감하고 있던 통치자의 입장에서 봤을 때, 교통·통신·정보가 뒷받침되지 못한 많은 지역에, 더욱이 일본어에 대한 이해가 저조한 상황에서 가미시바이(紙芝居)가 더욱 효과적인 교화와 선전의 수단으로 인식되고 있었음을 생각할 수 있다. 하지만 후루다(古田)는 자칫 선전 도구로만 가미시바이(紙芝居)가 활용되는 점을 경계하여 "오락기관이 부족한 농촌 대중에게 위안을 주는 역할"도 중요하다고 지적하고 있으며, 그를 위해 "조선어로 실연(實演)"하는

---

55) 『東亞日報』 1937年 11月 26日.
56) 『每日申報』 1938年 2月 2日, 1938年 3月 30日.
57) 앞의 자료, 古田才, 「朝鮮に於ける紙芝居の實際」, 93쪽.
58) 위의 자료, 93쪽.

등과 같은 방법의 개선이 필요하다고 의견을 덧붙이고 있다. 그리고 "조선
에서 가미시바이(紙芝居)의 장래성"에 대해 아래와 같이 서술하였다.

> 조선에서 가미시바이(紙芝居)는 최근 눈에 띄는 발전을 이루었다고 해도
> 아직 갈 길이 멀기 때문에 가미시바이(紙芝居)가 가진 사명을 충분히 인식
> 하고 대중적 견지에서 이를 훌륭히 지켜나가고 싶다고 생각한다……가미시
> 바이(紙芝居)가 마을 구석구석까지 이르게 함과 동시에 각 지역에서 제일선
> 의 자주적 움직임으로 지방색 풍부한 가미시바이(紙芝居)를 계속적으로 제
> 작하고……각자 협력하여 시정(施政) 방침이나 사회교육 선전 수단으로써,
> 장래 반도(半島) 농산어촌(農山漁村) 대중의 오락과 위안의 총아로, 반도(半
> 島)에 점점 확대·강화할 수 있도록 더욱 협력과 연구를 하기를 기원한다.59)

'지방색 풍부한 가미시바이(紙芝居)의 자주적 발전'을 기대한 것과 관련
해, 그런 의미에서 경상북도 지방의 사례는 선구적인 것으로 소개되고 있
다. 후루다(古田)에 의하면 조선에 있어 가미시바이(紙芝居)의 효시는 "체
신국의 선전 활동"(1936년 9월)이고, 뒤이어 경상북도에서 "농촌진흥운동
방면"에 가미시바이(紙芝居)를 이용하고자 한 움직임이 등장했던 것이
다.60) 경상북도가 다른 지역보다 한발 앞서서 이러한 행보를 보일 수 있었
던 배경으로는 1936년 9월 도지사로 부임한 가미다키 기이치(上瀧基一)의
적극적인 시책을 꼽을 수 있다. 가미다키(上瀧)가 도지사로 부임하자마자
직면한 것은, 같은 해 경상북도에서 발생한 태풍으로 인해 막대한 피해가
속출하고 있던 상황이었다.61) 이런 가운데 가미다키(上瀧)는 "풍수(風水)
재해 구제에 전력을 다 해 농촌진흥운동을 추진하자" 라는 기치를 내세우
는 한편 "가미시바이(紙芝居)의 이용"이라는 방침을 함께 발표하게 된다.

---

59) 위의 자료, 93~94쪽.
60) 위의 자료, 85쪽.
61) 『朝鮮中央日報』 1936年 8月 30日; 『每日申報』 1936年 9月 7日 등.

이에 대해 『오사카매일신문』(大阪每日新聞)에서는 다음과 같이 보도하고
있다.

> ……농산어촌(農山漁村)의 궁핍 퇴치에 힘쓰고 있는 경상북도는 내지(內
> 地)에서 소년, 소녀들에게 인기가 있는 가미비사이(紙芝居)를 농진(農振)에
> 이용해야 한다는 가미다키(上瀧) 지사의 제창으로 지금 도(道) 사회과에서
> 구체안을 작성했고, 즉시 고학력 실업자 등을 가미시바이(紙芝居) 강사로
> 훈련시키고 대본을 작성하는 등, 조선에서 처음으로 가미시바이(紙芝居)에
> 의한 농진운동(農振運動)의 봉화를 올리게 되었다. 대본에 담은 내용은 권
> 선징악을 주로 하고 그 외에도 색복(色服) 장려, 의례 준칙 등……무지한 농
> 민 대중의 교화에 매우 적절·효과적인 것이므로 어떤 오락기관이 없는 조선
> 농촌에 '명랑한 웃음'을 주입하는 이 계획은 조선 전국에 큰 돌풍을 일으킬
> 것으로 예상된다.

이어서 기사는 "가미시바이(紙芝居)로 농진(農振)"이라는 기치를 내건
가미다키(上瀧) 도지사와의 인터뷰를 실고 있다.

> 경북 지사로서 수해(水害) 직후에 부임, 즉시 농촌을 시찰하면서 조선 농
> 촌에 사소한 '웃음'조차 없는 실정을 목격하게 되었고, 무언가 오락기관을
> 설치하려고 생각했다. 이에 가미시바이(紙芝居)가 내지(內地) 아이들에게
> 매우 인기가 있는 것을 듣고 사회계(社會係)에게 여러 가지 조사, 계획을 하
> 도록 했다. 농민에게 강연회를 개최하거나 삐라 배포가 어떤 반향도 얻지 못
> 하는 것에 반해, 이 계획은 농촌진흥운동에 절대적 효과를 올릴 것은 물론이
> 고 사회 교육적 측면에 있어 상상 이상의 효과를 기대하고 있다. 처음에는
> 도(道)에서 전부 담당하나, 이후 도(道)에서는 감독과 대본 기관만 맡고 농
> 민 대중에 유일한 오락기관으로 만들고자 한다.[62]

가미시바이(紙芝居) 이용에 높은 기대를 표명한 가미다키(上瀧)의 발언

---

62) 『大阪每日新聞(朝鮮版)』 1936年 12月 10日.

으로부터, 가미시바이(紙芝居)에 기대한 역할은 대략 세 가지로 요약할 수 있겠다. 첫째, 농촌진흥운동 성과를 높일 것, 둘째, 사회 교육적 효과가 있을 것, 셋째, 농민 대중에게 '웃음과 위안'을 줄 것이다. 요컨대 "가미시바이(紙芝居)로 농진(農振)"이라는 기치를 내건 가미다키(上瀧)는 농촌진흥운동과 사회교육에 있어 가미시바이(紙芝居)가 '교화와 오락기관'으로써의 윤활제가 될 것으로 높이 평가하고 있었던 것이다. 앞서 검토했던 '오락위원회'가 "가미시바이(紙芝居)의 순회와 실연(實演)"을 주된 활동으로 명시한 것은 이러한 배경에 의한 것임을 생각할 수 있다.

〈표 2〉 경상북도에서 제작된 가미시바이(紙芝居)[63]

桃花洞	自力	更生	簪의 神秘	簪의 漫畫	若人よ斯くあれ	更生의 道	支那事変과 聖戰爭喇叭
17枚組 50組	17枚組 50組	13枚組 30組	36枚組 25組	12枚組 1組	12枚組 1組	15枚組 1組	17枚組 30組

<표 2>는 1938년 5월까지 경상북도에서 제작된 가미시바이(紙芝居)를 정리한 것이다. 이를 실연(實演)하는 것에 모색된 방법으로 예를 들면 "추석을 이용해 각 군(郡)의 가비시바이(紙芝居)를 총동원"하는 것이다. 당국에서 밝힌 취지는 "시국인식, 총후(銃後) 후원, 생활개선, 색복(色服) 착용, 저축 장려" 등의 가미시바이(紙芝居)를 실연(實演)하는 것으로, 이는 "오락적으로, 교화시키자"라는 목적에 의한 것이었다.[64]

사료(史料)의 제약으로 인해 본 장에서는 가미시바이(紙芝居)에 대한 단편적인 실태를 확인하는 것에 그치고 있으나 경상북도 지방의 사례를 통해 그 특징을 정리하자면 크게 두 가지 측면을 꼽을 수 있겠다. 첫째, 조선에서 가미시바이(紙芝居)의 성행은 농촌진흥운동의 전개와 중일전쟁의 발발을

63) 앞의 자료, 古田才, 「朝鮮に於ける紙芝居の實際」, 87쪽.
64) 『東亞日報』 1938年 10月 11日.

배경으로 하고 있으며, 시국 선전의 목적에 의해 관청이 이를 주도하였다는 점이다. 둘째, 농촌 대중을 주된 대상으로 한 가미시바이(紙芝居)가 농촌 오락으로써 큰 인기를 얻고 있었다는 점이다. 1940년대에 들어서는 가미시바이(紙芝居)는 관청 기관이 직접 제작하여 배부하는 것은 점차 감소하는 한편 제작 단체에 의뢰하거나 추천작을 선전하는 방식으로 하급기관, 학교, 단체 혹은 개인이 구입하는 것으로 변화하였다. 또한 종이 등 자원 부족을 배경으로 "총후(銃後) 선전을 담당하는 매체로 각광을 받고 있는 가미시바이(紙芝居)의 조직적 재편"이 추진되었고, 총력연맹 쓰다사카에(津田榮)이 선전부장으로 취임한 조선가비시바이협회(朝鮮紙芝居協會)가 설립되었다. 이를 통해 1940년대에도 가미시바이(紙芝居)의 명맥이 지속하고 있었던 면모를 생각할 수 있다.[65]

5. 나오며

이상 1930년대 초에 개시된 농촌진흥운동과 오락 장려의 상호관계를 고찰해 왔다. 이를 위해 농촌진흥운동에 관한 조선총독부의 자료와 당시의 잡지 및 신문기사 등을 이용하여 구체적인 실태를 밝히고자 했다. 그 내용을 정리하면 다음과 같다.

식민지기 조선에서의 농촌진흥운동 전개는 식민지통치 권력에게 오락 장려에 관한 정책의 필요성을 보다 실리적으로 인식시키는 계기가 되었다. 요컨대 농촌진흥운동이 추진되는 과정에서 오락은 경제적으로 피폐해진 농촌 생활에 위안을 주고 본 운동을 이끌어 가기 위한 보조적인 수단으로써 필요성이 제기되었다. 이는 한편으로 '오락의 결핍'이라는 조선 사회의 문제를 가시화하였고, 조선총독부는 이와 같은 문제에 직면하여 노동의 효율을

---

65) 『每日新報』 1943年 7月 8日.

높이기 위한 불가피한 수단으로써 오락의 가치에 주목하며 '대중적 오락의 보급'을 구상하게 되었다. 이런 의미에서 농촌진흥운동의 전개는 그동안 등한시해왔던 식민지 대중의 오락문제에 대해 조선총독부가 정책적으로 접근하게 되는 계기를 마련했다고 할 수 있다. 여기에서 총독부가 구상한 오락 장려책은 크게 두 가지 방향으로 제시되고 있었는데, 즉 대중적 오락의 '부활'과 '창조'에 관한 것이었다. 특히 대중적 오락의 '부활'이라는 차원에서 조선의 전통오락이 '농촌 실정에 맞는 오락'으로써 긍정적으로 평가되었던 점을 그 특징으로 꼽을 수 있겠다. 이 단계에서 표명된 총독부의 계획은 대략적인 틀을 제시한 것에 그치고 있어 체계적인 정책을 수립하는 데까지는 이르지 못했다는 한계점을 보이고 있다.

하지만 각 지역에서 전개된 오락 장려의 시책은 그에 대한 어느 정도 정책적 합의가 공유되었음을 시사하고 있다. 즉 농촌진흥운동 과정에서 제기된 오락문제에 대해 각 지역에서는 그 실정에 맞춰 개별적으로 오락에 관한 조사를 실시하고 대책을 모색한 형태로 전개된 것을 확인할 수 있기 때문이다. 이러한 과정에서 주목되는 것은 농촌오락으로 부상한 가미시바이(紙芝居)의 등장이다. '대중성과 편리함'을 기반으로 한 가미시바이(紙芝居)가 전시기(戰時期) 국책 선전 수단으로 각광을 받았던 맥락은 일본 내지와 공통된 현상이었다. 그러나 조선에서 두드러진 특징은 가미시바이(紙芝居)가 시국 선전의 수단으로써 뿐만 아니라, 농촌 대중에게 오락과 위안을 제공하는 오락 매체로써 높은 인기를 얻고 있었다는 점이다. 이러한 의미에서 '오락위원회'를 조직하고 '교화성과 오락성'을 겸비한 가비시바이(紙芝居)의 적극적인 활용을 제창한 경상북도의 사례는 선구적인 활동으로서의 의미를 지닌다.

조선총독부에 의한 구체적인 오락정책이 발표된 것은 중일전쟁 개시 후의 1938년에 이르러서인데, 제시된 내용은 농촌진흥운동의 전개과정에서 구상된 오락 장려책을 반영한 형태이다. 이러한 의미에서 농촌진흥운동에 의한 오락 장려책이 전시기(戰時期) 오락정책의 틀을 제공한 가능성을 생각할 수 있는 것이다. 제한된 사료(史料) 관계로 농촌진흥운동 과정에서 제시된 조선총독부의 오락 장려책과 각 지역의 연계성, 또는 구조적 특징을 명확히 파악하지 못한 점은 있지만, 추후의 과제로 전시기(戰時期) 오락정책과 관련하여 이를 보충해 나간다면 보다 다양한 실태에 접근할 수 있을 것으로 전망한다.

제4장 일본의 후생운동(厚生運動) 전개와 오락문제

1. 시작하며

1937년 7월 7일의 노구교(盧構橋) 사건을 발단으로 일본은 만주뿐만 아니라 중국 전역으로 전쟁을 확대하며 장기전 체제에 돌입하게 된다. 이를 위해 1차 고노에 후미마로(近衛文麿) 내각은 1937년 10월에 '국민정신총동원운동'을, 1938년 4월에는 '국가총동원법'을 공포하는 등 인적 및 물적 자원의 통제와 운용을 원활히 추진하기 위한 소위 총력전체제를 구축해 나간다. 이는 전시체제에서 '노동력 확보'와 '생산력 확충'이라는 과제가 최우선시되는 가운데 인적 자원의 배양과 동원을 효율적으로 추진하기 위한 과정의 일환이었다. 전시기(戰時期) 오락문제에 대한 사회적 관심이 고조되는 맥락도 이러한 흐름에 부응한 것이다. 그 가운데 1938년 3월에 개시되는 후생운동(厚生運動)은 전시체제에서의 특수한 '레크리에이션(recreation) 운동'으로 상징적인 의미를 띠고 있다.[1] 본 운동은 국민의 체력·정신력 강화를 위한 '체위향상운동(體位向上運動)'을 중심으로 하는 한편 건전한 오락의 보급을 목표로 다양한 활동을 추진하였다. 후생운동의 전개과정에서 오락의 영역이 국책선전이나 노동자의 복리후생 더 나아가 국민문화 창출의 기

---

1) 후생운동의 이론과 조직 및 구체적인 활동에 대해서는 石川弘義, 「日本人のレジャーその思想と行動 : 餘暇の理論史」(石川弘義 編, 『レジャーの思想と行動』, 日本經濟新聞社, 1973); 高岡裕之, 「總力戰と都市—更生運動を中心に—」, 『日本史研究』 415, 1997; 藤野豊, 『厚生省の誕生—醫療はファシズムをいかに推進したか』, かもがわ出版, 2003 등을 참고.

폭제와 같은 성격을 가지면서 체력강화나 사상교화를 위한 수단으로 적극
적으로 활용되었던 것은 그러한 점을 시사한다.

이러한 측면에서 일본의 후생운동에 대해서는 일찍부터 사회사적 관점에
서 전시기 오락문제의 하나로 다루어졌다. 대표적으로는 이시카와 히로요
시(石川弘義)의 연구를 효시로2), 전시기 새롭게 등장한 오락정책으로써 후
생운동의 활동을 규명한 아카자와 시로(赤澤史朗)3), 전시체제와 일본 파시
즘의 상관관계와 그 특징을 고찰하면서 후생운동에 착목하고 일본후생대회
를 검토한 후지노 유타카(藤野豊)4) 등을 꼽을 수 있다. 그리고 후생운동의
이론적 특징과 실태를 분석한 다카오카 히로유키(高岡裕之)의 연구 성과들
도 빼 놓을 수 없다.5) 특히 후생운동을 '체위향상운동(體位向上運動)'이라
는 일면과 한편으로 중일전쟁의 장기화와 총력전이라는 상황에서 건전한
오락·여가생활을 추구하는 '특수한 레크레이션(recreation) 운동'으로 규정
한 점이 주목된다.

이상과 같은 선행 연구에서 후생운동의 이론이나 조직 등 전체적인 면모
가 해명되었는데, '오락문제'라고 하는 문제 관심에 한해서 다음과 같은 점
을 지적할 수 있겠다. 즉 후생운동의 전개과정에서 오락의 영역이 국책선전
이나 노동자의 복리후생 혹은 국민문화의 창출과 같은 모든 부분에 관련을
맺게 됨으로써 그 자체의 존재 이유를 확보할 수 있었다는 점이고 실제 '체
력강화'나 '사상교화'를 위한 수단으로써 적극적으로 활용된 점이다. 그럼
에도 불구하고 전시체제 아래에서 오락문제가 어떻게 문제시되고 어떠한
논의가 이루어졌는가에 대한 면밀한 검토는 아직 부족하다고 할 수 있다.

2) 石川弘義 編, 『レジャーの思想と行動』, 日本経済新聞社, 1973.
3) 赤澤史朗, 『近代日本の思想動員と宗教統制』, 校倉書房, 1985.
4) 藤野豊, 『强制された健康 : 日本ファシズム下の生命と身体』, 吉川弘文館, 2000; 藤
   野豊, 앞의 책, 2003.
5) 高岡裕之, 「觀光·更生·旅行」(赤澤史朗·北河賢三 編, 『文化とファシズム』, 日本経済
   評論社), 1993; 高岡裕之, 앞의 논문, 1997.

본 논고에서는 선행연구의 성과를 참고하면서도 문제 관심을 구체화해 전쟁이 초래한 오락문제의 제(諸) 상황을 후생운동과 관련지어 살펴보고 이를 통해 전시체제 아래에서 오락문제의 양상과 그 특징을 고찰하는 것을 목적으로 한다. 이를 위해 다음과 같이 논고를 전개하고자 한다.

먼저 1930년대에 나타난 오락·여가에 관한 동시대의 움직임에 주목하여 일본의 후생운동 성립에 영향을 미친 것으로 알려진 '세계 후생회의'6)에 대해서 개설한다. 이는 일본과 식민지 조선뿐만 아니라 오락·여가를 둘러싼 시대적 동향을 파악하는 데 필요한 작업이다. 그러나 한국과 일본에서 세계 후생회의를 대상으로 한 연구는 극히 소수에 불과한 상황이다.7) 이에 본 장에서는 1차 사료로써 세계 후생회의에 관한 당대의 보고서와 저술을 중심으로 그것의 대략적인 배경을 이해하고, 이를 바탕으로 일본에서 전개된 후생운동의 면모를 살펴보고자 한다. 다만 후생운동의 활동이 상당히 광범위한 범위로 진행되기 때문에 전시체제의 오락문제라는 문제 관심에서 두 가지 부분에 초점을 맞추었다. 첫째, '레크리에이션(recreation)'이 '후생(厚生)'이라는 용어로 번역되는 맥락을 살펴보겠다. 제 1장에서 검토한 것처럼 일본에서는 다이쇼기(大正期)에 레크리에이션(recreation)의 번역어로 '오락(娛樂)'이라는 용어가 일반적으로 사용되고 있었다. 이러한 점을 상기함으로써 전시체제의 후생운동과 오락문제의 상관관계를 보다 본질적으로 접근할 수 있을 것이다. 둘째, 후생운동이 전개된 과정에서 논의되었던 오락문제에 관한 고찰이다. 이를 위해 근대 일본의 오락론 혹은 사회교육론의 계보에서 독보적인 인물로 꼽히는 권다 야스노스케(權田保之助)의 여러 논

---

6) 본래 '세계 후생회의'라는 명칭은 당대 일본의 후생운동 관계자들이 명명한 것인데, 이러한 사정을 참조하여 그 명칭을 그대로 사용하고 있다. 이에 대해서는 뒤에서 구체적으로 고찰하겠지만 磯村英一, 『厚生運動槪說』, 常盤書房, 1939; 保科胤, 『國民厚生運動』, 栗田書店, 1942 등을 참조.

7) 田野大輔, 「余暇の樞軸-世界厚生會議と日獨文化交流-」, 『ゲヒテ』, ドイツ現代史研究會 編, 2009년, 21쪽.

저를 주된 실마리로 삼고자 한다. 오락에 대해 인간의 근본적인 생활 욕구로서 그것의 구현을 강조해 온 권다(權田)의 연구 성과는 오락문제를 둘러싼 국가적 관리와 통제의 추이를 보여주는 사료로써 중요한 가치를 지닌다.[8] 이로부터 시대의 요청에 따른 오락정책의 의도와 방향성 나아가 전시기 오락 생활의 문제에 관한 다양한 양상을 읽을 수 있을 것이다.

  이상의 과정을 통해 후생운동에 가시화된 전쟁과 오락문제를 둘러싼 당대의 전체적인 흐름을 파악하고자 한다. 이는 전시체제 아래서 '전쟁과 오락'이라는 일견 상반된 것처럼 보이는 두 영역이 어떠한 관계를 맺고 어떻게 규정되는지에 대한 궁극적인 고찰이다.

2. 세계 후생회의(厚生會議)의 태동과 성장

  제 1장에서 서술한 것처럼 1차 세계대전 후 구미(歐美) 열강에서는 '오락·여가의 선용화(善用化)'에 대한 문제의식을 공유하고 이를 위한 조직적이고 국제적인 움직임이 싹을 틔웠다. 이는 산업기술의 발달을 토대로 생산력이 증대하며 '노동시간 단축, 여가시간 확대' 라는 사회적 현상을 반영한 것이면서 그 반면에 러시아 혁명 등의 영향으로 더욱 가속화된 노동운동이 세계 각국에서 정치적인 화제로 대두했던 배경에 기인한다. 이러한 상황에서 노동자의 처우 개선 등을 위해 1919년 국제노동기구(International Labour Organization)이 설립되었고, 노동시간 단축을 골자로 한 '노동시간 조약'에 이어서 1924년에는 근로자의 여가 이용 시설의 발전에 관한 권고가 채택되었다.

  이러한 가운데 1932년에 미국 로스앤젤레스에서 여가 문제에 관한 최초의 국제회의가 개최되었다. 같은 해의 로스앤젤레스 올림픽에 맞춰 개최된

---

8) 津金澤聰廣 解説, 『權田保之助著作集』 第三卷, 文和書房, 1975, 446~447쪽.

이것이 바로 '제1회 세계 후생회의'가 된 것이다. 그 시작은 미국의 '국민 레크리에이션 협회(National Recreation Association)'의 활동으로 거슬러 올라간다. 이는 1906년에 설립되어 도시화에 따른 공원과 운동장 확보를 목적으로 한 '국민 플레이그라운드 협회(National Playground Association)'를 모태로 하며, 1930년에 본 협회로 명칭을 개칭한 것이다. 초기에는 주로 '아동과 놀이문제'에 관심을 가지고 놀이의 교육적 가치에 착목하여 '놀이터 조성'에 심혈을 기울였고 나아가 건전한 청소년 육성을 위해 스포츠·문화시설의 건립 및 레크리에이션 프로그램 기획에 주력하였다. 그 후 점차 활동 범위를 넓혀간 동 협회는 민간단체와 정부와의 협력을 구축하고 국민의 여가 선용을 위한 다양한 레크리에이션 활동을 전개하였다. 그리고 그 성과가 미국 내에 국한되는 것이 아니라 세계 각국에서도 주목받게 됨에 따라 동 협회는 레크리에이션에 관한 여러 운동을 선도하는 단체로서의 입지를 구축하기에 이르렀다.9) 동 협회의 이러한 방향성은 1929년 대공황에 대응하는 뉴딜정책과도 상응하는, 시대적인 것으로 거듭난다. 요컨대 '실업(失業)'으로 인해 원치 않는 비(非) 노동시간에 내몰린 국민의 여가시간을 건전하게 흡수함으로써 이를 선용(善用)하려는 '레크리에이션운동'으로 발전한 것이다. 그리고 그 효과를 1930년대에 세계적 대공황이라는 공통적 처지에 놓여져 그 대책에 고심하던 세계 각국에서 주목한 것이다. 이는 곧 경제적 불황에 대응하여 오락·여가에 관한 문제의식이 공감대를 형성하고 국제적인 운동으로 조직화되는 과정을 의미한다.10)

이리하여 1932년의 '제1회 세계 후생회의'에는 40개국에서 약 700명의 대표자가 참가하여 그 목적에 (1) 각국에서 진행되는 레크리에이션 운동의 경험, 자료 등의 공유 (2) 국가적 차원에서 레크리에이션 운동의 철저한 보

---

9) 保科胤, 『國民厚生運動』, 栗田書店, 1942(石川弘義監 修, 『余暇·娛樂研究基礎文獻集』 第21卷, 大空社, 1990), 9~10쪽.
10) 薗田碩哉, 「日本レクリエーション運動史」, 『余暇學研究』 11, 2008, 56~57쪽.

급 (3) 각국 간의 우호 증진을 내세웠다. 그리고 회의에서 진행된 프로그램은 각국 대표의 의견을 발표하는 총회, 특정 문제를 논의하는 부회(部會), 각종 레크리에이션의 실연(實演), 복리시설의 시찰·견학 등으로 구성되었다. 또 다음과 같은 항목이 의제(議題)로 논의되었다.

1. 성인을 위한 레크리에이션과 가정의 유희(遊戲)
2. 종교단체 또는 노동단체가 조직하는 레크리에이션
3. 학교에서의 여가 이용, 방과 후의 시설 이용
4. 유희장(遊戲場), 공터의 이용 방법
5. 도시 계획과 레크리에이션
6. 지방 농촌에서의 레크리에이션
7. 자발적 공공사업으로서의 레크리에이션
8. 레크리에이션 운동 지도자의 육성기관
9. 강연회, 좌담회, 토론회, 독서회 등의 개최
10. 하이킹, 캠핑, 등산 그 외 야외운동
11. 레크리에이션과 예술활동 - 아마추어 음악, 회화, 조각, 연극, 수예 등
12. 국민 체육운동
13. 레크리에이션과 도시 행정
14. 실업과 레크리에이션[11]

의제(議題)에서 다룬 주제는 광범위하나, 여기에 국민의 체육·보건, 지역 단위에서의 복리후생 시설 개선·확충, 실업자의 레크리에이션에 관한 문제 등도 포함된 것이 주목된다. 이러한 점은 올림픽이 뛰어난 실력으로 선발된 선수들의 스포츠 제전(祭典)이라는 특수한 성격을 갖는 것에 비해 후생회의가 가정·직장·학교·지역·종교단체·노동단체 등지에서 대중적 여가의 확립을 목표로 스포츠·예술의 실현과 복리를 논의하는 장(場)이었을 보여준다. 그러나 후생회의와 올림픽은 밀접한 관계에서 시작되었다. '제1회 세계

11) 앞의 자료, 保科胤, 『國民厚生運動』, 65~68쪽.

후생회의'를 개최하는 데 있어서 각국의 여가 운동 관계자가 올림픽이라고
하는 국제적 조직으로부터 협력자를 구성하고 올림픽 위원회가 곧 후생회
의의 위원이었던 것이다. 이는 곧 후생회의와 올림픽이 '인류의 체력 향상·
복리 증진'이라는 공통 목적을 위해 협력하는 불가분의 관계라는 것을 의미
한다.12)

'제1회 세계 후생회의' 개최를 계기로 각국 정부에 건전한 여가 형성의
필요성과 그 의의를 전파할 것과 나아가 '세계 후생회의'를 상시적인 제도
로 정착할 것, 독일을 다음 개최지로 할 것 등이 결의되었다. 이에 1936년
의 베를린 올림픽과 함께 함부르크에서 '제2회 세계 후생회의'가 개최되었
다. 이를 담당한 것은 독일 노동 전선의 'Kraft durch Freude(이하 Kdf로 약
칭)'였는데 그 의미가 '기쁨을 통한 힘'으로 일본에서는 '환희역행단(歡喜
力行團)'으로 소개되었다. '오락의 즐거움을 통해 노동력을 회복시키자'라
는 슬로건 아래 국민적 여가 조직을 추진한 Kdf는 이탈리아의 파시즘이
1925년에 창설한 'Opera nazionale dopolavoro(이하 OND로 약칭)'을 모방한
것이다. OND와 마찬가지로 Kdf는 '주어진 휴가를 의미 있게 보내며, 올바
르게 쉬고, 내일을 위해 새로운 창조력을 함양할 것이 국민의 의무'라는 입
장에서, 국가에 의한 여가 조직의 일원화 및 여가 생활의 의무화를 목표로
하였다. 다만 OND이 '전국 여가사업단'으로서 '노동 후의 여가'를 통해 노
동자를 파시즘에 융화시키고자 한 것에 비해 Kdf는 직장 단위까지 그 대상
을 확장하고 다양한 활동을 추진하여 대중적 인기를 얻게 됨으로써 독일
최대의 조직으로 자리 잡았다. Kdf는 노동 후 여가로써 노동자의 클럽 활동
을 강력하게 추진하는 한편 여가 선용(위안 오락) 사업, 여행 또는 도보, 공
민교육 사업, 체육운동 및 노동의 미화 (직장 환경의 미화·정리) 라는 다섯
분야의 활동에 주력하였다.13)

---

12) 磯村英一, 『厚生運動槪說』, 常盤書房, 1939(石川弘義 監修, 『余暇·娛樂硏究基礎文獻
    集』 第15卷, 大空社, 1990), 12쪽.

이러한 맥락에서 Kdf의 주도적인 지도 아래 '제2회 세계 후생회의'가 베를린 올림픽에 앞서 7월 23일부터 30일까지의 일정으로 개최되었는데, 52개국에서 4000명이 넘는 인원이 참가하였다. 그 목적은 제1차 때와 마찬가지로 각국의 여가 운동에 관한 정보를 공유하고 나아가 국제적인 협조를 촉진하는 것이었다. 다만 Kdf의 '위안을 통해 노동의 힘과 기쁨을 얻는 것'이라는 정책적 기조가 반영됨에 따라 노동자의 레크리에이션 문제에 보다 역점(力點)을 둔 형태로 진행되었다.[14] 그리고 회의의 중요 의제(議題)를 살펴보면 (1) 일반적 문제(여가 이용에 대한 공적 조치를 해야 하는가, 사적 조치에 맡길 것인가, 여가·레크리에이션의 국민 경제적 의의, 여가 이용 운동의 특성 및 조직 형태) (2) 노동과의 관계(여가와 노동의 기본적 관계, 고용주의 종업원에 대한 복리시설, 직장 및 주택 문제, 주말 휴가의 이용과 레크리에이션의 문제, 노동자에 대한 체육의 의의) (3) 가족과의 관계(부인 및 청소년의 여가, 자연 환경적 영향) (4)사회와의 관계(노동과 예술·문화와의 관계, 국민 문화와의 관계, 인류 도덕 및 세계 평화를 위한 운동) 등이 거론되었으며 이에 대한 각국 대표의 보고 및 특정 의제에 관한 각 분과회도 개최하였다.[15]

한편 '제2회 세계 후생회의'에서는 회의의 횟수를 늘려 '2년마다 개최'가 결의됨에 따라 1938년에 제3회는 이탈리아의 로마에서, 제4회는 1940년의 도쿄 올림픽에 맞춰서 일본에서 개최될 것이 결정되었다. 이러한 배경에서 일본은 제3회 회의에 관계자 파견 문제를 포함해 한발 앞서 제4회 회의 개최를 위한 조직 구성에 돌입하였고, 실무를 담당할 조직으로 후생협회가 발족되었다.[16]

---

13) 앞의 자료, 保科胤, 『國民厚生運動』, 12~16쪽.
14) 앞의 자료, 磯村英一, 『厚生運動槪說』, 16쪽.
15) 앞의 자료, 保科胤, 『國民厚生運動』, 69~76쪽.
16) 앞의 자료, 磯村英一, 『厚生運動槪說』, 48~49쪽.

3. 일본에서의 후생운동 전개

(1) 후생협회의 설립과 후생운동의 조직화

제4회 세계 후생회의 준비를 맞이해 1938년 1월 13일 도쿄에서는 '레크리에이션에 관한 전국적 통일 단체 설립'을 위한 유지(有志) 주축의 간담회가 열렸고, 같은 해 4월에는 일본 후생협회가 결성되었다. 그러나 1938년 7월 15일 제1차 고노에 후미마로(近衛文麿) 내각은 격화되는 중일전쟁을 이유로 1940년에 예정된 도쿄 올림픽 개최 중지를 발표하였고, 이어 후생회의 취소도 결정되었다. 따라서 일본 후생협회도 설립 목적을 상실하게 되는 것이었지만, 전시 체제에서의 '인적 자원' 확보라는 국책과 결부됨으로써 그 활동을 지속하게 된다. 실제 협회의 최대 사업으로는 무산된 세계 후생회의 개최를 대신해 일본 국내의 후생대회를 수차례 실행한 것을 들 수 있다. 즉 제1회 도쿄(1938년)를 시작으로 제2회의 나고야(1939년) 그리고 제3회는 '흥아(興亞) 후생대회'로 이름을 내걸며 오사카(1940년)에서 개최한 것이다.[17]

일본 후생협회가 후생대회를 개최하게 되는 경위에 대해서는 제1회 대회의 준비 위원장 코다마 마사스케(兒玉政介)가 다음와 같이 기술하고 있다.

올해(1938년, 인용자) 4월 28일에 일본 후생협회를 설립한 후 곧바로 로마에서 개최된 제3회 세계 후생회의에 관계자 대표 일행을 파견함으로써, 다가올 황기(皇紀) 2600년의 오사카시(大阪) 세계 후생회의를 준비하고 있었습니다. 하지만 올림픽 중지 발표와 함께 세계 후생회의도 부득이 무산되

---

17) 제3회 대회를 주최한 일본 후생협회와 오사카시(大阪市)는 당해(1940년)가 황기(皇紀) 2600년이며 동아시아 신질서 건설이 국가적 과제가 되는 시기라는 이유에서 본 대회를 '흥아(興亞) 후생대회'라고 명명하기로 하였다. 이에 대해서는 興亞厚生大會事務局 編, 『紀元二千六百年興亞厚生大會誌』, 1941년, 2쪽을 참조.

었습니다. 그럼에도 불구하고 가령 국제 회의가 일시 중단되었다 하더라도, 우리의 현 상황에서 국민 후생운동의 확립과 더욱이 인적 자원의 확보에 매진해야 할 시기라고 믿었습니다. 이에 이사회와 상의하여 10월 평의(平議) 위원회에서 도쿄시(東京市)와 공동 주최로 제1회 대회를 개최하기로 결정했습니다. 이에 일본 후생회의는 바로 준비 위원회를 조직하는 한편 후생 대신(大臣)의 지도를 구하고 또 준비 사무에 관해서는 도쿄시(東京市)의 협력하에 그 진척을 꾀하고 간신히 지금의 성과에 이르게 된 것입니다.[18]

이러한 결과에 대해 "본 대회의 조직적인 전개로 전시 체제 인적 자원의 확충 강화를 꾀하여 산업, 국방, 문화에 대한 진전을 기대한다"고 선언하였다. 이와 더불어 후생운동을 규정하기를 "각자의 직분(職分)을 통해 봉공의 정성을 다하기 위해서는 국민 생활의 쇄신을 꾀하고 특히 시간 선용(善用)에 뜻을 담아 단체 운동을 장려하고 심신을 단련하며 부도덕·불량 경제·비위생적인 오락을 배격하고 건전한 위락(慰樂)을 권장하여 교양을 높이고 정조를 도야(陶冶)하고 명랑 활달한 기풍을 키워야 한다. 이로써 일본 국민에 알맞은 활동력을 배양·강화하기 위한 운동이 되어야 할 것"이라고 하였다. 이는 곧 "여가 선용을 지도"하며 "건전한 심신(心身) 보전"과 "대중에 맞춘 즐거움, 우리 고유의 문화를 유지·발전을 꾀하고 이로써 국민 친화의 열매를 맺을 국민운동"으로써 후생 운동을 정의한 것이다.[19] 본 대회의 취이서(趣意書)에서도 이러한 점을 다음과 같이 명시하고 있다.

> 무릇 후생 운동의 목표는 일상생활의 쇄신과 특히 여가 선용에 뜻이 있어서 건전한 위락(慰樂)을 권장하고 심신의 연마에 바탕을 두어 정조(情操)를 순화하고 이로써 국민 친화의 열매를 맺는 것이다. 이는 결국 국민 자질의 향상을 꾀하고 국가를 함양하는 과 다름없다.

---

18) 日本厚生協會 編, 『第一回日本厚生大會報告書』, 1939(石川弘義 監修, 『余暇·娛樂研究基礎文獻集』 第16卷, 大空社, 1990), 9쪽.

19) 앞의 자료, 保科胤, 『國民厚生運動』, 95쪽.

생각해보니 우리는 현재 유례없는 비상시국을 맞이해 거국 성전(擧國 聖戰) 수행에 매진하고 있으며 전쟁의 장기(長期) 태세를 맞이해 인적 자원의 확보가 국가의 절박한 문제가 되었다. 이 시기에 적절한 국민 후생의 길을 열어 인적 자원의 배양과 육성을 꾀하는 것은 국가 백 년의 큰 설계에 버금 갈 뿐 아니라 그야말로 총후(銃後) 국민의 중대한 실무(實務)이다.

따라서 근본적 실행 방법을 토의, 검토하여 국제 사회의 기여와 더불어 이를 국민에게 널리 알리기 위해 본 대회를 개최하는 것이다.[20]

이를 통해서도 재차 확인할 수 있듯이 후생운동의 목표는 '인적 자원의 확보'라는 시국적 과제에 직면해 '일상생활을 쇄신'하고 특히 '여가 선용'을 통해 '건전한 위락(慰樂)'을 장려하고 심신(心身)의 연마와 정조(情操)의 순화를 꾀하는 것이었다. 이러한 목적에서 일본의 후생협회는 활동의 구체적인 방법을 검토, 토의하기 위한 장(場)으로써도 제1회 후생대회 개최에 의미를 두었다. 이와 같은 후생운동의 취지와 목적에 대해서는 이후에 개최되는 대회에서도 대동소이한 맥락에서 기술되었다. 그 요지는 '인적 자원'으로 국민의 체력·정신력을 강화하기 위한 목적에서 '생활의 쇄신'과 '여가 선용', '능률 증진', '체력 향상'에 주력하는 본 운동의 성격을 강조하는 것이다.[21] 이러한 맥락에서 후생 운동의 추진력은 단적으로 전시 체제의 '여가 선용에 뜻을 두어 건전한 위락(慰樂)을 권장'하는 것이라고 할 수 있다. 후생운동이 국민의 여가 일체를 관리 대상으로 삼고 건전한 여가 생활과 오락의 조직적인 보급을 축으로 '생활의 쇄신', '능률의 증진'을 꾀하는 방향으로 전개되었던 것은 이러한 점을 뒷받침한다.

후생운동을 총괄할 일본 후생협회는 <표 1>에서 확인할 수 있듯이, 대도시를 비롯해 산업·청년·체육(스포츠)·관광 사업·공원 등의 단체로 구성되

---

20) 高岡裕之 編, 『資料集 : 總力戰と文化』 第2卷, 大月書店, 2001, 3쪽.
21) 제2회 대회에 대해서는 名古屋市 編, 『日本厚生大會會誌 第二回』, 1940, 1쪽; 제3회 대회는 앞의 자료, 興亞厚生大會事務局 編, 『紀元二千六百年興亞厚生大會誌』, 8~9쪽 참조.

었다. 이러한 통합은 동 협회가 기존의 개별적으로 존재하고 있던 여러 관계 단체를 후생운동의 실질적인 담당자로 조직화하고 이를 통해 체계적인 레크리에이션 활동을 구축하기 위한 것이었다. 또 동 협회에는 후생성(厚生省)의 외곽 단체로 설립된 관계로 다수의 후생성 관료가 임원직을 겸했으며, 운동 내용에서는 특히 체육·스포츠를 강조한 점을 지적할 수 있다.22) 이와 함께 <표 2>의 협회 임원 구성에서 엿볼 수 있는 것은 장소적 측면에서는 도쿄와 오사카와 같은 대도시가, 계층적으로는 노동자와 청년이 중심이 되었다는 점이다. 이러한 점은 후생운동이 ‘국민운동’으로 호명되며 도시와 농촌 구별 없이 전개되었지만, 다카오카 히로유키(高岡裕之)의 지적처럼 그 경향은 극히 ‘도시적’ 색채가 농후한 것임을 보여주는 것이라 할 수 있다.23)

〈표 1〉 일본 후생협회의 가맹단체24)

東京市 大阪市 名古屋市 京都市 神戸市 横浜市 日本旅行協會 日本觀光連盟 日本文化中央連盟 日本山岳會 日本基督敎靑年會 東京基督敎女子靑年會 日本兒童遊園協會 大日本紡績連合會 大日本海洋少年団 大日本体育協會 大日本連合靑年団 大日本連合婦人會 大日本武德會 全國產業団体連合會 大日本少年団連盟 大日本女子連合靑年団 講道館 公園綠地協會 國立公園協會 帝國少年団協會 協調會 勤勞者敎育中央會 獎健會 修養団 生命保險會社協會

〈표 2〉 일본 후생협회의 주요 임원(1939년 10월)25)

會長	伍堂卓雄(商工·農林大臣)
理事長	佐々木芳遠(厚生省体力局長)
理事	佐々木芳遠 市村慶三(京都市長) 坂間棟治(大阪市長) 靑木周三(橫浜市長) 勝田銀次郎(神戸市長) 縣忍(名古屋市長) 德川家達(協調會會長) 下村宏(大日本体育協會) 大久保利武(勤勞者敎育中央會長) 栗原美能留(大日本靑年団) 吉阪俊藏(商工組合中央金庫理事) 末弘嚴太郎(大日本体育協會理事長)

---

22) 藤野豊, 앞의 책, 2000, 36쪽.
23) 高岡裕之, 앞의 논문, 1997, 146쪽.
24) 앞의 자료, 磯村英一, 『厚生運動槪說』, 16쪽.

그렇다면 '레크리에이션(recreation)'을 대신해 '후생(厚生)'이라는 용어가
선택된 경위에 대해 살펴보자. 앞서 설명한 '레크리에이션에 관한 전국적
통일 단체 설립'을 위한 유지(有志) 주축의 간담회 단계에서 이미 '레크리
에이션'을 대신할 일본어로서 '후생'을 사용할 것이 결정되었다.26) 그리고
이것이 바로 수용되었기에 '후생회의'나 '후생운동'으로 지칭된 것이다. 후
생운동에 관한 선행 연구가 밝히고 있는 것처럼 일본 후생운동은 이탈리아
의 OND와 독일의 Kdf를 이상적이고 모범적인 사례로 여겼다. 그 활동에서
무엇보다 '노동자의 여가를 국가가 관리'함으로써 노동의 불만을 '민족의식
의 고양(高揚)' 속에서 해소하고 노동력·병력으로서의 심신을 단련시켜 전
시 체제에 순응토록 하는 '전체주의 강화'에 주목한 것이다.27) 일본의 후생
운동 관계자는 이를 중요하게 참고하는 한편 국내 실정에 맞는 나름의 방
향을 모색하고 있었는데,28) '후생'이라는 용어가 고안된 것은 그 일환이었
다고 할 수 있다. 일본 후생협회의 주사(主事)인 호시나 인(保科胤)29)이
"일본에서 세계 후생회의라고 불리는 것은 로스앤젤레스가 '제1회 국제 레
크리에이션 회의'로, 함부르크는 세계 후생회의를 '여가와 위안의 세계 회
의'로, 로마에서는 '근로와 환희의 세계 회의'라고 지칭하는 것과 같은 맥락
으로, 국가에 따라 그 표현은 다르게 나타난다"라고 기술한 것은 그러한 사

---

25) 日本厚生協會, 『厚生の日本』, 1939년 10월, 178~179쪽.

26) 앞의 자료, 磯村英一, 『厚生運動槪說』, 49쪽.

27) 藤野豊, 앞의 책, 2003, 39쪽.

28) 다노 다이스케(田野大輔)는 일본 후생운동이 시작되는 단계에 대해 "어떤 형태로
    전개해야 하는지 명확한 방침이 제시되지 못한 가운데 독일을 모방할 것인가, 일본
    독자의 방식을 추구할 것인가를 둘러싼 관계자의 견해가 통일되지 않은 채 시작되
    었다"라고 지적하고 있다. 이에 대해서는 田野大輔, 앞의 논문, 39쪽 참조.

29) 호시나 인(保科胤)은 1932년부터 1938년까지 독일에서 경제와 사회, 노동정책에 관
    한 연구를 하였다. 이 시기에 또한 함부르크에서 열린 환희역행단(歡喜力行團) 연
    차(年次) 대회, 로마에서 실행된 제3회 세계 후생회의에 출석할 기회를 얻었다. 이
    를 통해 세계 각국에서 진행된 후생운동의 여러 면모를 시찰할 수 있었던 그는 귀
    국 후 이러한 경험을 살려 일본 후생운동의 활동에 공헌하였다.

정을 시사한다.30) 이러한 상황에서 본래의 '레크리에이션'을 풀이해 '후생'이라는 용어가 채택된 것은 일본 만의 독자적인 표현을 구현한 것이라고 볼 수 있다.

이와 관련해서는 도쿄시(東京市) 공무원으로서 후생운동에 관여하였던 관료의 일원이기도 한 이소무라 에이이치(磯村英一)의 기록에서 보다 구체적인 실마리를 얻을 수 있다. 그는 베를린 올림픽 시찰과 더불어 세계 후생회의의 각 방면을 조사하였고 그 성과 보고서로 1939년에『후생운동 개설』을 간행하기도 하였다. 제1회 일본 후생대회에서 후생운동의 지도 정신을 강연할 때 이소무라(磯村)는 일본의 활동을 "구미(歐美)의 '위안·오락운동(레크리에이션)'을 재현하는 정도로 생각하거나 혹은 새롭게 일본에서 '발견, 발생'하는 것으로 보는 태도"는 배격해야 한다고 주장했다.31) 이는 곧 다른 나라와 비교해 일방적으로 모방하거나 새롭게 하기보다는 일본 독자적인 후생운동으로 내실을 정립해야 한다는 태도를 강조한 것이라고 볼 수 있다. 이에 대해서는 다음의 기술에서 보다 구체적으로 드러난다.

> 같은 후생운동이라고 할지라도 미국의 후생운동을 보면 운동 경기의 보급과 발전을 위한 것으로 보고 있다. 독일에서는 이를 오로지 노동자의 능률 증진 운동으로 삼고 있다. 또 영국에서는 이를 녹지 보존 운동으로 간주하고 있다. 각국 상황에 따라 당연히 다르듯이, 현재 우리의 관점에서 과학적으로 검토하자면 이는 일본 정신을 구현하기 위한 하나의 방책으로써 인적 자원 증가를 위한 것이라고 정의하는 것이 가장 타당할 것으로 생각한다.32)

이처럼 일본의 후생운동 성격을 '일본 정신의 구현'과 '인적 자원의 향상'을 위한 방책으로 정의한 이소무라(磯村)는 이어서 '후생운동'으로 명명

---

30) 앞의 자료, 保科胤,『國民厚生運動』, 64~65쪽.
31) 앞의 자료, 日本厚生協會 編,『第一回日本厚生大會報告書』, 88쪽.
32) 앞의 자료, 磯村英一,『厚生運動概說』, 7쪽.

되는 과정에 대해 다음과 같이 서술하였다. 요컨대 "후생운동이라고 한다면 곧 후생성의 운동 혹은 후생성이 주관하는 사무 전반(全般)에 포괄되는 형태로 비치기 때문에 옳지 않다"라는 반대 의견이 있었지만 이에 대해 "후생운동이 반드시 후생성에 직면되는 관계되는 것이 아니다"라고 설명했다. 그리고 "생활 쇄신이나 체력 향상 혹은 능률 증진 등 그 주된 활동들이 후생성의 사무 궤도에 함께하는 것은 어쩔 수 없다. 혹자에서는 '장건(獎健)'이나 '위안', '위락' 또는 '여가 이용', '여가 선용' 등등 다양한 명칭을 거론하기도 하였다. 하지만 이러한 것들은 본 운동의 제한적인 면모만을 표현한 것뿐"이라고 지적했다.[33] 따라서 이소무라(磯村)는 나라마다 '레크리에이션' 용어에 중점을 두는 의도가 모두 다른 것처럼, '후생운동'이라는 표현은 일본 실정에 맞춘 독자적인 개념이라는 것을 다음과 같이 강조하고 있다.

> 이른바 '레크리에이션(recreation)'이란 용어는 미국의 개념이자 심지어 공원을 이용한 체력 향상 운동에 무게를 두고 있다. 그러나 제2회 함부르크 회의에서 독일은 이를 '조이 앤드 워크(Joy and work)'라고 명명하며, 여가 이용에 의한 노동력의 재생산에 주력하였다. 유명한 'Kraft durch Freude', '기쁨을 통하여 힘으로'라는 운동이 독일의 후생운동 주류를 이루고 있는 것에서 알 수 있듯이, 이는 노동계급의 위안이 그 중심에 있다. 이탈리아에서는 'Dopo Laboro', '노동 뒤에'로 칭하여 독일과 마찬가지로 노동 후의 위안 오락에 그 무게를 두고 있다. 이와 같이 현재 후생운동은 그 나라의 실정에 따라 자연스럽게 다른 개념 중심을 가진 것이라고 봐도 무방할 것이다.[34]

그런데 1941년에 간행된 『국민 후생운동의 이론과 실제』에서는 후생 운동에 대해 "건설적 생활 태도를 수립하려는 문화적 공동 운동"으로 정의하고 있으며, 실제 '후생'의 개념을 단순한 '레크리에이션 운동'이라는 틀을

---

33) 위의 자료, 61~62쪽.
34) 위의 자료, 62쪽.

넘어서 '문화 운동'으로까지 그 의미를 확대한 것을 확인할 수 있다.[35] 이는 후생운동의 의미와 내용이 생활 전반을 포함해 문화 영역에까지 확장된 것을 시사한다. 이와 관련해 일본 후생협회가 '후생운동 지도자 강연회'의 강의록을 기초로 1943년에 간행한 『후생운동 독본』을 살펴보면, 상공조합 중앙금고 이사장 요시자카 슌조(吉阪俊藏)가 게재한 논문 「우리나라의 후생운동」에서 다음과 같이 설명하고 있다. 이에 의하면 '후생'이라는 문자는 본래 중국 고전 『서경』(書經)의 「大禹謨」(대우모)에 실린 '正德利用, 厚生惟和, 九功惟叙, 九叙惟歌'에서 차용한 것이었다. 이에 요시자카(吉阪)는 '후생'에 다양한 의미가 포함된다고 규정하며 "생활의 방식을 도덕적으로, 경제적으로 나아가 문화적으로 깊은 정과 풍부한 윤택함을 만들며 서로 화락(和樂)하고 협력 일치하는 것"이라고 하였다. 바꿔 말하면 후생이 가진 의미를 "불건전한, 부도덕한, 비위생적인 생활을 배척하고, 건전하고 바른 생활로 가기 위한 것이자 그 속에는 멋있고 문화적으로 풍부한 내용을 가지고 국민이 서로 화합하며 협력하는 생활로 만드는 것"이 라고 설명한 것이다.[36]

이처럼 후생의 개념은 점차 생활과 문화 전반에 걸쳐 통용되는 용어로 자리 잡는데, 그 근본적인 의미를 '오락'에 관한 것으로 한정해 검토하자면 두 가지 점을 지적할 수 있다. 첫째, 후생운동의 역사적 기원에 관련된 것이다.

우리나라의 후생운동은 예로부터 독특하고 고유한 형태와 내용을 가지고 발달해왔다. 고대의 종교적 제례에서 시연되었던 가무(歌舞)인 가구라(神樂)와 힘겨루기 경기 같은 호노우 스모(奉納角力) 등은 일본 민족의 후생적 연기(演技) 기원으로 간주할 수 있다. 농경시대를 걸쳐 무사시대, 봉건시대에서는 종교적 제례(祭禮)와 본오도리(盆踊)[37]와 같이 단체로 온 동네를 순례

35) 磯辺實, 『國民厚生運動の理論と實際』, 1941, 第一書房, 23쪽.
36) 吉阪俊藏, 「我國於ける厚生運動」, 日本厚生協會 編, 『厚生運動讀本』, 1944(石川弘義 監修, 『余暇・娛樂硏究基礎文獻集』 第28卷, 大空社, 1990), 21~22쪽.

하거나 신사·사찰 참배, 꽃꽂이 또는 노(能)·우타이(謠)·죠루리(淨瑠璃)·시바이(芝居)와 같은 일본의 전통 예능과 꽃구경, 단풍놀이도 있었다. 말하자면 개개의 후생적 요소와 종목은 셀 수 없을 정도로 다양하며 각 시대에 어떤 것이든 가정과 마을, 종교 단체 등 여러 조직과 일정한 계층을 중심으로 지속적으로 실행해 온 것이다.[38]

이는 후생운동의 시작을 고대부터 행해져 온 종교적 제례나 세시풍속, 전통적 예능으로부터 그 기원을 설명한 것이다. 이러한 견해는 '후생'의 개념이 본질적으로 '오락'에 밀접한 것이라는 점을 시사한다. 이는 곧 노동과 오락의 개념이 명확히 분리되지 않았던 원시적 형태의 놀이나 예능에서 후생의 근원을 해석한 것이다.

둘째, 어의(語義)에 주목해보면 후생운동의 방향에는 '오락·여가 선용'이라는 의도가 전제되었다는 점이다. 앞에서 설명했지만, 일본에서 오락·여가 문제에 관한 사회적 관심은 이미 메이지(明治) 후기에 나타난다. 그리고 '민중' 또는 '대중'의 오락 문제가 연구 대상으로 대두하게 되는 것은 1920년대에 이르러서다. 산업 발전과 도시 성장을 배경으로 '오락문제=사회문제'로 인식되면서 대중의 오락 생활에 관한 조사·연구가 활발히 진행된 것이다. 이는 생활 창조적인 의미에서 오락의 필요성을 여론화해 가는 사회적 과정을 시사한다. 여기서 주목해야 할 것은 '계몽과 교화'의 관점에서 대중의 오락·여가를 지도하려는, 이른바 오락·여가의 선용과 통제의 논리가 그 중심을 형성하며 나아가 '민중 교화'를 위한 도구로써 건전한 오락의 필요성이 강조되는 점이다. 요컨대 오락을 단순히 개인적 향락으로 방관하지 않고, 사회적 유용성이라는 측면에서 오락의 가치를 규정하는 것이었다. 앞서 검토했듯이 근대 일본에서는 '여가'라는 용어보다 '오락'이 빈번하게 통용

---

37) 음력 7월 15일 밤에 정령(精靈)을 맞이하여 위로하는 뜻으로 남녀들이 모여서 추는 윤무(輪舞)를 말한다.
38) 앞의 자료, 保科胤, 『國民厚生運動』, 6쪽.

되고 있었다. 이에 반영된 사회적 의미 역시 오락·여가의 선용과 통제를 중요시한 입장으로, 이는 오락이 '레크리에이션(recreation)'의 번역어로서 '다시 창조하는 동력'으로 해석되었던 사실을 통해서도 잘 드러난다.

이상 '후생'의 본질적인 개념과 그를 뒷받침하는 논리를 살펴보았는데, 이로부터 '오락'이라는 의미와의 밀접한 관련성을 확인할 수 있었다. 이러한 맥락에서 전시체제에 진행된 후생운동은 '오락·여가의 선용'의 사회화 과정을 전면적으로 내세운 활동이었다고 정의할 수 있겠다.

(2) 전시체제의 오락문제

후생운동에 관한 자료에서는 '건전한 오락'의 의미로 종종 '위락(慰樂)'이라는 용어가 등장한다. 용어가 통일되지 못한 당대의 정황을 우선으로 고려하더라도 '위락'이 사용된 문맥을 살펴보면 그 의미를 비(非) 노동시간에 관한 논의, 즉 지금까지 살펴본 '오락'의 개념으로 이해해도 무방하다는 것을 알 수 있다. 이러한 점을 단서로 전시체제라는 상황과 오락 문제가 어떤 형태로 맞물려 있는지, 그를 둘러싼 논의를 검토해 보도록 하겠다.

먼저 제1회 일본 후생대회 개최에서 다뤄진 '전시체제의 위락(慰樂) 문제에 관한 건(件)'이라는 의제(議題)를 살펴보자. 이는 제2 분과회의의 논의였는데 문부성(文部省) 사회교육과 곤다 야스노스케(權田保之助), 경시청 보안부장 노무라 기헤이(野村儀平), 문부성 기사(技師) 나카다 슌조(中田俊造), 육군성 정비국(陸軍省 整備局) 주계(主計) 소좌(少佐) 이시미츠 시게루(石光榮), 도쿄(東京) 기독교 여자청년회 총 간사(幹事) 가토 타카(加藤タカ), 내무성 경보국(內務省 警報局) 사무관 다테바야시 미키오(館林三喜男), 문화학원(文化學院) 교수 가와사키 나츠(河崎なつ), 농촌 갱생협회(更生協會) 하야카와 코우타로(早川幸太郎), 도쿄시(東京市) 공원과장 이노시타 키요시(井下清), 해군성(海軍省) 함정 본부 기관 중좌(中佐) 반 기이치

(伴儀一)가 참가하였다. 이처럼 다양한 단체의 관계자가 참가했기에 그 입장에 따라 관심 분야나 주목한 대상도 차이가 있지만, 대체로 대동소이(大同小異)한 인식에서 의견을 제시하였다. 요컨대 '위락(慰樂)'이란 생활에 꼭 필요한 것이며 '전시(戰時)'라는 비상시국에서는 더욱 오락의 의미를 올바르게 이해할 필요가 있다는 것이다. 이러한 견지를 바탕으로 현재의 위락(慰樂) 생활 문제를 총 점검하고 그에 대한 개선책을 제안하는 형태로 논의는 전개되었다.

그 가운데 일부를 보면 경시청 보안부장 노무라 기헤이(野村儀平)는 위락(慰樂)이란 "원래 사람의 본능적이고 자연적인 욕구"이기 때문에 그것을 무조건 부인(否認)하고 억압적으로 대응하는 것은 불가능하다고 보았다. 따라서 건전하지 못한 위락 행위와 시설, 방법 등이 개인뿐 아니라 사회에 어떠한 영향과 결과를 초래하는지를 고찰하고 그에 따른 적당한 대응책을 준비함으로써 폐해를 방지해야 한다고 주장했다. 이를 위해 풍속경찰(風俗警察)이 "풍속상 또는 건강상 폐해가 있는 위락 행위 및 위락을 제공하는 장소와 시설" 등을 단속하고 있지만, 더욱 적극적으로 "나쁜 것을 단속하고 그 폐해를 감소·방지"하는 데 힘쓰는 한편 "좋은 것은 더욱 좋게 지도해 더욱 좋은 효과"가 민중의 생활과 사회의 교화에 작용하도록 하는 것이 필요하다고 발언하였다.39) 내무성 경보국 사무관 다테바야시 미키오(館林三喜男)도 풍속경찰에 대해 '위락, 위안, 오락'에 관한 문제를 대상으로 삼고 있지만, 그 단속의 중점은 '국민 도의(道義)' 확립에 있으며 이러한 목적은 '일상생활의 쇄신과 특히 여가 선용으로 건전한 위락과 오락을 권장하여 심신을 단련하는 것'이라 설명하였다. 그리고 이러한 점은 후생운동의 목적과 밀접한 것이라고 강조하였다.40)

도쿄 기독교 여자청년회의 가토 타카(加藤タカ)와 문화학원 교수 가와사

---

39) 앞의 자료, 日本厚生協會 編, 『第一回日本厚生大會報告書』, 100~101쪽.
40) 위의 자료, 123~127쪽.

키 나츠(河崎なつ), 문부성의 나카다 순조(中田俊造)의 경우는 가정의 위락 문제에서 특히 주부에 주목했다. 요컨대 가사(家事)에 바쁜 주부가 위락의 시간조차 가지고 있지 않다는 것과 그 방법에 무지(無知)하다는 것을 문제시한 것이다. 이에 반해 가장인 남편이 "겉으로는 비상시국을 훈계하면서도 때때로 혼자서 불건전한 향락을 집 밖에서 바라는 경향"이 있다며 가족 모두가 함께 즐길 수 있는 시설이 확립되어야 한다고 지적하였다.41) 한편 군 관계자로 육군성 정비국의 이시미츠 시게루(石光榮)와 해군성의 반 기이치(伴儀一)는 전쟁으로 '군수품 생산 증가'와 함께 '노동력 강화'가 요구되는 상황에서 전시체제의 위락 문제가 대단히 중요하다고 강조한다. 즉 전쟁의 장기화로 전시(戰時) 작업체제를 확립하기 위한 '소중한 노동력의 애호(愛護)와 생산력의 유지·발전'이 절실히 요구되는 시점에서 '과도한 노동이 수행되는 가운데 위안 문제는 다양한 측면에서 정말 긴급하고 중요'하다는 것이다. 이는 곧 노동의 강도가 커질수록 그것이 초래하는 정신적·육체적 피로를 해소하기 위한 방책으로써 위락이 절대적으로 필요하다는 주장이다.42)

이상의 의견으로부터 재차 확인할 수 있는 점은 후생운동의 논리가 위안과 오락을 '사람의 본능적 욕구'로 규정함으로써 그 필요성을 인정하는 한편 그것의 '건전성'을 목표로 한다는 것이다. 그런데 여기서 주목되는 또 다른 점은 전시체제에서 '오락의 억제와 부흥'이라는 경향이 동시에 나타나는 현상인데, 이에 관한 문제 제기는 다음과 같다. 즉 전시체제에서 오락에 대한 경찰의 풍속 규제가 한층 강화되고 있는 반면에 그 수요층이 대폭 넓어지고 오락 산업이 전례에 없던 수준으로 번창하는, '이상한 현상'이 대두한 것이다. 그 중 '오락의 성황'이라는 사태는 "시국에 따른 호황을 맞이한 일부 공장지대 부근이나 그 외 감각적인 향락 장소 이른바 요리점, 매춘업 등이 상당히 번성"하고 "영화관 입구에 관객 행렬"이 이어지는 "특이한 상태"

---

41) 위의 자료, 108~111·119~122·128~131쪽.
42) 위의 자료, 117~118·141~142쪽.

에 있다고 지적하였다.[43] 이러한 상황은 "중일전쟁이 특히 물자 동원을 수
반함에 따라 산업계가 호황과 불경기(不景氣)를 오가는 변동이 점점 심해
지면서 더욱 활기차게 되었습니다. 호황을 맞은 산업 종사자의 경우 그 수
입이 점점 증가하여 자칫 그 생활에 바람직하지 못한 경향을 보이고 있습
니다. 이는 산업, 경제, 사회, 그 외 풍기(風紀)에 있어서도 많은 폐해를 초
래하고 있을 뿐 아니라 비상시 국책의 원만한 수행을 저해(沮害)함으로써
거국일치 체제에 균열을 부르는 위기를 조성할 수도 있는 것"이라고 하여,
불건전한 오락이 만연(漫然)하게 된 사회적 위기로 인식되었다.[44] 문부성의
나카다(中田)는 "비상시국 중에 신문에서 보도하고 있는 현상을 살펴보니
식자(識者)를 비난하는 사례가 적지 않다"며, 다음과 같이 언급하였다.

　　올해(1938년-인용자) 정월(正月) 3일간에 아사쿠사(淺草)의 31곳 흥행장과
　480곳 음식점에 모인 인원은 대략 약 6천 만 명 이상에 달하였다. 이에 각
　영화관 수입도 하루 9,000엔 이상인 곳이 많고 그 중에는 개벽한 이래 큰 수
　입을 얻은 자가 있을 정도로, 모두 2~3할 이상의 수입 증가가 있었다……또
　한 세무서의 상황을 들어보니 비상시국이라고는 하나 유흥세 등은 그 수입
　이 축적되고 있다……시내 46개 면허지(免許地)에서 1월부터 6월까지의 화
　대(花代) 수입은 1,286만엔에 달하는 거액이다. 작년과 비교하면 그야말로 8
　할 6푼 증가한 액수이다. 더군다나 그 외에도 여러 가지로 놀라운 수치가 보
　이는데 이는 음지(陰地)에서 그와 같은 대단한 규모의 위락시설이 현재 우리
　나라에 얼마나 대단한 기세를 가지고 있는가를 여실히 보여주는 것입니다.[45]

　이와 같은 후생운동 개시에 직면해 '전시체제의 위락 문제 건'에서 제기
된 문제의식에서 주목되는 점은 다음과 같다. 요컨대 전시체제로 오락에 대
한 경찰의 단속이 강화되고 자숙하는 대중적 심리가 형성됨에 따라 생활의

---

43) 위의 자료, 101쪽.
44) 위의 자료, 117쪽.
45) 위의 자료, 108쪽.

위락 문제를 소홀히 하는 태도도 문제지만, 한편으로는 군수산업을 축으로 호황(好況)을 맞이해 개인적 향락이 증가하면서 그것이 불건전·퇴폐한 양상으로 사회적 위기감을 초래하고 있다는 것이다. 이처럼 일견 모순된 현상인 듯한 '오락의 억제와 부흥'이 동시에 대두하였던 요인에는 '군수 인플레이션'에서 찾을 수 있다. 이는 전시체제에서 '소비 절약'의 이면에 유흥·음식 산업이 호황을 얻는 현상으로, 일시적으로나마 임금 상승과 같은 군수 인플레이션의 영향으로 인해 시국(時局)에 강요된 대중의 심리적 긴장감이 그전과는 달리 느슨해지고 유흥과 향락을 찾게 되는 사회적 분위기가 나타난 것이다. 군수 경기(景氣)에 힘입어 월 400엔~500엔 수입에 달하는 '직공 오사와(大澤)'가 증가했다는 신문 기사가 연일 게재되는 가운데,46) 특히 직공(職工)들의 불건전한 오락에 관한 다수의 문제가 제기되었는데 다음과 같은 사례를 구체적으로 확인할 수 있다.

1. 유흥·오락 3대 업소(三業地 = 料理屋·芸者置屋·待合-인용자) 유객(遊客)의 대부분은 중일 전쟁 전에는 직공 30%, 일반 70% 정도였다면 전쟁 후에는 그 비율이 완전히 뒤바뀌었다.

2. 유흥세(遊興稅), 예기(藝妓)의 수, 매춘 알선업자 등이 감소하기는커녕 오히려 증가하고 있다. 그리하여 예기(藝妓)처럼 그 부름이 끊어지지 않을 정도로 성황을 보인다고 한다.

3. 소년공(少年工) 또는 독신인 직공(職工) 중에는 카페, 당구, 찻집에 다니는 자가 많고 특히 공장 부근의 카페가 매우 성황으로 매출이 최대 몇 배나 증가를 하였는데 고객의 80% 정도가 직공(職工)으로 보인다.

4. 작년 봄 불량 학생 단속 때 검거된 미성년자 다수는 회사와 공장의 종업원으로, 가짜 학생복을 입고 신분을 속이던 자가 많았다.

5. 직공으로 첩(妾)을 두고 경마를 하며, 빚을 내며 급여 가불(假拂)을 하는 자가 많고, 게다가 잔업(殘業)을 한다고 하면서도 실은 유흥에

---

46) 北河賢三, 「戰時下の世相·風俗と文化」, 原彰·今井淸一 編集, 『十五年戰爭史』 2, 靑木書店, 1988, 235쪽.

열중하는 자도 적지 않다.

6. 숙련공(熟練工)으로서 고액의 임금을 받음에도 불구하고 매일 밤 유흥에 열중하느라, 생활비조차 제대로 가정에 제공하지 않아 궁핍해진 아내가 아이를 업고 공장에 와서 남편의 유흥을 바로잡아달라고 읍소(泣訴)하는 사례가 자주 있다.

7. 재주가 뛰어나 장래를 촉망받는 소년공(少年工)이 술에 빠져 알코올 중독이 되어서 작업장까지 됫병의 술을 가지고 와서 음주를 부추기는 자가 있다.

8. 승진한 동료에게 한턱내게 하는데, 이 때 6개월 치 급여를 낭비하는 불필요한 식사를 하는 자가 많다.

9. 지역 주물(鑄物)공장에서 연수 중인 소년공(少年工) 등이 주최하는 모임의 회비가 1인당 50엔이라고 한다.

10. 사치스럽게 유흥을 즐기는 젊은 직공(職工)을 수상하게 여겨 심문한 결과, 급여가 30엔이라는데 더 조사해보니 그것이 일급(日給)이었다고 한다.[47]

위에 열거된 사례들로부터 군수 경기(景氣)의 호황이 초래한 직공(職工)의 불건전한 오락 생활에 대해 구체적인 양상을 확인할 수 있다. 이러한 세태·풍속 현상에서 '학생'인 척 가짜 행세를 하다 적발된 직공(職工)의 수가 급증했다는 지적도 참고가 된다.[48] 이처럼 사회적으로 특히 공장 노동자의 오락문제가 주목된 배경에는 전시체제 노동력 보전을 위한, 이른바 '전시(戰時) 노동 정책'이 있다. 중일 전쟁이 장기전(長期戰)으로 돌입하면서 공업계에서는 점점 심각해지는 '노동력 공급 부족' 문제에 직면하였다. 이에 생산력 확충을 위한 목적에서 '노동력=인적 자원'을 강조하는 국가의 통제가 정책으로 대두하게 되었다.[49] 이와 같은 맥락에서 '인적 자원의 배양과

47) 權田保之助, 「銃後國民生活の刷新と娛樂問題」, 1939(앞의 자료, 津金澤聰廣 解說, 『權田保之助著作集』 第三卷), 97~98쪽.
48) 權田保之助, 「戰爭と娛樂」, 『中央公論』 1938년 10월.
49) 高岡裕之, 『總力戰体制と「福祉國家」: 戰時期日本の「社會改革」構想』, 岩波書店, 2011,

동원'을 목표로 한 후생운동은 국책의 일환으로써 불건전한 향락과 오락에 빠진 노동자의 생활문제에 주목한 것이다. 또한 그것이 전개되는 과정에서는 점차 '건전한 오락'의 조직적인 보급을 위한 국민운동으로서 그 역량을 확장시켜 나가는 것을 확인할 수 있다.

이상 전시체제에서 제기된 오락 문제의 대체적인 양상을 살펴보았다. 다음에서는 이에 대한 검토의 연장선에서 근대 일본의 민중 오락문제에 대해 열정적으로 연구를 추진하였던 곤다 야스노스케(權田保之助, 1887년 5월 17일~1951년 1월 5일)에 주목한다. 오락연구의 개척자이자 제1인자로 손꼽히는 권다(權田)는 오락문제에 대해 일관된 관심을 견지하며 수많은 실태조사에 참여하였고, 또 후생운동에도 관여하여 전시기(戰時期) 오락정책으로 대변되는 '국민오락론'을 제창하기에 이른다. 이와 같은 활동에서 권다(權田)는 오락문제에 관한 연구에 선구적인 성과를 축적하게 되는데, 이를 중심으로 후생운동의 전개 과정과 오락 문제의 추이(推移)를 고찰하고자 한다.

4. 후생운동과 '국민오락'의 제창

오락연구에 있어서 곤다 야스노스케(權田保之助)는 학문적인 틀에 갇히지 않고 전문위원으로서 제국교육회(帝國敎育會), 문부성 사회교육(文部省 社會敎育) 등의 각종 위탁조사를 수행하며 대중의 오락 생활에 관해 철저한 실태조사를 한 독보적인 인물이다. 이러한 활동은 그가 각 지역의 도시 연구에 종사하면서 도시화의 진행과 대중의 생활에 초점을 맞추고 생활비 조사를 비롯한 각종의 사회조사를 토대로 수많은 실증적 연구 성과를 남긴 것에서 기인한다. 예를 들면 일본 최초로 시행된 현지조사로서 도쿄시(東京市)

183쪽.

게츠시마(月島) 주민을 대상으로 한 대규모의 조사 사업(1918년~1920년, 일명 게츠시마(月島) 조사)에 참가한 것을 비롯해 1917년에서 1922년에 걸쳐 도쿄시(東京市)의 활동사진과 요세(寄席, 만담·재담 등을 들려주는 흥행장), 아사쿠사(淺草)의 오락, 구라시키(倉敷) 방적 공장 노동자의 오락 생활, 문부성의 전국 민중 오락조사, 오락·서비스업 종사자에 관한 조사 등에 관여한 것이다.50) 이러한 조사를 기반으로 권다(權田)는 『민중 오락문제』(民衆娛樂問題, 1921), 『민중 오락의 기조』(民衆娛樂の基調, 1922), 『오락업 종사자의 군상』(娛樂業者の群, 1923), 『민중 오락론』(民衆娛樂論, 1931), 『나치 후생단(KdF)』(ナチス厚生団(KdF), 1942), 『오락교육의 연구』(娛樂敎育の硏究, 1943) 등 많은 성과를 양산하였다. 권다(權田)는 당시 대부분의 오락 연구자가 '교화주의(敎化主義)' 입장에서 민중의 오락을 지도할 대상으로 규정한 것에 반해, 민중의 오락이란 구체적인 생활에서 창출되는 것으로 '자립성과 주체성'을 강조하면서 '오락의 대중성'에 입각한 민중오락론을 전개하였다. 다만 문부성의 사회교육이나 후생운동의 흐름 속에서 전시체제의 오락문제를 '시대적 대세'에 따른, 요컨대 '국가적 관리와 통제' 및 '오락 지도'에 역점을 둔 '국민오락'으로 전환을 제창하게 되었다는 점에서 일정의 변화를 엿볼 수 있다.51) 이처럼 오락연구 전문가로서 확고한 입지를 구축한 권다(權田)의 견해는 전시체제 오락문제의 양상을 폭넓게 이해하는데 있어서 중요한 실마리를 제공한다.

---

50) 오락연구에 관한 곤다 야스노스케(權田保之助)의 업적과 저작들에 대해서는 田村紀雄 解說, 『權田保之助著作集』 第四巻, 文和書房, 1975, 453~470쪽 참조.
51) 이러한 맥락에서 사카우치 나츠코(坂内夏子)는 곤다 야스노스케(權田保之助)에 관한 일련의 연구가 주로 '다이쇼기(大正期)와 전쟁기(戰爭期) 사이의 불연속성'을 강조하며 '민중오락에서 국민오락으로'의 '전향(轉向)'을 규명하는 것에 집중해왔다고 지적하였다. 이에 전시체제에서 그의 '전향'이 무엇을 위한 것이고 무엇이 그러한 방향으로 이끌었던가 하는 관점에서 다시 살펴볼 필요가 있다는 문제를 제기하고 있다. 이에 대해서는 坂内夏子, 「社會敎育と民衆娛樂-權田保之助の問題提起」, 『早稻田大學敎育學部學術硏究 : 敎育·生涯敎育學編』 第53号, 2005를 참조.

후생운동이 본격적으로 시작되기에 앞서 문부성(文部省)에서는 1938년 3
월에 소책자『시국과 오락문제』(時局と娛樂問題)를 간행하였는데, 촉탁(囑
託)을 맡았던 권다(權田)는 다음과 같은 문제의식으로 논고를 전개한다. 요
컨대 '전쟁의 발발(勃發)'에 직면한 국민이 하나로 단결하여 난국의 상황을
명확히 자각하고 이를 극복하고자 각자의 맡은 바를 다하며 자숙자계(自肅
自戒)로 그 승리에 힘쓰고 있는데 이러한 사회적 분위기 속에서 '오락, 위
안이라는 것을 경시, 회피'하는 경향이 짙어졌다는 것이다. 이러한 대중적
심리와 그에 반영된 시국을 이해하기 위해서는 국민의 생활에서 "오락이
어떤 형태로 존재했는지, 그것이 어떤 방향으로 나아가고 있는지"를 파악하
는 것은 대단히 중요한 문제라고 강조하였다.[52] 그리로 전시체제에 직면해
오락을 '부도덕·불합리'로 여기는 국민의 자발적 정서와 더불어 각 오락업
계에 대한 정부의 통제도 강화되고 있는데, 그 동향(動向)이 "오락의 공급
기관 또는 그 설비, 국민의 오락 생활 그 자체에 대해서 종래의 개인적, 자
유방임적 태도를 버리고 국민 협동의 의지에 입각한 이해관계를 기준으로
한 통제가 실행되고 점점 강화"되는 추세에 이르렀다고 설명하였다.[53] 이
처럼 전쟁의 개시가 오락의 분야에도 큰 영향을 미친 것에 주목한 권다(權
田)는 그러한 상황이 초래한 오락 문제를 다음과 같이 정의하였다. 즉 국민
생활에서 오락을 단속함으로써 "생활과 오락의 괴리"가 발생하고 생활의
긴장이 상승하면서 "불건전한 오락, 절망적인 향락"으로 "변태 오락의 향
락"이 대두한 것이다.[54] 이러한 주장은 '오락과 그 생활에 대한 잘못된 견
해 및 부당한 태도'를 지적하며 그렇기에 '오락 문제의 탐구'와 함께 '적절
한 오락 대책의 수립'하는 것은 현 시국의 중요한 당면 과제라는 사실을 환
기시킨다. 이에 권다(權田)는 오락 문제가 단지 노동자 개인의 문제가 아니

---

52) 文部省 編,『時局と娛樂問題』, 1938, 1~2쪽.
53) 위의 자료, 12~14쪽.
54) 위의 자료, 22~23쪽.

라 '정책의 부재'라는 사회적 책임을 함께 제기하며 다음과 같이 분석하였다. 즉 노동의 강도가 극대화된 만큼 '여가와 휴양'은 단축되었고 그럴수록 대중은 자극적인 향락을 찾게 되는 점, 이에 수입의 여유가 생긴 점, 그러나 그것의 적절한 사용방법을 습득하지 못한 점이라는 삼박자가 갖춰진 상태에서 그에 관한 '지도와 시설'이 결여된 상황이라는 것이다.[55]

이러한 설명에서 알 수 있듯이, 중일전쟁의 개시가 국민의 오락 생활에 끼친 변화에 무엇보다 '전쟁 돌입'이라고 하는 국가적 위기에 대한 국민의 자발적인 움직임과 경찰의 강화된 단속을 요인으로 '오락의 일시적 소멸'이 대두한 현상이다. 또 다른 하나는 전쟁이 '시국의 긴장'을 조장함에 따라 그에 대한 반발 작용과도 같은 것으로 '불건전한 오락과 향락'에 쉽게 빠지는 경향이다. 특히 1937년 12월에 남경(南京)이 함락된 이후 전쟁에 대한 국민적 관심이 급속히 가라앉고 진정되면서 이와 더불어 군수 경기(景氣)의 호조(好調)를 배경으로 각지에서 홍행장(興行場)이 '미증유(未曾有)의 성황'을 맞이하게 되었다.[56] 이러한 점은 앞서 서술했듯이 금전적 여유가 많든 적든 오락을 즐길 노동자 수요층의 폭이 넓어진 것과 관련이 깊다. 군수공장 노동자의 경우 '기생집이나 창기(娼妓)'로 대표되는 불건전한 향락에 무의미한 돈을 낭비하는 사례도 적지 않았고, 그에 관련된 업계가 오히려 이전보다 더욱 성황을 이루고 있는 실정이었던 것이다.

이처럼 불건전한 오락이 만연하는 사회적 문제에 직면한 후생운동은 오락의 의의를 전쟁과 관련지어 이론적 기반을 구축하는 한편 전쟁의 장기화와 총력전, 생산확충의 정책을 뒷받침할 '건전한 오락·여가의 장려'를 전면에 내세운 활동이 되었다. 이는 1940년대 이후 문화 운동으로써 색채를 더해 그 의미와 활동 영역을 확장하게 된다. 그 배경에는 첫째, 군수경기의 영

---

55) 權田保之助, 「銃後國民生活の刷新と娛樂問題」, 1939(『國民娛樂の問題』, 1941, 96~97쪽).
56) 앞의 자료, 權田保之助, 「戰爭と娛樂」 1938년 10월.

향으로 불건전한 향락이 만연했던 사회적 현상이 1939년 이후 통제강화와 물자 부족으로 차차 감소하는 추세에 접어들었으며 둘째, 이 시기 '문화 신체제'의 추진으로 소위 모든 영역의 오락과 문화가 국가적 과제로써 재정립되었다.57) '문화 신체제'의 목표는 1940년 제2차 고노에 후미마로(近衛文麿) 내각 당시 신체제 운동의 추진을 목표로 하여 결성된 전체주의적 국민통합 조직으로 대정익찬회(大政翼贊會)가 설립되어 「문화 신체제 기본방침」에서 문화도 또한 '고도(高度) 국방 국가'의 일익을 담당해야 한다고 명시한 것에서 잘 드러난다.58) 이와 같은 흐름에서 후생운동은 1940년에 설립된 대일본산업보국단(大日本産業保國團)과 함께 '지역과 직장'이라는 두 개의 영역을 아우르면서도 국가적 필요성과 새로운 운동 주체의 등장을 기반으로 그 활동 영역을 확장해 나갔던 것이다.59)

이 시기 후생운동에서 제기된 오락문제는 신체제의 문화정책을 반영한 것이자 또 그로 인해 규정되었던 면모를 가지고 있다. '신체제'란 무엇보다 국민 생활을 기반으로 한 '국민 문화'의 확립을 요청하며, 이를 위해 '국민 전 계층에 대한 문화적 향유', '문화의 대도시 집중 타파와 지방문화의 질적 향상', '건전 오락의 확대와 국민체육의 진흥'이라는 활동 목표가 제시되었다.60) 권다(權田)에 의하면 신체제에서의 오락은 "사회 전체의 복리 이익"에 입각한 점에서 의의가 있는 것이다.61) 그런데 1941년 2월 11일 도쿄 치요다쿠(千代田區) 유락초(有樂町)에 위치한 일본극장(日本劇場)이 기원절(紀元節, 오늘날 건국기념일)을 기념해 개최한 행사에서 소동이 발생했고62)

---

57) 高岡裕之, 「總力戰下の都市「大衆」社會-「健全娛樂」を中心として」, 安田浩・趙景達 編 『戰爭の時代と社會 : 日露戰爭と現代』, 靑木書店, 2005, 226쪽.
58) 北河賢三 編, 『資料集 : 總力戰と文化』 第一卷, 大月書店, 2000, 4쪽.
59) 高岡裕之, 앞의 논문, 1997, 163쪽.
60) 權田保之助, 「「國民文化」理念の昂揚と文化問題の展進」, 1944(앞의 자료, 田村紀雄 解說, 『權田保之助著作集』 第四卷), 393쪽.
61) 權田保之助, 「娛樂の新体制」, 1940(앞의 자료, 津金澤聰廣 解說, 『權田保之助著作集』 第三卷), 105~108쪽.

이에 대해 권다(權田)는 다음과 같은 문제를 제기하였다. 요컨대 그 소동은 오락에 대한 국민의 의식이 너무나도 "무지(無智)하고 무이해(無理解)" 임을 보여주는 것인데 원인은 "오락을 경시하는 한편으로 오락에 탐닉하는 역설적인 태도"에 있는 것이 아닐까라고 한 것이다. 이러한 인식에서 권다(權田)는 시국에 적절하며 건전한 오락이 되는 세 가지 요소에 "국민 체위(體位)를 향상"하는 것, "국민 정신의 고양(高揚)"에 이바지하는 것, "협동심의 함양"에 도움 되는 것을 꼽았다.63) 이는 권다(權田)의 개인적인 견해가 아니라 신체제에서 요구된 오락의 조건으로 이해해도 무방할 것이다. 즉 신체제에서 국민의 오락생활이 이른바 '국민 문화' 확립에 적합한 내용과 '사회 전체의 복리 이익'에 공헌할 수 있도록 요청되었던 조건과 동일한 맥락에 있는 것이었다.

그렇다면 신체제에서 제창된 '국민 오락'은 어떤 양상으로 전개되었는지, 이에 대해 역시 권다(權田)의 분석에 입각하여 그 과정을 참고해보자. 권다(權田)는 이미 중일전쟁의 발발로 변화한 오락 생활의 양상을 네 단계의 과정으로 구분하였다. 첫째, 1937년 7월에서 10월 말까지의 전시(戰時) 초기 "오락 배제의 시기"이다. 이는 '전쟁'이라는 엄중한 현실에 직면한 대중이 그에 대한 '흥분·긴장·편향'의 도가니에 빠진 반면 '유연화(優柔和)'의 마

---

62) 일본에서 일명 '日劇七回り半事件'으로 알려진 이 소동은 1941년 2월 11일 일본극장(日本劇場)이 기원절 봉축기념(紀元節 奉祝記念)으로 3회에 걸쳐 개최할 예정이었던 "노래하는 이향란(李香蘭)"이라는 공연에서 비롯되었다. 당시 여배우이자 가수로서 대스타였던 이향란(1920년 2월 12일~2014년 9월 7일, 일본명 山口淑子)의 무대를 보기 위해 수많은 관객이 모였는데, 때마침 기원절(紀元節)을 기리기 위해 황거(皇居) 참배에 나선 군중까지 이에 합세하면서 엄청난 인원으로 극심한 혼잡이 발생한 것이다. 극장을 에워싼 군중이 입장권을 차지하기 위해 난투를 벌이거나 폭주하여 도로를 점거하는 등 소동이 계속되었고 결국 다음날 경찰이 출동하였다. 경찰은 소방차까지 동원해 물을 뿌릴 정도로 겨우 군중을 해산시킬 수 있었다고 한다. 이에 대해서는 方面犬彦, 『李香蘭と原節子』, 岩波書店, 2011, 133쪽을 참조.

63) 權田保之助, 「健全なる國民娛樂」, 1941(앞의 자료, 津金澤聰廣 解說, 『權田保之助著作集』 第三卷), 109~113쪽.

음가짐을 배격해 버림으로써 "대중 생활과 오락 간의 괴리현상"이 나타나는 시기로 특징 지워진다. 그렇기에 이때는 어떤 오락을 공급해야 하는가, 어떤 오락이 적절한가에 대한 논의가 아니라 '오락을 공급하는 일' 그 자체가 타당한 일인가 혹은 '오락과 향락을 즐기는 것'이 정당한가에 관한 근본적 차원의 물음이 화두로 등장하였다. 둘째, 1937년 11월에서 12월에는 전쟁의 승전보가 들리면서 대중의 심정(心情)에도 미비하지만 '여유'가 태동한 시기로, 이를 반영한 대중오락 공급자의 움직임도 나타난다. 하지만 그것이 '개념적 해석과 외면적 표현'에 머문 것이었기에 대중의 외면을 받는 '과도기적 모색의 시기'가 되었다. 셋째, 남경함락(南京陷落) 후의 1937년 12월부터 1938년 3월에 이르는 시기인데 무엇보다 '장기전(長期戰)'에 돌입하면서 대중의 심리적 변화, 요컨대 전쟁 발발 초기에 과도했던 긴장감이 어느 정도 사라지고 평정심을 되찾은 것에서 오락의 필요성을 재차 의식하게 된 것을 특징으로 꼽을 수 있다. 한편 시국을 반영한 참신한 대중오락의 등장과 하이킹을 비롯한 건전한 스포츠가 '건전 오락'이라는 맥락에서 대중적으로 유행하는 현상이 나타났다. 이에 이 시기는 '새로운 형태의 오락 준비기"로 규정된다. 넷째, 1938년 6월 이후 '새로운 형태의 오락 창작기(創作期)'를 맞은 것이다.64)

이처럼 권다(權田)는 전쟁이 초래한 국민의 오락 생활 변화를 통찰하여 '불건전한 오락'의 향유와 더불어 '오락' 그 자체를 부정(不正)하고 경시(輕視)하는 세태를 비판하며 다음과 같은 태도를 촉구하고 있다. ①국민 생활에서 오락이 가지는 의미를 널리 알려 그 입지를 확고히 하고, 그것의 중요성을 철저히 이해시켜야 할 것 ②도시와 농촌, 노동자, 관리자, 청년, 직업부인 등 각 집단에 대한 오락 생활 실태와 여가 이용의 상황, 그에 적합한 오락의 종류 조사, 적절한 지도와 시설이 강구(講究)되어야 할 것 ③오락적인 국민운동을 대대적으로 추진함으로써 국민의 교화를 철저히 하고 문화

---

64) 權田保之助, 「事變と民衆娛樂の變貌」, 1938(『國民娛樂の問題』, 1941, 25~34쪽).

의 향상을 꾀하는 것이다.[65] 이러한 맥락에서 '오락이 없는 생활'을 경계하고 오락문제를 시국적 과제로 주장해 온 권다(權田)는 태평양 전쟁이 개시된 후 오락의 또 다른 의의에 주목하는데, "국가로부터 어떤 것이 국민 생활에 요청되고 있는가"라는 물음에 "증산(增産)과 건민(健民)"이라는 두 가지 표어를 꼽으며 이것이야말로 현 시국에서 "국민 후생운동"의 큰 목표라고 설명하였다. 이러한 목표를 위한 오락의 의의는 "생활의 갑갑함"을 타파하며 "온화하고 따뜻하고 명랑한 생활"을 창출하는 것에 있으며, "생활에서 건전한 오락을 품는 것"은 곧 "그 사람의 생활이자 국민 생활 전체의 모습"이라 하여 오락의 건전성을 강조하였다.

이에 권다(權田)는 "오락에 대한 무지(無智)와 무관심"이 "오락의 오용(誤用)과 악용(惡用)"을 부추기는 것이라고 지적하며, 오락에 대한 잘못된 편견 네 가지를 꼽았다. 첫째는 "오락의 특권성"으로, 오락을 "돈이나 여유와 같은 특권을 가진 자만이 즐길 수 있는 것"이라고 생각하는 점이다. 둘째는 "오락의 소비성"으로, 오락을 "단순히 시간과 금전을 낭비하는 것" 혹은 "생산과 관계가 없는 것"으로 간주하는 점이다. 셋째는 "오락의 개별성"으로, 개인의 취향에 따라 "개별적, 개인적으로 즐기는 것"이라고 보는 점이다. 넷째는 "오락의 자유성"으로, 오락은 "자유, 방임, 멋대로 하는 것"에서부터 그 기분이 생긴다는 것이다. 오락에 대한 이러한 편견을 개선해야 한다고 주장하면서 권다(權田)는 "국민 전체의 생활을 적극적이고 내실 있게 함으로써 훌륭한 내용을 창출"하는 토대가 되는 것이 "국민오락"의 사명이라고 정의하고, 당면한 시국에서 오락은 바로 그러한 형태로 존재해야 한다고 강조하였다. 요컨대 '국민오락'이란 "생산 증식에 도움이 되는 것"이자 "생산력 유지와 배양에 이바지할 수 있는 것"이어야 하며, 이는 곧 근로자의 인격과 근로문화를 크게 성장시키기 위한 것으로써 그 성격은 "위락적(慰樂的)·후생적(厚生的)·문화적(文化的)"으로 규정된다는 설명이다.[66]

---

65) 權田保之助, 「國民娛樂生活の淨化と向上」, 1939(『國民娛樂の問題』, 1941, 84~90쪽).

이로부터 명확히 알 수 있는 것은, 전시체제의 '인적 자원 확보'라고 하는 시국적 요청에서 '증산(增産)과 건민(健民)'이 '국민오락'의 의의이자 사명으로 규정되었다는 점이다. 이러한 맥락에서 '국민오락'에 지향된 방향은 '오락의 대중화'가 아닌, '건전한 오락의 국민화'를 추구하는 것에 있었다고 지적할 수 있겠다.

그러나 후생운동에 관한 선행 연구들이 밝히고 있듯이, 운동의 지도적 이념과 현실 사이에는 메워지지 않는 괴리가 존재하였다. 그 원인에는 오락·여가를 체력 강화와 사상 교화에 활용하고자 한 후생운동이 오락 생활의 실태를 무시한 통제와 관리에 치중한 점이나 건전한 오락에 대한 국민적 의식이 부족했던 점 등을 꼽을 수 있다.[67] 이러한 상황은 본 운동에 관여한 지도부의 의도와 대중 사이의 간극(間隙)을 의미하며, '오락 생활의 통제 혹은 자유'라는 딜레마를 내포한 것이기도 하다. 교육연구동지회(敎育硏究同志會)의 문화정책 위원회였던 스즈키 슌이치(鈴木舜一)가 간행한 『근로자 문화의 현상과 제문제』(勤勞者文化の現狀と其の諸問題)는 노동자의 문화생활을 지도하는 입장에서 제기된 어려움이나 문제점을 조사한 자료이다. 여기서 스즈키(鈴木)는 노동자의 교육 정도나 근무 환경 등의 분석을 통해 그들이 "문화를 누릴 기회에 혜택받지 못한 점"이나 문화생활의 실태가 "생각보다 열악한 사실"에 주목하였다. 이에 노동자의 생활문화를 지도하는 입장에서 고심하게 되는 측면은 대개 다음과 같다. 하나는 그러한 상황을 수긍하여 "저급하고 자극적인 것만을 제공한다면 (그들이) 만족하니깐 좋은 것

---

66) 權田保之助, 「戰時下における娛樂問題」(앞의 자료, 日本厚生協會 編, 『厚生運動讀本』), 456~472쪽.

67) 후지노 유타카(藤野豊)는 후생운동이 현실적으로 오락생활의 실태를 무시한 통제와 관리 그리고 건전한 오락을 강요하는 결과를 초래하였다고 지적하였다(藤野豊, 앞의 책, 2000). 또 다카오카 히로유키(高岡裕之)는 후생운동의 개시가 하이킹의 보급 및 대중화를 촉진시키는 계기가 되었지만 그와 동시에 행락객에 의한 무질서, 부도덕, 추태와 같은 현상을 야기한 측면에 주목하였다(高岡裕之, 앞의 논문, 1997).

이라고 보고 내버려 두는 것이 (과연) 옳은 것일까"라는 점이다. 또 다른 하나는 "고급 문화를 즐길 수 있을 때까지 그들을 지도하고 육성해 가는 것이 과연 너무 지나친 방법일까"라는 점이다.[68]

권다(權田)가 소개한 다음의 사례에서도 이러한 문제의식을 엿볼 수 있다. 이는 게이힌공업지대(京浜工業地帶)에 소재한 작은 공장의 경영자한테서 들었던 이야기로, 근래 오락 시설을 설치하는 사회적 추세에 동참해 자신의 공장에도 라디오를 구매하여 점심시간의 식당에서 듣도록 하였다는 것이다. 그런데 다음과 같은 이유에서 라디오 방송 중지를 요구하는 직공(職工)들의 항의가 나오기 시작하였다.

> 우리들은 아침부터 기계 소음에 둘러쌓여 일하고 있다. 점심 쉬는 시간, 식사하는 동안만이라도 소음에서 해방되고 싶으며 조용히 휴식을 취하고 싶다. 이에 동료들과 식사를 즐기며 잡담이나 유쾌한 이야기를 하는 편이 좋은데, 라디오에서 별로 재미있지도 않은 이야기나 가요곡을 듣는 것이 흥미도 없고 오히려 시끄럽다. 애써 점심 쉬는 시간 동안만이라도 소음을 듣지 않고 잡담이라도 즐기며 노동의 피곤함을 해소하고 싶은데도 불구하고 하필 식사 시간에 이상한 소리를 듣고 있자니 참을 수 없다.[69]

요컨대 '오락'이라는 명분으로 틀어진 라디오가 직공들에게 오락적 흥미를 불러일으키지 못하고 오히려 자신의 휴식을 방해하는 소음에 지나지 않는다는 불만이 제기된 것이었다. 이와 같은 경영자의 호소를 들은 권다(權田)는 라디오 방송국과 직공(職工) 모두에게 제안하고 있다. 먼저 라디오 방송국에 대해서는 "공장의 직공(職工) 생활"을 충분히 고려한 다음 방송을 편성하길 바란다는 점이다. 그리고 직공(職工)들에 대해서는 "점심 쉬는 시

---

68) 鈴木舜一, 『勤勞者文化の現狀と其の諸問題』, 教育研究同志會 事務局, 1942, 273~286쪽.
69) 앞의 자료, 權田保之助, 「戰時下における娛樂問題」, 478쪽.

간에 잡담을 즐긴다고 음악이나 라디오를 듣지 않는 것"이 과연 좋은 휴식인지를 반문하면서, 다음과 같이 이상적인 견해를 덧붙였다. 혹시라도 직공(職工) 가운데 미비하게나마 음악을 듣는 자가 생기고 이에 방송국에서 아주 훌륭한 음악을 방송한다면 "이것이야말로 지금껏 기계 소음에 시달렸던 귀가 전혀 차원이 다른 음악 리듬을 듣게 됨으로써 완전히 현실에서 해방되어 잠시라도 환상의 세계로 몰입할 수 있지 않겠는가? 그러한 곳에서 조용히 점심 식사를 하는 것이 얼마나 좋은 일인가"라고 한 것이다.[70] 그리고 휴식 시간이 끝날 무렵 "음악을 들으면서 작업장으로 돌아가기"를 시행하고 있는 공장의 사례를 들어 "단지 한 장의 레코드가 공장 직원 수천 명의 마음을 모두 하나로" 만들고 각자의 업무에 집중할 수 있도록 효과를 발휘한다는 것이다. 이러한 의미에서 권다(權田)는 전시체제의 오락문제는 "전쟁에 승리하기 위한 근로(勤勞)와 우리에게 주어진 훌륭한 과업을 완수하기 위한 것"이기 때문에 절대 간과할 수 없는 중요한 요소라는 점을 강조하였다.[71]

전시체제의 노동자 오락문제에서 '선용(善用)'을 더할 나위 없이 중요한 과제로 강조해 온 권다(權田)는 가두(街頭)에 걸린 '방지하자! 결핵', 걸리지 말자! 성병(性病)'의 2대 표어와 대해 이 문제가 곧 여가의 '사용(死用)·무심함·誤用(오용)·악용(惡用)'에서 비롯된 결과라고 지적하였다. 이에 권다(權田)는 '노동의 능률 증진'과 '노동력 유지와 배양'을 위한 후생운동이 산업계에서 "근로 환경의 정비와 여가의 조정(調整)"과 더불어 "오락 시설과 지도"를 촉진하는 활동이라는 점에서 그 의의를 강조하였다.[72] 이러한 견해에서 엿볼 수 있는 것은 생활 전체의 문제로 '여가 선용'의 중요성이

---

70) 위의 자료, 479~480쪽.
71) 위의 자료, 481~484쪽.
72) 權田保之助, 「時局下産業界における厚生運動の意義」, 1940(『國民娛樂の問題』, 1941, 135~146쪽).

언급되고 있는 점인데, 이는 전시체제에서 요구되는 생활을 유지하기 위한 맥락에 연동되는 것이기도 하였다. 그렇기에 권다(權田)는 오락이 단순히 피로 해소를 위한 '휴양'에 그치는 것이 아니라고 설명하였다. 오락 생활이 미치는 영향에 첫째는 여가의 분배로 정상적인 생활이 정착한다는 점인데 이를 위해서는 ①여가의 확립 ②생활을 이탈하지 않는 여가 사용 ③내용이 충실한 여가 사용이 뒷받침되어야 한다. 이를 바탕으로 둘째는 노동 생활이 고양(高揚)되고, 셋째는 노동자의 인격이 완성되기 때문이다.[73]

이상 권다(權田)의 오락연구를 중심으로 전쟁의 발발과 오락 생활의 상관관계 및 오락에 대한 통제와 관리의 추이(推移) 과정을 고찰함으로써 전시체제의 오락을 둘러싼 문제 양상에 대해 살펴보았다. 전시체제에서 오락문제의 최대 과제는 무엇보다 '인적 자원의 육성과 동원'을 위한 '건전한 오락의 확립'에 있었다. 그러나 오락에 대한 사회적 관심이 집중되고 그의 지향점으로 건전 오락을 강제적으로 장려하는 과정은 대중적 반발이 잠재된 양태였고, 이는 곧 지도와 현실의 간극(間隙)을 양산하는 것이었다.

5. 나오며

지금까지 후생운동이 진행되는 그 과정을 중심으로 전시체제에서 오락·여가를 둘러싼 문제의 양상을 종합적으로 검토해 왔다.

전시체제에서 국민 생활의 모든 측면은 국가적 정책에 '순응과 일체'를 강요받는 영역이 되었다. 오락에 관한 문제도 어떠한 명분에서든 국민의 신체 강화나 사상적 통합, 집단적 통일이라는 목적에 부합되었고, 이는 총후(銃後) 생활을 지탱하는 활동으로 수렴되어 갔다. 이러한 맥락에서 후생운동의 전개는 전시체제에서 야기된 오락문제에 대해 조직적인 '통제와 장려'

---

73) 權田保之助, 「工場勞動者と娛樂」, 1940(『國民娛樂の問題』, 1941, 122~134쪽).

라는 방책에 고심하면서 시국적 요청에 부응한 오락·여가 생활의 재편을 위한 활동으로 확대되었다. '전시체제와 오락 생활'이라는 일견 상반된 것처럼 보이는 요소를 전면에 내세우며 그 나름의 논리를 구축했던 후생운동에서 특히 주목되는 것은 오락문제 그 자체에 대한 사회적 관심을 환기시킨 점이다. 이는 물자 부족과 정신적 불안에 직면한 국민 생활에 대한 이해를 전제로, 오락적 욕구는 인간의 본능이자 기본적 욕망이기에 그에 대한 관심과 주의가 필요하다는 사실에 주목한 것이다. 이러한 의미에서 후생운동은 전시체제라도 '오락은 절대적으로 필요하다'는 인식 아래 국가에 의한 '전쟁과 오락의 바람직한 관계'를 구축하고자 한 활동이라고 다시 정의할 수 있겠다. 달리 표현하자면 전시체제에서 오락·여가의 의의를 인정할 수밖에 없었던 필요에서 이를 조직하고 통제할 후생운동이 대두하였고, '인적자원'의 육성과 동원이라는 국책에 부응하여 '총력전체제(總力戰體制)'를 지탱해가는 '오락·여가 선용(善用)'의 활동을 전개해 갔던 것이다. 그러나 독일이나 이탈리아에서의 전체주의적 여가 운동을 모범적인 본보기로 삼고 그를 모방하고자 했던 배경에서 후생운동에 관계했던 지도부의 성향은 '전체주의'를 호응하고 순응하는 측면이 적지 않았다.[74] 이러한 맥락에서 후생운동은 오락 생활의 '자유성'을 부정하고 국민통합을 목표로 한 '전체주의적 오락·여가 운동'으로써 성격을 가지는 것이다.

전시체제의 확대와 장기화에서 후생운동은 '오락·여가 선용(善用)'이라는 본래의 취지를 수행하는데 점점 많은 제약과 어려움에 직면하게 된다. 이에 표면적으로는 '문화 운동'으로까지 영역을 확장했던 그 활동들은 결국 시국이 악화일로에 치달으면서 자연스레 소멸해 가는 것이 되었다.

---

74) 高岡裕之, 앞의 논문, 1997, 154쪽.

제5장 조선총독부의 오락정책 등장과 그 특징

1. 시작하며

식민지기 오락문제에 한해 1930년대는 조선총독부에 의한 오락방침이 구체화 되는 시기로 규정할 수 있다. 1930년대 초에 개시된 농촌진흥운동에서 그 발단을 찾을 수 있는데, 조선인의 오락문제에 별다른 대책 없이 방임적인 자세를 취해 왔던 조선총독부는 농촌진흥운동을 계기로 오락문제에 관한 실질적인 대책을 모색하게 된다. '농촌사회 구제'를 목표로 한 본 운동을 추진하는 과정에서 오락이 노동의 생산성 향상을 꾀하기 위한 보조 수단으로 주목되었던 것이다. 이를 계기로 조선총독부는 경제적 파탄에 빠진 농촌사회에 활력을 부여할 수 있는, 즉 농촌 사정에 적합한 오락 장려책을 모색해 나간다. 이러한 의미에서 농촌진흥운동의 전개는 그동안 등한시해 왔던 오락문제에 대해 조선총독부가 정책적으로 접근하게 되는 계기를 마련했다고 할 수 있다.[1] 본론에서 검토하겠지만 이 단계에서 구상된 총독부의 오락 장려책은 이후 사회교화·교육사업의 일환으로 재편되고 전시체제 아래에서 비로소 구체적인 결실을 맺게 되는 것을 확인할 수 있다. 한편 전시기(戰時期) 사회교화·교육사업이 '내선일체(內鮮一體)'를 내세운 황민화(皇民化) 정책에 연동되었던 측면에서 총독부의 오락정책 역시 그 관련성을 엿볼 수 있다.

조선총독부 오락정책이 등장하게 된 또 다른 배경으로 주목하고 싶은 것

---

1) 제3장 참조.

은 동시대 서양 각국에서 전개되었던 '오락 장려'라는 세계사적 흐름이다. 이를 상징적으로 보여주는 것이 바로 1932년에 개최된 '제1회 세계후생회의(世界厚生會議)'이며, 이것이 '여가·오락 선용(善用)' 기치를 전면에 내세운 국제적 레크리에이션(recreation) 운동으로 자리매김해 나간다. 이러한 동향 아래 일본에서는 1938년 '후생운동(厚生運動)'이 제창되고 '오락 생활의 조직화'가 본격적으로 추진되었다. 전시체제의 '인적자원 육성과 동원'이라는 명목에서 오락이 건민운동(健民運動)과 생활통제(生活統制)의 한 축을 담당하게 되었던 것이다.[2] 이러한 흐름 가운데 식민지 조선에서는 일본 본국과 마찬가지로 주로 독일과 이탈리아에서의 오락 정책이 모범적인 사례로 소개되고 있는 한편[3], 일본에서 개최된 1938년의 '제1회 후생운동(厚生運動)'이나 1940년의 '제3회 흥아후생대회(興亞厚生大會)'에 관계자가 참가한 것을 확인할 수 있다.[4] 이러한 맥락에서 1938년에 발표된 조선총독부의 오락정책을 '제국 일본'이라는 틀에서 추진되었던 동시대적 접점(接點)을 생각할 수 있다.

전시체제 식민지 조선의 오락에 관한 연구는 많지 않지만 대표적으로 김예림의 연구를 들 수 있다. 전시기 대중문화 현상으로 여행·투어리즘(tourism)이 급증했음을 분석한 다카오카 히로유키(高岡裕之)의 연구[5]에 시사를 얻었다고 밝힌 김예림은 전시기(戰時期) 조선의 체력향상 붐과 맞물려 오락이 장려되는 현상에 주목하고 이를 "전쟁 테크놀로지(technology)"로

---

2) 제4장 참조.
3) 예를 들면 田中靜夫(遞信局 保險監理課長)의 「伊·獨の國民運動から觀た現下の朝鮮」, 『朝鮮』1938年 2月; 藤田榮(總督府學務局)의 「獨逸に於ける厚生運動KDFに就て」, 『文敎の朝鮮』1939年 2月 등이 있다.
4) 日本厚生協會 編, 『第一回日本厚生大會報告書』, 1939(石川弘義 監修, 『余暇·娛樂硏究基礎文獻集』 第16卷, 大空社, 1990), 248쪽; 興亞厚生大會事務局 編, 『紀元二千六百年興亞厚生大會誌』, 1941, 16쪽.
5) 高岡裕之, 「觀光·更生·旅行」, 赤澤史朗 他, 『文化とファシズム』, 日本經濟評論社, 1993.

정의, 총동원체제와의 친화성(親和性)을 지적하고 있다.6) 한편 1930년대 조선에서 유행했던 '명랑(明朗)'이라는 단어에 내포된 의미를 다각적으로 분석한 소래섭은 전시기(戰時期) 통치전략과 관련해 조선총독부의 오락통제를 언급하고 있다.7) 이와 같은 연구는 '저항/협력'이라는 단순한 도식을 넘어 전시체제의 사회문화 현상에 대한 다양한 문제를 제기하고 있다는 점에서 그 성과를 찾을 수 있겠다. 하지만 오락문제에 한해서 본다면, 이는 전시기(戰時期)에 나타난 현상의 일면을 다룬 단편적인 검토로 식민지기 오락문제에 관한 총체적인 분석에 이르지 못하고 있다.

위와 같은 문제인식 아래 본 장에서는 1938년에 발표된 총독부의 오락정책에 주목하고 이것이 어떠한 배경에서 나온 것인지, 또 어떻게 전개되었는지에 대해 살펴보려고 한다. 이를 통해 식민지기 조선의 오락정책 특징과 그 실태를 규명하고자 한다. 이를 위해 다음과 같이 세 가지의 과제를 설정하고 있다. 첫째, 총독부가 1937년 12월에 간행한 『조선사회교화요람』(朝鮮社會敎化要覽)에 주목해 조선의 오락문제에 대한 총독부의 인식을 확인하고 이 단계에서 드러난 오락정책의 구상 방향을 파악하겠다. 둘째, 총독부 오락정책을 보도한 당시 신문기사를 통해 오락정책의 구체적인 내용과 성격에 대해 살펴보겠다. 셋째, 태평양전쟁에 돌입하는 1940년대에 부상(浮上)했던 오락을 둘러싼 사회적 논의에 주목하고자 한다. 일본 본국에서 1940년 '대정익찬회(大政翼贊會)'가 발족된 것과 관련하여 국민정신총동원 조선연맹은 '국민총력 조선연맹'(1940년 10월)으로 조직을 개편하고, '조선의 신체제(新體制)' 확립을 주된 기치로 내세웠다. 조선총독부 행정과 표리일체 관계를 형성했던 본 연맹이 그를 위해 표방했던 것은 이른바 '제(諸)운동의 통합'이었다. 이것은 주로 문화사업의 면모를 띠고 있는데, 그 특징은 기존 교화적 측면을 중시했던 것에 '전시체제의 생산력 확충'이라는 의

---

6) 김예림, 「전시기 오락정책과 '문화'로서의 우생학」, 『歷史批評』 73, 2005.
7) 소래섭, 『불온한 경성은 명랑하라』, 웅진지식하우스, 2011.

미를 더한 활동이라는 점이다. 이와 더불어 본 연맹이 추진했던 것이 '문화
부 설치'였다.[8] 여기에서 주목하고 싶은 것은 문화부 설치를 계기로 조선에
서는 오락문제에 대한 사회적 논의가 재차 활발히 전개되었던 사실이다. 사
료(史料)가 제한적이긴 하지만 이를 통해 1938년에 발표된 오락 정책이 어
떻게 전개되었는지 그 단면을 고찰할 수 있을 것으로 생각한다.

2. 사회교육·교화사업과 오락문제

(1) 조선의 오락문제에 대한 총독부의 인식

1936년 10월 조선총독부 학무국에 사회교육과가 신설된 것을 계기로, 총
독부에서는 『조선사회교화요람』(朝鮮社會敎化要覽)을 발간하기로 결정한
다. 본서(本書)는 조선에서 시행되었던 사회교육·교화사업의 역사를 대략적
으로 개설하는 구성에서 식민지 통치 전후로 시기를 구분하고 있다. 그 가
운데 오락에 관련해서는 다음과 같이 서술하고 있다.

> 오락은 생활의 피로를 가시게 하고 활동 능력을 높이며 사교성과 공동심
> (共同心)의 함양, 정조(情操)의 도치(陶冶), 생활의 정화(淨化)에 교육상 효
> 과가 매우 크다. 그럼에도 불구하고 저급한 수준의 오락은 풍교(風敎)를 해
> 치고 민심(民心)을 퇴폐시키므로, 조선 왕조 시기의 위정경세가(爲政經世家)
> 등은 오락에 대해 소극적 태도를 보여 왔고 더군다나 도학자(道學者)는 오락
> 을 꺼리는 경향까지 있었다. 그렇지만 본디 오락은 본능적인 욕구로 어느 시
> 대에나 존재했다. 조선 왕조 시대 상류사회의 오락으로는 시회(詩會), 산유
> (山遊), 활쏘기(弓射), 바둑 등이 있고 대중적인 오락으로는 윷놀이, 씨름, 줄

---

8) 宮本正明, 「戰時期朝鮮における「文化」問題-國民總力朝鮮連盟文化部をめぐって-」, 『年報日本現代史』, 2001, 188~189쪽.

다리기, 풍년제, 가면춤 등이 있었고 여자의 경우 그네타기, 널뛰기 등이 대표적이다. 그 외에도 있긴 하지만 대부분은 소수에 제한되거나 아동의 유치한 유희를 벗어나지 않는 것으로, 민중 교화에 미치지 못하는 것들이다.9)

여기에서 총독부가 조선의 오락상황을 어떻게 인식하고 있었는가를 파악할 수 있다. 요컨대 일반적으로 오락에는 '양면성'이 있으나, 조선 사회에서는 오락을 기피하거나 소극적이고 부정적인 자세를 보여 왔다는 것이다. 그리고 오락이라고 해도 소수에 제한된 것이며, "아동의 유치한 유희"에 지나지 않아 "민중 교화"에 도움이 되지 않는 것들이 대부분이라는 것이다. 이와 같은 점으로 미루어 보아 총독부는 오락이 갖는 '교화적' 기능을 중시했다는 것을 알 수 있다. 한편 여기에는 조선의 오락상황에 대한 총독부의 문제의식이 드러나 있다. 이를 '오락 경시(輕視)'와 '오락 부재(不在)'로 나누어 구분할 수 있겠다.

먼저, "조선 사회는 오락을 경시해 왔다"라고 하는 인식은 다음과 같은 문맥에서 이해할 수 있다. 한 예로 1927년에 간행된 『조선인의 사상과 성격』(朝鮮人の思想と性格)에서는, 유교 사상을 근간으로 한 조선 왕조의 성립이 예술의 발달을 저해한 원인으로 지적되고 있다. 왜냐하면 조선 왕조가 시작되면서 고대로부터 많은 성과를 축적해온 불교미술이 배척되었기 때문이고, 지배계층은 "오락이나 취미"를 의식주에 불필요한 것으로 여겨 "예술품이나 미술에 대한 욕구를 죄악으로 간주"해 왔다는 것이다. 그 결과 유교 문화가 번창한 중국과는 달리 "조선 사회에서는 예술사상이 발전하지 못했고, 일상생활에서도 취미가 결여한 것이다"라고 결론짓고 있다.10) 근대 일본 사회에서 형성된 조선·조선인에 대한 인식에서 두드러지는 특징은 정체성(停滯性)·낙후성(落後性)을 강조함으로써 식민통치를 합리화하는 것에

---

9) 朝鮮總督府, 『朝鮮社會敎化要覽』, 1937, 17~18쪽.
10) 朝鮮總督府, 『朝鮮人の思想と性格』, 1927, 209~210쪽.

있다.[11] 조선에서는 오락을 경시하는 사회적 풍조가 있다고 설명하는 총독부의 견해에서도 그러한 시선을 엿볼 수 있다.

한편 "오락이라고 할 만한 것이 없다"라는 지적은 이미 한일 병탄 전부터 제기되던 문제인데, 여기에서는 주로 "생활에 취미·오락이 결여되었다", "상업적 오락시설이 부족하다"와 같은 점들이 언급되고 있다. 제2장에서 자세히 고찰한 대로, 식민지 통치자의 시선에서 제기되었던 이와 같은 조선의 오락문제는 당시 사회 일반에 공유되고 있던 인식이기도 했다. 그리고 이러한 인식이 식민지기 조선의 오락문제를 규정하는 사회적 시선으로 정형화되고 고착되었다. 이처럼 조선의 오락문제로 '오락 부재(不在)'라는 점이 강조되었던 것은 1930년대에 들어가서도 크게 달라지지 않았다. 당시 일본 본국에서 전개되고 있었던 오락문제에 관한 사회적 논의와 비교한다면 그와 같은 특징은 더욱 두드러진다고 할 수 있다. 만주사변 이후 일본에서는 군수산업을 중심으로 한 전시기 호황경제가 형성되고 이러한 조류에 편승해 퇴폐적이고 향락 중심의 소위 '불건전한 오락이 범람'하고 있었던 것이다. 이는 금전적으로 여유가 생긴 '노동자들의 무분별한 오락 생활 확산'과 전쟁으로 사회적 긴장감이 고조되는 가운데 그에 대한 '대중의 심리적 반작용'이라는 요소가 복합적으로 어우러진 것이었다. 1938년에 개시된 후생운동(厚生運動)은 이와 같이 '불건전한 오락의 만연'을 개선하고 건전한 오락을 장려하고자 하는 목적 아래 전개되었던 활동이었다.[12] 그에 비해 "경성(京城)의 오락기관이나 위안 시설은 아직 불충분하다", "경성(京城)에는 내지(內地)와 비교해서 오락기관이라고 할 만한 것이 별로 없다"와 같은 의견에서 알 수 있듯이[13], 1930년대가 되어도 조선의 오락문제에는 농촌과 도

---

11) 趙景達, 「朝鮮人懶惰論の形成」, 『植民地期朝鮮の知識人と民衆』, 有志舍, 2008을 참조.
12) 제4장 참조.
13) 賀田直治, 「京城に趣味と慰安の施設が欲しい」, 『朝鮮』 1935年 8月, 54쪽; 毛利元良, 「娛樂機關と盛り場の要望」, 『朝鮮』 1935年 8月, 67쪽; 新田留次郎, 「映畵や劇の施設から觀た京城」, 『朝鮮』 1935年 8月, 55쪽.

시를 불문하고 '오락 부재(不在)' 또는 '오락 빈곤'을 지적하는 여론이 그 중심에 있었다.

(2) 사회교육·교화사업과 오락정책

그렇다면 '오락에 관한 시정(施政)'에 직면해 총독부는 어떠한 방향을 제시했을까? 이에 관해서는 '농촌 오락'이라고 제목이 붙여진 아래의 내용을 통해 총독부의 기본방침을 유추해 볼 수 있다.

> ……생활에 필수지만 세상의 모든 오락이 반드시 교화적이지 않고, 심한 경우에는 퇴폐적인 오락이 인심(人心)에 해를 끼치고 결국 일신(一身)의 해악에 이르는 것도 있으므로 오락을 장려할 때는 특히 선택에 유의해야 한다. 조선에서도 종래(從來) 오락은 적지 않지만, 그 중에서 고상한 것은 일부이고 몇몇 지방의 향토색 짙은 오락을 제외하고는 대개 그 형태는 유치하고 대중적·공정명랑성(公正明朗性)을 갖는 것이 별로 없다. 그렇기 때문에 그러한 오락을 오늘날 농촌 민중의 오락으로서 장려하려고 할 때는 상당한 검토가 필요하다. 이에 본부(本府)에서는 대략 다음과 같은 요항(要領)에서 농촌 오락의 선택과 보급을 기획하고 있다.[14]

이를 통해 총독부는 거듭 오락의 필요성을 강조하고 있지만, 그 폐해 또한 무시할 수 없다는 입장을 전제로 '교화'를 중시하는 목적에 의해 신중하게 오락의 항목을 선택하려고 했던 것을 알 수 있다. 여기서 '요항(要領)'이란 '오락선택의 표준'을 의미하는 것인데 (1) 농산어촌(農山漁村) 생활에 입각한 것 (2) 직업과 상관적(相關的)인 것 (3) 향토적(鄕土的)인 것 (4) 체육적(體育的)인 것 (5) 화민적(化民的)인 것 (6) 대중 공동적(大衆 共同的)인 것 (7) 실시 용이(實施 容易)한 것 (8) 경비(經費)가 적게 드는 것이 그

---

14) 앞의 자료, 朝鮮總督府, 『朝鮮社會敎化要覽』, 97~98쪽.

에 해당하는 내용이다. 이어서 제시된 '오락의 종류'로는 (1) 활동사진 (2) 음악=농악, 악대(樂隊) (3) 축음기 및 무선전화 (4) 운동회 (5) 품평회, 농기 경기회(農技 競技會) (6) 수렵회(狩獵會) (7) 여행, 소풍, 등산 (8) 축제의 여흥(餘興) (9) 아마추어의 연예(演藝) (10) 기타 향토 고유의 오락이 나열 되었다.15)

여기에서 '오락'에 대한 명확한 정의는 없지만 그 의미와 용법에서 개인 또는 집단이 즐길 수 있는 유희, 운동, 잡기(雜技) 등이 그 범주에 포함되었 다고 할 수 있다. 제시된 오락의 기준과 범위가 어떠한 배경에 의해 설정된 것인지에 대해서는 추가 설명이 없기에 그 이상의 정황을 구체적으로 알 수 없다. 다만 여기서 유추할 수 있는 것은 오락정책의 수립에 앞서 총독부 가 그 방향성을 어떻게 모색하고 있었던가 라는 점이다. 무엇보다 '농촌 오 락'이라는 제목에서 위의 내용이 제시된 점은 이에 대한 중요한 실마리를 제공해 주고 있다. 특히 '오락선택의 표준'에서 첫 번째로 명시된 "농산어 촌(農山漁村)의 생활에 입각한 것"이라는 항목은 그 상징성을 시사해준다. 요컨대 이는 조선총독부가 오락정책의 구상에서 무엇보다 '농촌 대중'을 주 된 대상으로 하고 있었다는 점이다. 이와 같은 방향이 설정된 것과 관련해 서는 일찍이 우가키 가즈시게(宇垣一成) 총독이 농촌진흥운동을 개시하면 서 조선 사회 근간인 '농업구제'의 중요성을 설명했던 것이나, 실제 농민이 대다수를 이루고 있었던 조선의 사회적·문화적 사정에서 그 요인을 찾을 수 있겠다. 농촌진흥운동 과정에서 드러났듯이, 이러한 점은 농촌 오락문제 를 조선 전체의 오락문제로 동일시하고 언급해 온 총독부의 태도를 통해서 도 확인할 수 있다.16) 이러한 문맥에서 농촌 대중을 주된 대상으로 한 총독 부의 오락정책은 조선의 사정을 반영한 당연한 결과였다고 해석할 수 있다.

한편 전시기(戰時期) 오락문제에 대해 총독부가 취한 입장은 조선에서는

---

15) 위의 자료, 98~99쪽.
16) 제3장 참조.

이것이 황민화 정책과 연관되는 성격을 갖고 있었다는 점을 지적할 수 있겠다. 앞서 인용한『조선사회교화요람』(朝鮮社會教化要覽)은 1937년 12월에 발행되었는데, 그 서두의 '황국신민(皇國臣民)의 誓詞(서사)'에서 엿볼 수 있듯이 본서(本書)의 총체적인 목표는 여기에 결부되는 것이었다. 알다시피 1937년 7월 중일전쟁 발발을 계기로 조선에서는 '내선일체(內鮮一體)'라는 통치이념이 전면에 세워지고, '황국신민화(皇國臣民化)'를 위한 실천운동으로 '국민정신총동원 조선연맹'이 조직되었다. 이러한 움직임이 일본 본국에서의 총동원 운동과 호응하여 전개되었음은 말할 필요도 없겠다.[17] 이러한 배경 아래에서 총독부는 조선에서 사회교화·교육사업의 목적과 역할을 '황민화 정책의 일환을 담당하는 것'으로 설명하고 있다.[18] 오락에 대해 '교화'라는 기능을 강조한 총독부의 태도는 '오락 선용(善用)'에 입각한 전형적인 것으로 볼 수 있다. 단 사회교화·교육사업이 황민화 정책과 긴밀히 연계된 점을 염두에 둔다면 총독부의 오락정책 역시 그러한 흐름과 무관하지 않았음을 생각할 수 있다.

이처럼 사회교화·교육사업에서 '농촌 오락'이라는 항목으로 구체화 된 총독부의 오락 장려책은 앞서 언급한 것처럼 농촌 대중을 주된 대상으로 한 것이었다. 제4장에서 언급했듯이 당시 일본 본국에서 개시된 후생운동(厚生運動)의 경우 조직 구성과 내용이 매우 "도시적(都市的)"인 성격으로, 특히 1938년부터 1940년을 걸쳐 대도시를 중심으로 한 계몽 활동이 활발히 전개되었다.[19] 이에 비해 총독부 오락정책은 '농촌을 기반으로 한 농민 대중'을 중심에 두고 있다는 점에서 그 특징을 찾을 수 있다. 다만 '조선의 오락문제=농촌의 오락문제'로 간주해 온 총독부의 태도를 생각한다면, 이 단

17) 식민지 조선에 있어 황민화 정책의 전개 과정에 대해서는 宮田節子,「皇民化政策の展開と朝鮮」,『朝鮮民衆と「皇民化」政策』, 未來社, 1985를 참고.

18) 앞의 자료, 朝鮮總督府,『朝鮮社會教化要覽』, 19쪽.

19) 高岡裕之,「總力戰と都市—更生運動を中心に—」,『日本史研究』415号, 1997, 146~156쪽.

계에서 구상된 항목들이 농촌을 토대로 삼고 조선 사회 전역으로 확대해 가는 측면을 유추해 볼 수 있다. 이에 관해서는 1938년에 이르러 발표된 총독부의 오락정책을 통해 구체적으로 검토하고자 한다.

3. 조선총독부의 오락정책과 향토 오락 장려

(1) 조선총독부의 오락정책 구상

총독부의 오락정책이 공식적으로 발표된 것은 1938년이다. 이는 당시 신문기사를 통해 확인할 수 있다. 1938년 7월 12일자 『조선일보』(朝鮮日報)는 "총독부 사회교육과에 의한 각 도(道)의 민중 오락 조사가 끝나고, 당국은 이것을 토대로 '신생활(新生活)에 적합'한 지도를 계획하고 있다"고 보도했다. 여기에서 주목되는 것은 앞서 사회교육·교화사업에서 언급한 '오락 선택의 표준' 8가지 항목이 여기에서 총독부가 제시한 '토대'로 재차 제시된 점이다. 한편 『조선일보』(朝鮮日報)는 "각 사회에는 각각의 특색에 맞는 오락이 있는데 이를 '순화·고급화·보급화' 시키는 것이 사회지도자의 책임이다"고 설명하면서 "오락은 민심(民心)의 생활이나 감정에 깊이 관련된 것이기 때문에 어떠한 강제력으로 무리하게 지도한다고 해서 되는 것이 아니다. 따라서 금후(今後) 오락지도에 있어 조선인의 생활과 감정을 무시하고 구상한 '토대'의 항목을 일방적으로 적용해서는 소기(所期)의 성과를 거둘 수 없는 것이다"고 지적하고 있다. 따라서 애써 노력한 향토 오락의 조사와 그 의미가 퇴색하지 않도록 각 지방 관료에 대해 신중한 태도가 필요하다고 이야기하고 있다. 『조선일보』(朝鮮日報)는 각 도(道)의 사정에 기반을 둔 총독부의 오락조사 활동을 높이 평가하는 한편 그에 대한 충분한 이해와 주의가 필요하다고 의견을 더한 것이었다.[20]

1938년 7월 28일자 『동아일보』(東亞日報)는 "총독부 사회교육과가 '향토
오락의 보호와 조장(助長)'을 위한 일 년여 간의 조사·수집을 끝내고 이를
기초로 적극적으로 오락을 지도, 장려할 방침"임을 다음과 같이 전하고 있
다. 요컨대 조선 전역의 오락을 조사한 총독부가 "오랜 역사와 전통을 가지
고 향토 생활에서 자연 발생한, 독특한 향토 오락 200여 종 가운데 선택에
고심하고 있는 중"이라는 것이다. 여기에서 밝혀진 총독부의 목적은 "종래
경찰의 단속이나 식자(識者)들의 무관심으로 소멸에 직면했던 향토 오락을
되살리고 이를 통해 최종적으로는 민중 오락의 지도 이념을 확립하는 것"
에 있었다. 이러한 방침에서 드러나는 것은 총독부가 '향토 오락'의 발굴과
장려에 힘을 쏟고 있었다는 사실이다.[21] 『동아일보』(東亞日報)는 1938년 7
월 30일자 기사에서 다음의 내용을 덧붙이고 있다.

> 향토(鄕土)는 우리의 인생과 불가분 관계에 있다……총독부 사회교육과
> 조사에 의하면 조선 재래(在來)의 오락과 경기(競技)는 약 200여 종에 달한
> 다. 그 가운데는 어느 지방에 한해서 행해진 것도 있지만 씨름, 널뛰기, 연날
> 리기, 그네 등과 같은 13종은 조선 전역에서 볼 수 있는 보편적인 것이다.
> 조선인들은 오랜 세월 동안 이러한 오락과 경기를 통해 위안을 얻고 미풍양
> 속을 배양하고 활동에 여유와 상호친목을 꾀해 왔다. 그러나 윷놀이와 그네
> 가 정월(正月), 단오와 같은 기간에 잠시 활발한 것 외에는 시세(時勢)와 환
> 경이 그렇다 해도 이에 대한 일반의 무관심과 경시는 참으로 한탄할 현상에
> 이르렀다.

『동아일보』(東亞日報)는 이러한 가운데 "사회교육과가 일 년에 걸쳐 조
선의 민중 오락과 경기(競技)를 조사했고, 앞으로 적극적으로 이를 지도·장
려하고자 방침을 세운 것에 매우 기뻐하지 않을 수 없다"고 찬사를 보내고

---

20) 『朝鮮日報』 1938年 7月 12日.
21) 『東亞日報』 1938年 7月 28日.

있다. 또한 다분히 생활에 밀접한 것으로 '향토'의 의미를 언급한 것과 관련해 지금까지 "서양 문물을 우선시"해 온 것을 반성해야 하며, 더욱이 향토 오락은 "우리의 생활과 감정에 적합"할 뿐만 아니라 "재래(在來)의 것을 이용하는 것이므로 경제적인 이유에서도 이를 마땅히 장려해야 한다"고 의견을 피력하고 있다.22) 향토 오락의 의미를 '생활에 밀착'한 것으로 정의하고 있는 『동아일보』(東亞日報)의 견해는 앞서 살펴본 『조선일보』(朝鮮日報)과도 유사한 문맥에 있는 것이다. 이에 두 신문이 무엇보다 이러한 측면을 중요히 여기고 있음을 알 수 있고, 따라서 조선총독부가 발표한 오락정책을 적극적으로 지지하고 동조하는 입장을 보였던 것이다.

한편 총독부의 기관지라 할 수 있는 『매일신보』(每日新報)에서는 "내년부터 총독부에 후생국(厚生局)이 신설될 것과 더불어 총후 반도(銃後 半島)의 국민 체력 강화가 본격적으로 추진될 예정"이라 하고, 이와 관련해 다음과 같이 보도하고 있다.

> 총독부는 스포츠의 대중화를 목표로 각 체육 단체의 통제와 경기형식의 통일을 추진함으로써 체력증진 방침의 새로운 출발을 제창하게 되었다. 이를 실현하기 위해 당국에서는 '향토 오락'을 주목하고 있다. 현재는 씨름, 그네, 줄다리기, 연날리기와 같은 것을 대상으로 하고 있는데 조사한 향토 오락 200여 종 가운데 '현대식 스포츠'로 개량하여 '체력 증진'의 효과가 기대되는 10여 종을 보편적인 것으로 장려할 계획이다. 이를 단지 '향토 오락'으로만 끝내지 않고, 매 시기마다 실시하여 체력증진과 체위향상(體位向上)에 유효하게 할 계획이다.

1941년에 이르러서야 실현된 '후생국(厚生局)' 설치 계획이나23), 향토 오락을 '스포츠'로 의미부여 했던 총독부의 움직임에서는 전시체제에 대두한

---

22) 『東亞日報』 1938年 7月 30日.
23) 『朝鮮總督府官報号外』 1941年 11月 19日.

'체력' 문제에 관한 높은 관심을 읽을 수 있다.24) 여기에서 드러난 점은 총독부가 향토 오락을 장려하게 된 데에는 "체력 증진"이라고 하는 주된 목적이 있었다는 사실이다. 『매일신보』(每日新報)는 이 점에 대해 "전시체제의 물자 부족에서 스포츠 기구를 제작할 수 없는 현 시국과 상황"에서 비롯된 것이라 설명하고 있다. 이에 향토 오락은 "재래(在來)의 것을 활용함으로 별도의 기구가 필요하지 않는 이점"이 있기 때문이고, 따라서 "물자 절약·체력 증진·향토예술의 존중"이라고 하는 "일석삼조(一石三鳥) 효과"를 얻을 수 있다는 것이다. 이와 같은 생각으로 사회교육과와 문서과에서는 "향토 오락의 선별과 장려에 대한 구체적 방안을 생각하는 중이며, 조선 전역의 국민정신총동원 지방연맹을 통해 이를 철저히 보급할 방침이다"라고 전하고 있다. 『매일신보』(每日新報)는 이러한 상황에 대해 "우수한 종목을 선택, 총후(銃後)의 체위향상(體位向上)에 이용"하려는 총독부의 방침으로 향토 오락이 바야흐로 "시대의 각광"을 받고 있다고 보도하였다.

　『매일신보』(每日新報)의 기사를 통해 명확해 점은 다음과 같다. 요컨대 총독부가 세운 오락 지도방침은 조선 재래의 향토 오락을 이용하는 것을 골격으로 하고 있으며, 주된 목적이 '총후(銃後)의 체력향상'에 있었다는 것이다. 그리고 황민화 정책을 추진하기 위한 보조기관으로 조직된 '조선국민정신총동원'의 지방연맹이 그 실천을 담당하고 있었다는 점이 주목된다. 한편 『동아일보』(東亞日報)나 『조선일보』(朝鮮日報)는 '독자적인 문화 양식'의 일부로 향토 오락의 특징인 '향토성'을 강조하는 반면, 총독부는 향토 오락이 갖는 '체력향상'의 기능에 더 무게를 두고 있었다고 할 수 있다. 향토

---

24) 전시기 조선에서 전개된 체력향상 붐에 관해서는 김예림(앞의 논문, 2005)이 이미 논증한 바인데, 그 배경에 대해서 부언하자면 다음과 같다. 전시 하에 '체력'문제가 부상함에 따라 일상생활의 다양한 영역이 이와 관계를 맺는 한편, 오락 활동도 이에 포섭되어 '체력향상 운동'이라는 명목을 갖게 된 것이었다. 이에 대해서는 高岡裕之, 「戰爭と「体力」—戰時厚生行政と靑年男子—」, 阿部恒久 編, 『モダニズムから總力戰へ』, 日本經濟評論社, 2006, 178쪽.

오락의 활용이라는 측면이 전시체제에서의 물자 부족이라는 현실적인 문제와도 관련이 있었기 때문이었다. 오락 생활이라는 것도 물질적으로 어느 정도 시설이 갖추어진 상태에서 가능하다는 점을 고려할 때, 전시체제에서 총독부는 조선의 오락문제로 '오락시설 부족'이라는 상황을 더욱 실감하지 않을 수 없었을 것이다.

　이러한 점들을 통해 알 수 있는 것은 총독부가 조선의 전통오락에 주목하게 된 이유이다. 그 과정에 대해서는 앞의 기사에서 언급된 것처럼 "일년에 걸친 향토 오락 조사"에 임해 왔다고 밝히고 있는데, 1937년 사회교육·교화사업에서 제시된 "오락선택의 표준" 8가지 항목은 이러한 흐름에서 나온 것이었음을 판단할 수 있다. 총독부가 오락정책에서 '향토 오락 장려'를 전면에 내세우게 된 것은, 향토 오락이 바로 그러한 조건을 충족시키고 있었음을 의미하며 이러한 과정을 토대로 한 결과였던 것이었다. 이와 더불어 총독부의 오락정책에 토대를 제공한 측면에서, 그보다 앞서 전개된 농촌진흥운동과의 상관관계를 지적할 수 있겠다. 농촌진흥운동 개시와 더불어 제기된 오락문제에 대한 대책으로 총독부에서는 이미 조선 재래의 오락 장려를 검토하고 있었고[25], 각 지방에서 실시된 오락조사 활동이 이를 뒷받침하고 있었던 것이다. 전시체제에서 농촌진흥운동 역시 학교 교육, 사회교육을 기반으로 한 황민화 정책 속에서 전개되는 것을 고려한다면 농촌진흥운동 과정에서 구상된 오락 장려책도 그에 포섭되는 형태로 유지되었음을 추측하게 한다. 따라서 정책적 관점에 의한 향토 오락 조사는 실제 농촌진흥운동 개시 속에서 시작되었다고 볼 수 있으며, 총독부가 향토 오락을 주목하게 된 보다 근본적인 계기를 여기에서 찾을 수 있는 것이다.

　그러나 식민지 조선에서 향토 오락이 주목을 받게 되는 당시의 전반적인 사회적 동향에 대해서도 이해할 필요가 있다. 향토오락에 대한 관심이 '조선심(朝鮮心)'이나 '조선색(朝鮮色)'이라는 민족적·민속적 표상과 결부하

---

25) 제3장 참조.

여 각종 언론 매체를 통해 저변을 넓히고 있었던 것이다. 다음에서는 이에
초점을 맞춰 그 속에서 드러난 향토 오락에 대한 사회적 관심의 형태를 살
펴보고자 한다.

(2) 향토 오락에 대한 사회적 관심 고조

1930년대에 들어서 실증주의에 입각한 근대적 학문의 일환으로 '조선학
(朝鮮學)'이 학술적 체계를 형성하게 된다. 다양한 연구 주체가 등장하게
되고 세분화된 연구가 진행되는 가운데 전통과 과학·고전부흥의 방법론이
나 의의를 둘러싼 논의가 활발히 전개되었던 것이다. 조선인의 민족의식을
강조하며 '문화 민족주의'를 실현하고자 했던 1920년대의 자문화(自文化)
연구와는 달리, '조선학(朝鮮學)' 연구는 '전통의 탐구'와 '복고(復古)의 정
서'에 있어서 이제껏 당연시해 왔던 서양 중심의 근대적 가치관을 뒤엎고
이를 통해 전통의 의미를 재평가하려는 학문이 되었다. 이와 같은 차이점에
서 '조선학(朝鮮學)'은 '민족의식'을 강조하는 것이 아니라, '문화의 고유성
과 보편성'이라는 측면에서 '전통과 고전'의 의미를 정립하고자 했던 학문
이었다. 이러한 경향은 조선만의 독자적인 사상이 아닌, 마르크스주의의 정
치적 활동이 억압된 1930년대에 조선과 일본에서 동시대적으로 전개된 문
화 현상이었다. 요컨대 일본 본국에서는 전통과 고전연구의 '낭만적 정신'
과 문헌학적 실증주의 또는 '정신사적(精神史的) 해석학'이 결합한 '국학
(國學) 부흥'이 전개된 것이다. 식민지라는 상황에 구속될 수밖에 없었던
'조선학(朝鮮學)'은 이와 같은 흐름에 편승한 '제국 일본'의 문화 운동이라
는 성격을 갖고 있었다.26)

---

26) 1930년대에 대두한 '조선학(朝鮮學)'에 관한 선행연구로는 김병구, 「고전부흥의 기
획과 '조선적인 것'의 형성」, 『'조선적인 것'의 형성과 근대문화담론』, 소명출판,
2007; 정종현, 『동양론과 식민지 조선문학-제국적 주체를 향한 욕망과 분열』, 창비
출판, 2011; 趙寬子, 『植民地朝鮮/帝國日本の文化連環―ナショナリズムと反復す

이러한 배경을 기반으로 하여 1930년대 식민지 조선에서는 향토 오락을 둘러싼 다수의 사회적 담론이 생산되고 있음을 볼 수 있다. 특히 민속학적 견지에서 향토 오락에 대한 재평가가 활발히 전개되었다. 이와 관련해 먼저 『동아일보』(東亞日報)가 창간 15주년을 기념하기 위해 「농촌 오락의 조장 (助長)과 정화(淨化)의 구체적인 방책」이라는 특집을 기획한 것에 대해 살펴보자. 『동아일보』(東亞日報)는 "응모한 다수의 원고가 기대에 미치지 못한 것"이었기에 "향토 오락 전문가 송석하"에게 의견을 요청하게 되었다고 그 서두를 시작하고 있다. 1932년에 설립된 '조선민속학회'27)의 중심 회원으로 활동하고 있었던 민속학자 송석하는 그러한 전문가적 식견에 입각해 먼저 재래(在來) 오락의 분류와 해석을 서술하며 일본을 비롯한 외국의 오락 사정을 개괄하는 것으로 논고를 구성하였다. 이것이 1935년 6월 22일부터 7월 10일에 걸쳐 『동아일보』(東亞日報)에 연재된 「농촌 오락의 조장(助長)과 정화(淨化)에 관한 사견(私見)」이다. 여기에서 송석하는 오락의 목적을 "경제적 파멸에 직면한 우울한 현재를 명랑한 오락으로 해소시키고, 내일의 새로운 정력(精力)과 생활의 활기를 함양(涵養)"하는 것에 있다고 서술하고 있다. 이를 전제로 본 논고의 요점은 민족 고유의 오락에 내재된 "전통의 정서(情緒)"를 강조하고 그러한 오락이 소멸하지 않도록 하는 한편 시대의 변화에 따른 개선의 방법을 강구(講究)해야 한다는 것에 있다. 단 향토 오락이라고 해도 "예술적·체육적"인 것을 대상으로 하고, "농어촌(農漁村)의 경제상태에 의한 비용문제"나 "윤리적·사회교화"의 측면을 고려해 그것의 장려 방안을 검토해야 한다는 것이다.28)

る植民地主義』, 有志舍, 2007을 참조.

27) 손진태·송석하·이마무라 도모(今村鞆)·아키바(秋葉隆) 등이 주축이 되어 1932년에 설립한 '조선민속학회'는 조선민속에 관한 자료수집과 지식보급, 연구자 간의 연대를 목표로 하고 있다. 이에 관해서는 남근우, 「조선민속학회 再考」, 『정신문화연구』 96, 2004을 참고.

28) 송석하, 「농촌오락의 助長과 淨化에 對한 私見」(1935년), 『韓國民俗考』, 일신사,

향토 오락에 대한 송석하의 의견은 이후 1938년 6월 10일부터 6월 14일에 걸쳐 『동아일보』(東亞日報)에 게재한 기사 「민속(民俗)으로부터 풍속(風俗)으로」를 통해서도 확인할 수 있다. 송석하는 "민속(民俗)은 과거, 풍속(風俗)은 현실을 대상"으로 하는 것이라 정의한 후 지금까지 서양 문물을 우선시해 온 것을 반성하고 과거 민속(民俗)을 지양해야 한다고 지적한다. 그러면서 향토 오락을 "현대에 상응하는 것으로 부활시키는 것이야말로 풍속(風俗)의 재생(再生)"임을 주장하고 있다.[29] 이 역시 향토 오락의 고유적인 성격을 강조하면서도 향토 오락의 '근대화·보편화'를 중요시하는 데에 중점을 둔 견해인데, 이러한 점에서 총독부 오락정책과의 연관성을 발견할 수 있다. 즉 조선의 오락문제에 대한 해결책으로 향토 오락(=농촌 오락)을 주목하고 있다는 점, 그것을 건전한 오락으로 개선해 보편적으로 장려하고자 했던 점에서 공통된 맥락을 읽을 수 있다. 또한 '향토 오락의 발굴과 개선'을 제기한 당대의 담론은 이와 같은 맥락에서 끊임없이 생산되고 있었다.

이와 관련한 사례로 황해도 지방의 전통춤 봉산탈춤(=사자춤)을 둘러싼 여론을 살펴보자. 1936년 8월 8일자 『부산일보』(釜山日報)에서는 봉산탈춤에 대한 총독부의 시책을 다음과 같이 확인할 수 있다. 기사에 의하면 그 계기는 "조선의 사정(事情)을 소개하는 일조(一助)"로 향토 오락에 관한 조사를 진행했던 총독부가 황해와 함남 지방에서 근근이 명맥을 이어가던 봉산탈춤을 "발견"한 것에 있었다. 이에 총독부는 민속학적 가치가 높다고 판단, 지방유지의 협력을 얻어 8월 31일 "사리원(沙里院)에서 이를 재현"하기로 하고 이날의 실황을 촬영해 전국적으로 방송하기로 결정한다.[30] 이처럼 '봉산탈춤의 재현'에 적극적인 의욕을 밝힌 총독부의 선전에 힘입어 당일 공연은 다수의 관계자가 참관한 가운데 성황을 이루었다. 그중에는 총독

1960, 301~373쪽.

29) 송석하, 「民俗에서 風俗으로」, 1938년, 위의 책, 404~412쪽.

30) 『釜山日報』1936年 8月 8日.

부 촉탁(囑託)으로서 조선풍습에 관한 다방면의 조사와 연구에 참여해 온 무라야마 지준(村山智順)도 있었는데, 후에 본인이 편집자로 재직하고 있던 잡지 『조선』(朝鮮)의 「민중 오락으로서의 봉산 가면극(鳳山 假面劇)」이라는 기사를 통해 이에 대해 자세히 설명하고 있다. 이는 마침 본 잡지가 "근래 농촌에 충실하기 위한 하나의 방법으로 향토 오락을 다시 검토"하는 취지에서 기획한 특집 「가면무용극」(假面舞踊劇)의 일부분으로 게재된 것이었다.[31] 여기에서 무라야마(村山)는 "수년 전부터 꼭 한번 보고 싶었던 봉산탈춤"의 민속학적 가치를 분석하는 한편 "오락이 없는 조선 민중에게 이 탈춤이 얼마나 큰 감흥을 주는지를 직접 볼 수 있어서 좋은 기회였다"라고 감상을 적고 있다.[32] 이러한 개인적 흥미를 포함해 그는 봉산탈춤을 앞으로 어떻게 부흥시켜야 할지에 대해 다음과 같이 논하고 있다.

> 민중 오락의 유일 조건은 민중에게 위안을 주는 것과 동시에 자연스럽게 민중을 교화시키는 것에 있다. 봉산탈춤의 가면은 예술적 감흥을 충분히 충족시키고 있으며, 이것을 보는 것만으로 민중의 마음은 현실 생활에서 초탈해 모든 고통이나 집착으로부터 자유로워진다……그러나 교화적인 측면에서 본다면 고민할 필요가 있다. 극의 형식뿐만 아니라 인생의 밝음 보다는 어두움을 묘사하는 것에 문제점이 있다……(이는) 예로부터 형성된 조선의 색깔로 여겨지는데, 상당히 뿌리 깊은 전통성을 가지고 있지만 종래 민중 생활을 고려할 경우 이러한 점을 그대로 내버려 둬서는 안 된다……피상적인 야유나 의분(義憤)의 만족과 같은 소극적 위안보다는 환희나 감격에 쌓이는 적극적 위안을, 스스로 인생에 광명(光明)을 느낄 수 있는 힘찬 삶의 자세를 담는 내용이 되어야 한다.[33]

봉산탈춤이 가진 오락적 기능을 높이 평가하는 한편 개선의 필요성을 지

31) 「編輯後記」, 『朝鮮』 1937年 2月, 197쪽.
32) 村山智順, 「民衆娛樂としての鳳山仮面劇」, 『朝鮮』 1937年 2月, 1~6쪽.
33) 위의 자료, 17~18쪽.

적한 무라야마(村山)의 견해는 '오락의 필요성'과 '그것이 부족한 조선 민
중의 생활'에 대한 문제인식을 바탕으로 하고 있음을 알 수 있다. 무라야마
(村山)는 이에 대해 편집후기에서도 다음과 같이 재차 언급하고 있다. 즉
"민중 오락적 견지(見地)"에서 봉산탈춤이 갖는 긍정적 의의를 설명함과 동
시에 "조선 재래(在來)의 정서(情緒)에 기인한 어두운 내용에서는 벗어날
필요가 있다"고 의견을 덧붙인 것이다. 그리하여 그는 향토 오락 개선에 대
해 "옛것의 부활은 그 형태를 바꾸는 것뿐만 아니라, 그 내용에 청명하고
새로움의 생명을 다시 살리는 것"이라고 의미를 부여하였다.[34]

그러나 봉산탈춤 부흥에 적극적이었던 주체는 총독부뿐만 아니었다. 남
근우가 밝히고 있듯이 조선민속학회의 송석하 경우, 일본에서 1934년에 개
최한 '제8회 향토무용과 민요대회'에 조선을 대표하는 향토무용으로 봉산
탈춤을 소개하려고 했다.[35] 송석하의 이러한 희망은 조선민속학회가 주최
하고 『조선일보』(朝鮮日報)가 후원한 조선판 '향토무용과 민요대회'(1937
년)를 통해서 실현되었다고 할 수 있는데, 본 대회에서 봉산탈춤이 "유일한
우량(優良) 오락"으로 선정되어 공연을 하게 된 것이다.[36] 이후 『조선일보』
(朝鮮日報)는 1938년에 개최한 '조선 전역 향토 향토연예대회(鄕土演藝大
會)'를 통해서도 "향토 예술의 정화(精華)"나 "민속예술의 최고봉" 등과 같
은 수식어로 봉산탈춤에 대해 찬사를 이어갔다.[37]

이상 검토한 바와 같이 1930년대 조선에서 전개된 향토 오락을 둘러싼
사회적 담론은 식민지통치 권력과 길항관계(拮抗關係)를 유지하면서, 향토
오락에 대한 발굴과 개선의 방향을 제시하고 있었다는 것을 알 수 있다. 이
는 '자문화(自文化)의 서양화(西洋化)'를 지향해왔던 것에 대한 반성과 '조
선적(朝鮮的)인 근대문화'를 창출하고자 했던 당대의 조류 속에서 전개되

---

34) 「編輯後記」, 『朝鮮』 1937年 2月, 197쪽.
35) 남근우, 앞의 논문, 54~57쪽.
36) 『朝鮮日報』 1937年 5月 18日.
37) 『朝鮮日報』 1938年 3月 24日.

었다. 여기에서 주목되는 점은 향토 오락을 '민족주의의 발양(發揚)'을 위한
것으로 정의하기보다 '향토의 고유성을 가진 문화 양식' 일부로 해석하고
있다는 것이다. 이러한 맥락에서 향토 오락에 대한 의미 규정이나 향토 오
락을 재평가한 총독부의 입장과 일정 정도 공명(共鳴) 관계를 이루고 있었
음을 알 수 있다.

총독부가 1941년에 출판한 『조선의 향토오락』(朝鮮の鄕土娛樂)은 시국
의 요청에 편승한 향토 오락의 재발견이 어떤 맥락에서 이루어졌는지를 상
징적으로 보여주는 사료(史料)이다. 총독부 문서과 및 국민총력과 과장을
겸한 노부하라 사토루(信原聖) 본서(本書)의 서문에서 아래와 같이 명시하
고 있다.

> 본부(本府)의 촉탁(囑託) 무라야마(村山)씨의 주도 아래 조선 전역에서
> 행해지는 향토적 오락을 대소 구별없이 조사·수집 한 것이다. 말할 필요도
> 없이 이러한 오락은 향토의 생활에 밀착해 온 것이다. 무미건조한 농어촌(農
> 漁村) 생활에 위안과 화평과 위락을 부흥하고, 민중의 정조(情操)를 키우는
> 마음의 양식이 되며 또한 매일의 노동의 피로를 해소시켜 내일의 활동을 약
> 속한다. 따라서 본서(本書)는 조선향토의 생활문화에 대한 이해와 국민 총력
> 의 배양이 필요한 현 시국에 민중의 마음 통합을 촉진하고 활동의 지구성
> (持久性)을 확보할 건전오락을 고찰하는 점에서 중요한 참고자료가 될 것이
> 라 믿는다.38)

여기에서 그간 총독부가 주도해 온 향토 오락조사가 무라야마(村山)를
중심으로 이루어졌다는 것을 알 수 있다. 또한 총독부가 향토 오락에 주목
한 목적에는 "조선향토의 생활문화에 대한 이해"와 "국민 총력의 배양"을
위한 의도가 있었다는 것을 알 수 있다. 한편 향토 오락에 관한 제반 조사
를 총괄한 무라야마(村山)는 그 과정에 대해 다음과 같이 정리하고 있다.

---

38) 朝鮮總督府, 『朝鮮の鄕土娛樂』, 1941, 서문.

一. 본 조사 자료는 쇼와(昭和) 11년(1936년-인용자)에 각 도지사에게 문
  의하고, 조선 전역의 각지에서 시행하고 있는 향토 오락을 부군도(府
  郡島) 관하 소학교에서 의뢰하고 수집한 보고에 입각한 것이다.

一. 향토 오락의 성질이나 분화(分化)에 어려운 점이 많아 명확히 분류하
  지 못한 것이 많고, 같은 것이라도 지역마다 명칭을 달리하는 것도 있
  으나 그대로 수록했다.

一. 오락의 한 요소를 이루는 가요는 조선어(朝鮮語) 그대로 보고된 것은
  당연히 국어로 번역해야 했지만, 혹시 오역으로 본서(本書)의 가치를
  훼손할 위험이 있으므로 그대로 수록했다.

一. 자료의 조회(照會)와 수집은 본부(本府)의 동료 촉탁(囑託) 오청(吳
  晴)씨에게 많은 신세를 졌고, 분류·편집·교정 등은 조사담당자 히라
  카와(平川), 權本 두 사람에게 도움을 받았다.[39]

이를 통해 무라야마(村山)가 주축이 된 총독부의 향토 오락에 관한 제반
의 조사가 1941년에 이르러 『조선의 향토오락』(朝鮮の郷土娯楽) 간행이라
는 성과로 이어지게 된 것이 명확해졌다. 이는 요컨대 시국적 요청에 따른
향토 오락의 '재발견'을 정리한, 최종적인 성과였던 것이었다. 무라야마(村
山)가 언급하고 있듯이 본서(本書)는 조선 전역의 향토 오락을 개괄적으로
소개하는 구성에 있어서 조선의 향토 오락이라고 여겨지는 대부분을 망라
하여 그 대상으로 다루었다.

여기에서 주목하고 싶은 점은 향토 오락에 대한 총독부의 미묘한 태도의
변화이다. 일찍이 총독부는 조선의 향토 오락에 대해서 '오락'의 수준에 미
치지 못하는 것이라던가, 계절에 일시적으로 행하는 세시풍속의 일부에 지
나지 않는 것으로 간주해 왔다.[40] 1931년에 출판된 오청(吳晴)의 『조선의
세시풍속』(朝鮮の年中行事)도 그와 같은 인식을 토대로 한 것이었다. 이는
무라야마(村山)와 마찬가지로 총독부 촉탁(囑託)으로 향토 오락의 조사를

---

39) 위의 자료.
40) 제2장 참조.

담당했던 오청(吳晴)이 잡지『조선』(朝鮮)에 7회에 걸쳐 연재한 내용을 소 책자로 엮은 것이다. 오청(吳晴)이 서문에서 서술한 바를 인용하자면 "한 나라의 문화와 민족성을 알고자 한다면 먼저 풍속과 관습을 알아야" 하며 이러한 의미에서 "역사적 또는 민족적 배경에 의한 세시풍속은 국민성의 반영이자 풍속과 관습의 표징(表徵)"이라고 했다. 다만 그는 그것들이 "집 단적 오락"으로 기능하고 있는 것에 주목하여 향토 오락이라는 측면에 결 부하여 조선의 세시풍속에 대한 개괄적인 설명을 더하고 있다.41)

위의 두 사료(史料)는 모두 식민통치자의 입장에서 생성된 것이지만 다 음과 같은 차이점을 지적할 수 있겠다. "조선의 풍속과 관습을 알기 위한 모두의 참고"가 되길 희망한 오청(吳晴)의『조선의 세시풍속』(朝鮮の年中 行事)은 세시풍속으로써 향토 오락을 소개하는 것에 그치고 있고, 식민통치 자의 시각에서 이민족인 조선의 풍습에 대한 이해를 높이기 위함이 주된 목적이었다. 그에 반해『조선의 향토오락』(朝鮮の鄕土娛樂)의 간행은 그러 한 이해에서 한발 나아간, 즉 전시체제를 뒷받침하기 위한 건전한 오락으로 서 향토 오락을 적극적으로 발굴하고 장려하고자 했던 목적을 명확히 담고 있다. 이는『조선의 향토오락』(朝鮮の鄕土娛樂)의 간행이 단순히 조선의 향토 오락을 소개하기 위한 것이 아니라는 점을 시사한다. 요컨대 전시체제 의 '체력증진'이라는 목적에서 조선 재래의 향토 오락을 '일신(一新)'하고 '총후(銃後)의 체위향상(體位向上)'에 이용하고자 했던, 총독부 오락정책의 총체적 산물이었던 것이다.

이상 1930년대 식민지 조선에 있어 향토 오락을 둘러싼 사회적 관심이 어떻게 고조되었는지에 대해 살펴보았다. 여기서 주목해야 할 것은 첫째, 당시 활발히 전개되었던 '조선학(朝鮮學)' 연구에서 '향토의 재발견'이 사 회 전반에 공유되고 있었다는 점이다. 둘째, 농촌진흥운동의 개시를 계기로 조선의 향토 오락(=재래오락, 농촌 오락)에 주목한 총독부의 구상이 전시체

---

41) 吳晴,『朝鮮の年中行事』, 1931, 1~2쪽.

제의 오락정책으로 구체화 되었다는 점이다. 이는 사회교화·교육사업의 하나로 거론된 오락문제와도 연관성을 가지며 이후 '향토 오락의 장려'를 골자로 한 오락정책의 발표로 결실을 맺게 되었다. 이러한 맥락에서 1941년에 간행된『조선의 향토오락』(朝鮮の鄕土娛樂)은 그러한 과정이 반영된 최종적 성과물이었던 셈이다.

4. 1940년대 문화 신체제(新體制)와 오락문제

중일전쟁이 장기전(長期戰)이자 되면서 일본 본국에서는 새로운 국민통합조직으로 1940년 10월 '대정익찬회(大政翼贊會)'가 발족하고, 이와 더불어 '문화 신체제(新體制)'가 제창되었다. 이에 호응해 '국민정신 총동원' 조선연맹은 '국민총력' 조선연맹(이하, 총력연맹)으로 개편되었다. 신체제에 대한 정치 운동으로서 '대정익찬회(大政翼贊會)'가 규정된 것에 비해, 조선의 총력연맹은 봉사실천 운동으로 그 의미가 한정되었다.[42] 그 가운데 주목되는 것은 '신체제(新體制)의 문화 통합'이라는 기치로 내걸고, 같은 해 12월에 문화부를 설치한 것이다. 그러나 미야모토 마사아키(宮本正明)가 밝히고 있는 것처럼, 문화부는 1942년에 폐지되고 만다. 길지 않았던 문화부의 궤적으로 인해 '문화 신체제(新體制)'에 부흥했던 일본의 지방문화 운동과의 연결고리도 찾을 수 없고, 다양한 활동을 목표로 했으나 방침이나 대강(大綱)에 추상적인 항목이 많은 문제 등 구체적인 성과를 논하기는 어렵다.[43] 이와 같은 제한이 있지만 문화부 설치를 계기로 한시적으로나마 조선의 신문과 잡지에서는 문화부장 야나베 나가사부로(矢鍋永三郎)의 인

---

42) 「第76回帝國議會說明資料(共通事項)」,『朝鮮總督府帝國議會說明資料』第二卷, 不二出版, 1994, 154~155쪽.

43) 宮本正明, 앞의 논문, 193~198쪽.

터뷰나 대담(大談), 그리고 조선 문화나 농촌 오락에 관한 좌담회 및 논설
들 다수가 지면을 장식한 것을 확인할 수 있다. 이는 대체로 문화부의 실천
대강(大綱)이나 사업계획을 선전한 내용인데, 여기에서 오락문제가 예술문
화나 생활에 관련된 사항으로 거론된 것이다. 본 장에서는 이에 초점을 맞
추어, '신체제(新體制)의 문화 통합'이라는 과제와 관련해 오락문제가 어떤
관련이 있었는지에 대해 살펴보고자 한다.

우선 야나베(矢鍋)가 1941년에 발표된 「반도문화(半島文化)의 신체제(新
體制)」을 통해 신체제(新體制)와 조선의 문화적 의미를 이해해 보자. 야나
베(矢鍋)는 "오늘날 세계적 정세에서 문화에 대한 사고도 국제적인 입장으
로 재검토"해야 하는데 이는 "자유주의적·서구적인 것"에서 "일본적인 것"
으로 방향 전환을 의미한다고 말한다. 여기에서 그는 "일본적인 것"에는 두
가지 방향성이 있는데, "역사적·전통적 문화를 대상으로 하는 시간적인 것"
과 "외국의 고유문화를 섭취, 포섭해 가는 공간적인 것"으로 구분하였다.
두 방향을 함께 이끌어 가는 것이야말로 "대동아공영권 건설"을 위한 "문
화지도의 사명"이라고 한 그는 이러한 맥락에서 일본과는 다른 특수한 문
화로 "반도문화의 존재와 의의"를 강조하게 된다. 아울러 조선의 문화는
"일본문화 건설에 대한 협력 아래에 비로소 일본의 국민문화"로 재출발하
게 되는 것이며, 이는 곧 "일본 문화의 양적·질적 확대"로 귀결되는 성과가
될 것이라 했다. 이처럼 야나베(矢鍋)는 조선 문화를 '제국 일본'에 편입되
는 일개의 지방문화로 규정하고 있으며 이를 바탕으로 "대동아공영권 건
설"을 위한 하나의 회로(回路)이자 이문화(異文化)로, 조선의 문화에 대한
이해와 가치를 역설하고 있다. 단 여기에서 예술·오락 방면에 관해서는 "수
준의 향상과 대중적 보급" 정도만 언급하는 것에 그치고 있다.[44]

이에 대한 생각을 구체적으로 논한 것이 「전시(戰時) 문화 방책」에서
「예술·오락의 전시(戰時) 동원」에 대해 언급한 부분이다.

---

44) 矢鍋永三郎, 「半島文化の新体制」, 『朝鮮』 1941年 4月, 54~57쪽.

　예술·오락은 전쟁과 가장 상관없는 영역이라고 보통 생각하기 쉽다. 지금
까지 예술이나 오락의 행태가 그러했을 것이다. 왜냐하면 예술·오락은 그
자체가 자기만족 혹은 영리적인 이유에서만 존재하는 것이기 때문에 국가적
차원에서 힘을 쓰는 것이 적었다. 그러나 이대로 좋은 것일까. 현 시국에서
는 예술도 오락도 군수품(軍需品)이다. 혹은 무기(武器)이자 선무용품(宣撫
用品)인 것이다. 이러한 점을 자각해서 국가적 차원에서 행동할 때, 비로서
전시(戰時)에서의 존재 이유를 갖게 되는 것이다. 선무(宣撫)란 점령 지역에
사용되는 용어이지만, 이와 비슷한 맥락에서 국가의 사기를 고양하기 위한
고무(鼓舞)와 격려에 절대적으로 필요한 것이며, 시국적 요구·생산 확충에
대한 후생(厚生) 시설의 일부로서도 역시 필요한 것이다. 이와 같은 인식에
서 오로지 전시(戰時) 동원에 부응해 행동하는 것이 바람직한 것이다.45)

　여기에서 야나베(矢鍋)는 "대동아공영권 건설"은 "문화 전쟁"의 성격이
고 전시체제의 문화정책 목적은 "전시(戰時)의 생활력 강화"에 있다고 말하
며, 모든 문화 영역은 이를 뒷받침하는 것이라고 주장하였다.46) 이와 같이
전시기(戰時期) 문화정책의 큰 틀을 설명한 야나베(矢鍋)의 발언에서 문화
부가 구상한 오락문제에 대한 지도방침의 맥락을 예측할 수 있는데, "예술
도 오락도 군수품(軍需品)"이라는 인식이 이를 대변하는 것이다.

　한편 야나베(矢鍋)는 잡지 『조광』(朝光)에 「오락의 자숙에 대하여」를 게
재했는데, 내용의 요점은 영국·미국의 영화나 음악에 대해 자숙을 요구하
는 것이다.47) 이는 곧 영국과 미국으로 대표되는 서양 문화의 배척을 의미
하는데, 이에 대해 아카자와 시로(赤澤史郎)의 연구를 참고하면 당시 문화
정책의 특징은 자국(自國) 문화 중심적이며, 한편 "도시적·외래적·상업적·
소비··향락적 등과 같은 낙인이 찍힌 모든 것을 자유주의적(서구적) 문화로
배격"하는 것이었다. 그리고 "단일한 국민문화의 형성을 목표로, 그에 대한

45) 矢鍋永三郎, 「戰時文化方策」, 『朝光』 1941年 12月, 76~78쪽.
46) 위의 자료, 76쪽.
47) 矢鍋永三郎, 「娛樂의 自肅에 對하야」, 『朝光』 1941年 10月, 27쪽.

교양주의적·계몽주의적 색채가 더해진 것"이 특징이었다.[48] 잡지 『삼천리』
(三千里)에 게재된 「총독부 고등관(高等官) 여러분이 전시하(戰時下) 조선
민중에게 전하는 글」도 이러한 관점을 전제한 것이었다. 예를 들면 총독부
사회교육과장은 "자유주의적·개인주의를 배척하고 국가·국방 제일주의를
지향하는 생활 태도로 재편성"할 필요성을 지적하고 있으며, 이를 "구태의
연한 생활의 반항(反抗)이자 새로운 출발"의 의미를 부여하고 있다. 그러한
방책의 일환으로 그가 특히 언급한 것은 "향토 예술 진흥과 농촌 오락 장
려"라는 사항이었다. 사회교육과장의 이와 같은 발언에 대해 "장기전(長期
戰) 일수록 명랑한 생활을 뒷받침할 건전한 오락의 보급은 필수인데, 그렇
다면 어떤 진흥책이 있겠는가?"라는 질문이 이어지는고, 다음과 같이 답하
고 있다.

> 장기전(長期戰)에 생산의 확충과 총후(銃後)의 봉사, 근로의 자세에 대해
> 서는 말할 필요도 없다. 하지만 근로 후에는 반드시 생리적인 피로가 쌓이기
> 때문에, 오락이라는 것이 필요하다. 그러므로 결코 오락은 사치가 아니라,
> 근로의 필수요소인 것이다. 장기전(長期戰)이니까 더욱 오락은 필요하
> 다……이를 위해 농촌 오락인 씨름, 그네, 줄다리기, 탈춤 등을 적극적으로
> 진흥하는 것은 좋은 방책이라 생각한다. 이와 같은 생각에서 말하자면 서양
> 의 것뿐만 아니라 조선의 향토 예술을 조장(助長), 동원해야 한다. 이에 대
> 해서는 총력연맹 문화부장도 역설한 바가 있으나, 아직 구체적인 활동을 볼
> 수 없는 것이 매우 유감스럽다.[49]

위에서 알 수 있듯이 사회교육과장은 "생산의 확충과 총후(銃後)의 봉사,
근로"를 위한 차원에서 "향토 예술 진흥과 농촌 오락 장려"를 언급한 것이
었다. 그리고 이 점에 대해서는 문화부장 야나베(矢鍋)도 이미 역설한 바가

---

48) 전시기 문화정책의 성격과 특징에 대해서는 赤澤史朗, 「戰中·戰後文化論」, 『岩波講
座日本通史近代 4 』, 岩波書店, 1995을 참조.
49) 「總督府高等官 諸氏가 戰時下 朝鮮民衆에 伝하는 書」, 『三千里』 1941年 4月, 30~34쪽.

있음을 알 수 있다. 그 과정의 단면을 유추하자면 이와 관련해 1941년 2월 13일자 『매일신보』(每日申報)에서는 「문화 익찬(翼贊)의 반도체제(半島體制)」를 주제로 한 좌담회 기사를 볼 수 있다. 여기서 야나베(矢鍋)가 "문화부에서는 농촌에 대해서 어떻게 지도해야 할지 고민하고 있습니다"고 한 것이나,[50] 농촌의 오락과 문화 진흥문제에 대해 "농촌의 사정에 맞춘 오락을 고려"하겠다는 발언도 확인할 수 있다.[51] 이러한 점에서 조선의 향토 오락을 장려하는 문제에 대해 문화부에서도 같은 의향을 갖고 있었다는 사실을 유추할 수 있다.

한편 잡지 『삼천리』(三千里)에서는 위의 사회교육과장의 발언과 관련하여 「향토 예술과 농촌 오락의 진흥책」이라는 특집을 함께 기획하여, 그에 관한 의견을 싣고 있다. 이에 이능화(李能和, 총독부 조선역사편수관)의 「조선향토 예술론」, 유자후(柳子厚)의 「순전(純全)한 농촌악(農村樂)」, 고유섭(高裕燮, 개성 박물관장)의 「향토 예술의 의의와 그 조흥(助興)」 등과 같은 원고가 모였는데, 향토의 예술·오락에 대한 가치를 역설하고 그를 장려해야 한다는 점에서 그 내용은 대체로 대동소이(大同小異)하다. 그러나 이러한 의견들에서 「향토 예술과 농촌 오락의 진흥책」을 기대한 본 기획의 목적이 만족스럽게 실현되었다고 보기는 어렵다. 「농촌 오락」이라는 원고를 게재한 송석하의 경우 "집필의 독촉으로 어쩔 수 없이 투고"하게 되어 간략히 농촌 오락의 의의를 서술한 정도로, 향토 예술론 또는 향토 오락의 종류를 개괄적으로 언급하는 것에 그치고 있기 때문이다. 또한 통일되지 않는 사견(私見)을 내세운 측면이 강해, 가령 줄다리기를 장려해야 할 대상으로 언급한 입장이 있는 것에 반해 민속학자 손진태는 「전통오락 진흥문제」에서 "전통오락이라고 해서 모두 장려할 것은 아니고 상황에 맞춘 선별이 필요하다"라는 입장에 줄다리기는 많은 경비가 소요된다는 이유에서 반대의견

---

50) 「一問一答 農村文化와 農村指導」, 『家庭の友』 1941年 5月, 10쪽.
51) 『每日新報』 1941年 2月 13日.

을 표명하고 있다.52)

그러나 잡지『삼천리』(三千里)의 기획 자체가 갖는 상징성은 조선의 오락문제를 둘러싼 사회적 논의가 재차 활발히 전개되었다는 점에 있다. 같은 해 4월에 잡지『조광』(朝光)과 『녹기』(綠旗)에서도 각각「농촌문화 문제 특집」과「생활과 오락의 문제」라는 특집이 게재된 것 역시 그러한 경향을 뒷받침한다. 이는 모두 앞서 사회교육과장이 "생산의 확충과 총후(銃後)의 봉사, 근로"를 위한 차원에서 "향토 예술 진흥과 농촌 오락 장려"를 언급한 것과 관련이 있으며, "신체제(新體制) 흐름에 맞춰 향토 오락을 장려하자"는 입장을 강조하고 있다. 따라서 내용 면에서 앞서 본『삼천리』(三千里)의 문맥과 대체로 비슷한 주장이 반복되고 있는 것이다. 이 중 손진태가『녹기』(綠旗)에 게재한「농촌 오락 진흥문제에 대해서」에서는 아래와 같은 설명을 볼 수 있다.

> 지금까지 우리는 농민의 전통적 오락에 대해서 장점보다 오히려 단점을 더 많이 보는 경향이 있었다고 생각한다. 그리고 그것들을 특별히 장려하지도 않았고, 도리어 제한을 두고 주의해 왔다고 볼 수 있다. 이는 위정자(爲政者)의 탓도 아니요, 식자(識者)·무식자(無識者)의 탓도 아니요, 자유주의 사상의 폐해였다. 오늘날 비상시국에 비로소 농민 생활에 대한 신체제(新體制) 편성의 필요에 직면했고, 구체제(舊體制) 이전의 체제 이를테면 구구체제(舊舊體制) 속에서 총력체제를 이끌어 내고자, 바로 전통오락을 주목하게 된 것이다. 구구체제(舊舊體制)를 총력체제화(總力體制化) 하는 것도 신체제(新體制)의 한 요소가 된다.53)

신체제(新體制)에 있어서 전통오락 장려를 "구구체제(舊舊體制)를 총력체제화(總力體制化)"의 일환으로 서술한 손진태는 그 장점을 다음과 같이

---

52)「鄕土芸術과 農村娛樂의 振興策」,『三千里』1941年 4月, 212~234쪽.
53) 孫晋泰,「農村娛樂振興問題について」,『綠旗』1941年 4月, 363쪽.

나열하고 있다. 첫째, "저렴한 가격의 농민 건강운동", 둘째, "상부상조·협동정신", 셋째, "정서(情緒)에 윤택함과 명랑함을·생활에 활기를·일에는 유쾌함을 주는 것", 넷째, "애향심(愛鄕心)·애토심(愛土心)의 강화", 다섯째, "관민(官民) 사이의 감정융합"이다. 하지만 그는 전통오락의 장려에 대한 문제점을 또 다음과 같이 언급하고 있다. 첫째, "력(曆)의 문제"로, 농촌 오락 대부분이 음력에 맞춰 행해져 왔는데 이를 양력으로 변경하려고 해도 농업의 특성상 그것이 쉽지 않다는 점이다. 둘째, "생활의 문제"로, 현재 농촌은 담배나 술도 없고, 오락의 여유도 없는 극도의 궁핍함에 있으므로, 생활의 안정을 우선 생각해야 한다는 것이다. 셋째, "가요(歌謠)의 문제"로, 이는 농촌 오락행사에 빠지지 않는 가요의 퇴폐성을 지적한 것이다.[54]

손진태가 지적한 문제점을 통해 생각할 수 있는 것은, 전시기(戰時期) 상황에서 향토 오락의 장려를 내건 총독부의 오락정책이 여러 가지 문제를 가진 채 그 주장만 되풀이하고 있었다는 점이다. 이와 관련해 총독부 오락정책의 성과라는 측면을 가늠해 볼 수 있는 또 다른 예로 잡지 『조광』(朝光)이 「농촌문화 문제특집」의 일환으로 실시한 설문조사의 답변을 살펴보자. 질문은 (1) 당신 고향의 민중 오락은 무엇입니까? (2) 민중 오락에 대해 희망하는 바는? (3) 민중 오락의 지도방법은? 세 가지로, 이에 응답한 관계자의 답변을 각각 게재하고 있다. 그중에는 "몇몇 전통오락이 있긴 하지만 '음주와 도박'이 주된 오락인데, 굳이 오락이라고 할 만한 것도 없다"라는 답변도 있다. 하지만 대부분의 답변에서 볼 수 있는 공통적인 의견으로는 "체계적이고 항구적(恒久的)인 오락기관 설치"에 대한 요구이다.[55] 이는 결과적으로 '오락 부재(不在)'가 만연한 조선사회의 문제를 지적한 것과 같은 맥락에 있는 것이다. 이러한 요구들이 계속해서 제기되고 있었다는 점에서 총독부의 오락정책이 구체적인 성과를 뒷받침할 만한 것 없이, 일시적인 여

---

54) 위의 자료, 364~365쪽.
55) 「農村文化問題特集 設問」, 『朝光』 1941年 4月, 164~171쪽.

론 형성에 그친 한계를 엿볼 수 있다.

이와 같은 총독부의 오락정책과 현실과의 괴리에 대해서는 무엇보다 전시체제가 야기한 오락정책의 한계를 꼽을 수 있겠다. 한편으로는 식민지에서 향토문화를 장려하는 것 자체에 대한 총독부의 망설임이나, 오락 장려에 대한 적극성의 결여 등과 같은 요인도 간과할 수 없다. 예를 들면 1940년 '제76회 제국의회 설명 자료'에 의하면, 식민지 조선에서 향토 문화에 대한 관심이 증가하는 현상을 두고 "이미 수년 전부터 급속히 발전한 반도 동포의 구문화(舊文化), 구(舊) 사회구성 또는 언문(諺文) 문화에 대한 왕성한 관심이라 할 만한 현상에 주의해야 한다"고 경계심을 표명한 것을 확인할 수 있다.56) 앞서 살펴봤듯이 전시기(戰時期) 오락의 필요성을 역설한 문화부장 야나베(矢鏑) 조차도 「문화 익찬(翼贊)의 반도체제(半島體制)」라는 주제로 문화부 활동계획을 논하는 좌담회에서 애매한 태도를 보이고 있다. 당시 부여신궁 건설에 근로 봉사의 명목으로 동원된 사람들을 위로하고자 각 문화단체의 연예(演藝)를 제안하는 의견이 제기되는데, "근로 봉사에 위안연예(慰安演藝) 같은 건 어울리지 않는다. 부여신궁의 조궁(造宮)은 국민이 진취적으로 봉사하는 이상 절대 그런 것은 필요하지 않다"며 일축한 것이다.57)

그럼에도 불구하고 '전시체제'라고 하는 상황에 직면한 조선의 오락문제는 조선 문화의 내선일체화(內鮮一體化), 생산능률의 증강, 총후(銃後) 생활의 안정을 위한 목적에서, '향토 오락의 장려'라는 기본 방침에 의지할 수밖에 없는 상황이었다.58) 전쟁의 막바지였던 1944년 4월 잡지 『조광』(朝光)에서는 「농촌 오락 진흥 좌담회를 개최한다. 결론부터 말하자면 본 좌담회에 있어서도 구체적인 계획이나 실현성이 뒷받침되지 않는 오락 장려책

---

56) 앞의 자료, 「第76回帝國議會說明資料(共通事項)」, 155쪽.

57) 『每日新報』 1941年 2月 20日.

58) 『每日新報』 1943年 10月 9日, 10日; 上田龍男, 「戰時下娛樂の再編成」, 『朝光』 1943年 1月, 121~128쪽을 참조.

만 공허하게 반복될 뿐이었고, 이러한 논의의 빈곤함은 피폐한 오락 생활의 실상을 더욱 부각되는 전개가 되었다. 본 좌담회의 목적은 "농촌 노동의 효율을 증진"하기 위한 "전시기(戰時期) 오락의 건전화 또는 그 조장(助長)"에 관한 의견을 모으는 것에 있었다. 이 가운데 '두레'의 공동노동 전통을 부활하자는 발언이 있는데, 두레에는 "술을 대접하고 농악대를 조직하는 전통"의 오락적 요소가 있다는 이유에서였다. 이에 대해 "두레의 형식을 간결하게 개선한다고 해도, 여기에 술만은 빠질 수 없다. 게다가 (농악대의) 징은 이미 헌납(獻納)한 통에 찾아보기 힘들다" 라며 전쟁의 장기화(長期化)가 초래한 물자 부족의 현실을 지적하여, '두레'의 부활을 사실상 어렵다고 반대한 의견을 볼 수 있다. 이는 술조차 충분히 배급할 수 없는 시국의 문제를 냉정히 직시한 것이었다. 노동에 위안을 주는 것으로 '술'을 중요시해 온 농촌의 관습과 그 실정에 대해 본 좌담회의 참석자들도 충분히 인지하고 있었다는 점은 흥미롭다. 이러한 점에는 대해서 "어떤 지역에서는 군수가 농번기 때만 술을 배급하고 있는데, 이것이 능률증진에 매우 큰 성과를 보이고 있다고 한다"라는 이야기를 전한 것에서 잘 알 수 있다.[59] 하지만 전시기(戰時期)에 이마저도 쉽지 않았던 궁핍한 사정은 앞서 '두레'를 반대할 수 밖에 없었던 발언을 통해서도 엿볼 수 있다.

5. 나오며

이상 살펴본 것처럼 사회교육·교화사업의 일환으로 구체화된 전시기(戰時期) 조선총독부 오락정책은 '향토 오락의 장려'를 주축으로 한 것이었다. 당대의 오락 장려를 둘러싼 세계사적 동향 속에서 식민지 조선에서는 향토 오락을 건전한 오락으로 대중화하고자 한 움직임이 전개되었다. 이는 조선

---

59) 「農村娛樂振興座談會」, 『朝光』 1944年 4月, 99~104쪽.

의 사회적·문화적 사정이 반영된 결과이면서 동시에 '전통과 향토'에 대한 탐구가 활발히 전개되었던 '제국 일본'의 문화 운동과 연계된 매우 동시대적인 현상으로 위치 지을 수 있다.

총독부의 오락정책이 구체적인 성과를 내지 못한 채 공론(空論)을 반복하는 수준에 있었다는 점에서 그 한계를 쉽게 단정할 수 있을 것이다. 이러한 점은 식민통치를 위한 하나의 수단으로써 전시기(戰時期) 오락정책이 고안된 것의 본질적인 문제로 지적할 수 있다. 이를 염두에 두고 본 장에서 주목하고 싶었던 것은 식민지기 조선의 오락문제와 관련해 향토 오락이 주목을 받게 되는 과정과 그를 둘러싼 사회적 논의가 다양하게 대두한 사실이다. 조선총독부의 오락정책이 애초 대다수의 농촌 대중을 주된 대상으로 한 것이었고 그에 따라 기존에 전래해 온 농촌 오락, 즉 향토 오락의 장려에 많은 관심을 갖게 된 역시 자연스러운 맥락이라 할 수 있다. 하지만 '농촌의 오락문제=조선의 오락문제' 이라는 총독부의 문제인식을 통해 그에 관한 정책이 단지 농촌 지역에 한정된 것이 아니라는 점을 엿볼 수 있다. 이러한 맥락에서 전시기(戰時期) 총독부가 발표한 오락정책은 구체화된 것이었고, 한편으로는 황민화 정책과 신체제(新體制) 문화 운동에 보조를 맞추면서 추진되었다는 점에 그 특징이 있었다. 전시체제 아래에서 향토 오락의 장려가 "일석삼조(一石三鳥)"의 효과를 가질 것으로 재평가된 것 역시 그러한 배경과 무관하지 않았다. 여기에서의 '향토'란 민족적 이념을 강조하는 것이 아니라, 민족 본래의 고유한 문화 혹은 보편적 문화로 의미망을 구축한 것이었다. 이는 민족적 감정을 유발하지 않는 문맥으로 치한된 개념으로 작용하였고, 이런 점에서는 향토 오락에 대한 총독부와 조선인 식자층(識者層) 사이의 공유된 인식을 지적할 수 있다. 그러나 한편으로 여기에는 식민지에서의 향토문화에 대한 높은 관심에 우려를 표하는 식민통치자의 망설임 또한 자리잡고 있었던 것을 확인하였다.

1938년에 발표된 총독부의 오락정책에서 향토 오락은 전시체제의 "시대적 각광"을 받으며 거듭났다. 식민지 조선의 오락문제에 대한 대책의 중축을 차지하며 시국의 악화 속에서도 향토 오락의 개선과 장려를 둘러싼 사회적 논의가 계속되고 있었다는 것이 그를 뒷받침한다. 하지만 반복되는 논의 속에 엿볼 수 있는 것은 정책의 공허함, 즉 구체적인 실천이 결여된 혹은 뒷받침되지 못한 현실적 괴리의 문제였다. 이러한 점 역시 조선총독부의 오락정책이 갖는 한계점으로 지적할 수 있다. 이와 관련해 향후 총독부의 오락정책에 대한 대중의 반응이 실제 어떠했는가를 고찰함으로써 보다 입체적인 접근이 가능할 것으로 기대한다.

제6장 조선의 오락문제와 향토 오락의 통제
- 줄다리기를 둘러싼 갈등 양상을 사례로 -

1. 시작하며

　본 장의 목적은 식민지기 오락 문제라는 큰 틀 속에서 줄다리기를 둘러 싼 갈등 양상을 살펴봄으로써 전통오락 통제의 추이를 고찰하는 것이다.
　제2장에서 고찰한 것처럼 '식민성'과 '근대성'이 공존하였던 조선 사회에 서 오락문제에 관한 사회적 여론은 '오락 부재(不在)'라는 담론으로 고착화 하고 정형화되었다. 여기에는 식민지의 오락 생활을 평가절하하려는 식민통 치 권력의 시선이 개입되어 있는 한편 '오락의 근대성'이 야기한 보편적인 가치관의 변화가 투영되어 있다. 이를 포함해 타자의 시선에서 조선인의 오 락 생활이란 세시풍습에 해당하는 전통오락이 중심적으로 거론되고 있었다 는 사실이 눈에 띈다. 세시풍습은 일상적으로 행해지는 것이 아닌, 계절성을 갖는 특수한 것이다. 타자의 관점에서 '오락이라고 할 만한 것이 없다'라는 인식은 자의적인 해석에 의한 비중이 크다고 할 수 있다. 그러나 한편으로는 전통오락이 '오락답지 못한 것'이라는 인식에서 배제·제외된 점과 이로 인 해 '일상에 오락이 없다'라는 인식이 자리 잡았다. 결과적으로 조선에서 오 락을 둘러싼 사회적 논의는 세시풍습에 해당하는 전통오락의 종류를 주로 언급하면서도 그러한 것을 오락으로 간주하지 않는 상반된 형태를 보이며, '오락 부재(不在)'라는 문제의식을 축으로 전개되는 것을 볼 수 있다.
　그러나 식민지기 '오락 부재(不在)'라는 문제에 대한 대안으로 전통오락이 각광을 받게 되는, 일견 모순된 양상이 전개되는 것에 주목해야 한다. 제 5장에서 검토했듯이 1930년대에 제시된 조선총독부의 오락방침은 향토 오락의 적극적인 장려를 주축으로 한 것이었다. 이러한 점은 식민통치 권력이 식민지의 고유한 문화인 전통오락을 통제, 금지, 해체하려는 전략을 구사하면서도 '오락 부재(不在)'라는 문제에 직면해 전통오락의 적절한 활용을 꾀한 정책을 시사한다. 이에 대한 문제 관심의 연장으로 본 장에서는 식민지기 전통오락에 대한 통제가 '허가와 금지' 혹은 '긍정과 부정'이라는 중첩된 경계가 형성되었던 것에 주목한다. 이와 같은 모순적 형태가 동반되었던 배경에 대해서는 두 가지 측면에서 접근할 수 있다. 첫째, '근대성'에 입각한 오락개념에서 대다수의 전통오락은 '문명화'와 '합리성'이라는 명목에서 '개선 또는 폐지'해야 할 대상으로 간주되었다는 점이다. 여기서는 근대적 가치관의 수용과 확대 그리고 식민통치 권력에 의한 억압으로 전통오락의 쇠퇴·소멸을 지적할 수 있다. 그러나 둘째, 전통오락은 사회적·문화적 의미가 중첩된 '보수성'과 '일상성'을 토대로 그 명맥이 쉽게 끊어지지 않고 지속되었다는 점이다. 본고의 이차적 관심은 '식민성'과 '근대성'의 상호관련성을 염두에 두고 다소 피상적이고 거칠게나마 전통오락이 유지되었던 혹은 장려될 수밖에 없었던 당대의 맥락을 추적해 보려는 것이다.

이에 줄다리기에 주목하는 이유는 다음과 같다. 석전과 더불어 대규모 집단 놀이로써 조선을 대표했던 줄다리기는 식민통치 아래 다양한 갈등 관계를 형성하면서 쇠퇴와 성행의 역동성을 보여준 전통오락이었기 때문이다. 1941년에 출판된 조선총독부의 『조선의 향토오락』(朝鮮の鄕土娛樂)에 따르면 줄다리기는 충청도, 경상도, 전라도를 중심으로 161개 지역에 분포한 것으로 확인된다. 석전의 경우 1912년에 제정된 『경찰범처벌규칙』(警察犯處罰規則) 제50조에서 폭력성을 이유로 법적 금지되었던 것에 반해,[1] 줄다리기는 석전과 같은 폐해가 여러 차례 지적되었음에도 불구하고 그 명맥이

---

1) 『朝鮮總督府官報』 第470號, 1912년 3월 23일.

꾸준히 이어졌고, 오히려 어느 시점에는 더욱 성행했던 것을 볼 수 있다. 줄다리기에 관해서는 민속학적 관점에서 많은 성과가 축적되어 왔지만,2) 본 장의 문제의식과 밀접한 것으로는 서종원과 공제욱의 연구를 꼽을 수 있다.3) 두 연구의 특징은 줄다리기 성격의 지속과 변화 과정을 통시적인 관점에서 정리하는 한편 식민지기 신문 자료를 활용함으로써 '근대성'과 조우한 줄다리기의 변모 과정을 분석했다는 점에 있다. 이를 통해 당대 줄다리기가 어떤 형태로 지속했는지 그 실체의 일면이 밝혀졌다. 특히 줄다리기와 같은 집단 놀이를 둘러싼 조선총독부, 조선인 식자층(識者層), 식민지 대중 사이의 긴장과 대립에 주목한 공제욱의 관점은 여전히 유효한 문제의식을 보여준다.

이러한 연구 성과를 토대로 본 장에서는 줄다리기가 '민중적 오락' 혹은 '운동(=스포츠)'의 한 종류로써 또는 관광 상품으로써 사회적 각광을 받게 되는 맥락에 주안점을 두고 고찰을 전개하려고 한다. 후술하겠지만 이는 생활자적 입장에서 즐길 수 있는 오락이 필요하다는 인식과 그에 부합하는 것으로 재편된 줄다리기의 의미 해석을 바탕으로 구축된 것이다. 이러한 의미에서 '허용과 금지' 혹은 '긍정과 부정'으로 중첩된 줄다리기의 양의성에 착목하고, 그를 둘러싼 생활적·문화적 맥락을 읽어내고자 한다. 이를 위해

---

2) 본고에서는 '줄다리기'로 용어를 통일하고 있는데, 줄다리기는 지역에 따라 줄당기기·줄땡기기·줄당그기·줄댕기기·줄싸움·줄쌈 등으로 불린다. 또 한자로는 '葛戰'·'索戰'·'蟹索戰'·'引索戲'·'網引' 등의 명칭을 볼 수 있다. 이는 그 명칭과 형태의 다양함에 걸맞게 줄다리기가 전국에 걸쳐 분포한 세시풍습이었음을 의미한다. 줄다리기의 기원이나 전통사회의 줄다리기 형태 및 성격을 밝힌 다수의 민속학 연구가 존재한다. 그 가운데 본고는 송화섭, 「동아시아권에서 줄다리기의 발생과 전개」, 『比較民俗學』 38, 2009; 한양명, 「19세기 중엽, 義城縣의 줄당기기를 통해 본 고을 축제의 성격과 문화적 의미」, 『韓國民俗學』 42, 2005; 이동철, 「과천게줄다리기의 전설과 놀이의 전승 양상」, 『比較民俗學』 30, 2005를 참고.

3) 서종원, 「줄다리기 성격의 지속과 변화-특히 근대 시기를 중심으로」, 『실천민속학 연구』 17, 2011; 공제욱, 「일제의 민속통제와 집단놀이의 쇠퇴-줄다리기를 중심으로」, 『사회와 역사』 95, 2012.

사료적인 측면에서 조선총독부의 구관조사(舊慣調査)와 줄다리기에 관련된 사례를 더하여 선행연구의 성과를 보완하는 한편, '장려와 쇠퇴' 혹은 '전통과 근대'라는 이항 대립적 구도를 벗어나 크게 두 가지 측면에 초점을 맞추었다. 첫째는, 식민통치 권력의 입장을 중심으로 해서 줄다리기에 대한 방침이 어떠했는가를 검토하는 것이다. 이는 단순히 식민지의 고유한 풍속을 단속하는 차원에 머물지 않고 식민통치의 치안유지라는 부분까지 관련되는 문제였다. 이러한 맥락에서 식민권력의 의도와 그 통치 방식을 읽어내고 그에 관한 식민지 대중과의 갈등·절충의 면모를 분석하겠다. 둘째는, 줄다리기에 중첩된 각 주체의 입장 차이에 주목하는 것이다. 여기서는 '식민통치 권력'과 『동아일보』(東亞日報)나 『조선일보』(朝鮮日報)에 대변되는 '조선인 식자층(識者層)', 그리고 생활 주체로서의 '식민지 대중'이라는 삼자 간의 관계 속에 줄다리기를 둘러싼 갈등이 어떻게 전개되었는지를 살펴보겠다. 한편 그것이 각 주체 간의 대립으로 간단히 구분 지을 수 없는 복잡한 양상을 띠고 있었다는 사실을 통해 '식민성'과 '근대성'의 상호관련성을 조명해보고자 한다.

2. '근대성'과 줄다리기의 충돌

전통사회의 줄다리기 양상과 그것의 공동체적·제의적·축제적 기능에 대해서는 이미 다수의 민속학 연구에 의해 밝혀졌다. 이를 참고하자면 지역에 따라 의미나 형식에 다소 차이는 있지만 줄다리기는 일반적으로 정월대보름에 '마을 대항전'으로 개최되는 세시풍습으로써, 남녀노소 구분 없이 수천 명 이상이 참가하는 대규모의 집단적 축제였다. 그 기원과 유래에 대해선 정확하지 않지만 기본적으로 풍년을 기원하는 농경의례의 일환으로 행해졌고 그것의 승패에는 풍년과 흉년을 결정짓는다는 주술적 의미가 내포되어 있다.

식민지기 줄다리기는 단절과 부흥을 거듭하며 지속되는 양상을 나타내고 있는데, 이를 좌지우지한 한 요소로 근대적 가치관의 대두를 꼽을 수 있다. 먼저 그에 대치함으로써 지적된 줄다리기의 문제에 대해 살펴보자. 이는 식민지기 이전부터 줄다리기를 비판하는 입장과 동일한 맥락을 이루고 있는 것으로, 관견에 한해 1899년의 『미일신문』에서 이를 언급한 최초의 기사가 확인된다.

> 우리나라 습속에 급히 고칠 것이 허다한데……정월 보름날에 경기 근처나 13도(道)에도 간간이 하는 놀이가 하나씩 있으니 이는 줄다리는 날이라 동네마다 가가호호(家家戶戶) 출렴을 내고 짚으로 굵게 줄을 꼬아 사람이 타고 앉으면 발이 땅이 닿도록 꼬고 길이는 5,60간(間)~7,80간(間) 되게 하고 대보름날 저녁이 되면 남녀노소 구분 없이 편을 나누어 마주 잡아 당기며……승한 편에서 끌어 닥치면 약한 편에서 끌어내는 바람에 사람이 종종 많이 상하느니 이 승부를 가지고 그 동리에 다음해 풍년이 들고 질병이 없으며 지는 편 동리에서는 흉년이 들고 질고 있는 줄 아니, 지각 있는 사람들은 제동야인의 습속이라 할 터이거늘, 하물며 개명한 외국인으로 보자면 야만이란 말 듣기를 면하기가 어려울 듯 하고……4)

줄다리기가 남녀노소 구분 없이 참여하는 마을 단위의 대규모 행사였던 것에 대해서는 각 家戶의 출렴이나 협동으로 제작되는 줄의 길이가 약 91m~109m 또는 약 127m~146m에 이른다는 점에서 충분히 가늠해 볼 수 있겠다. 위 사설은 이러한 줄다리기에 대해 "우리나라 습속에 급히 고칠 것"의 하나로 규정하고 있는데, 경기 중 다수의 부상자가 발생한다는 점과 더불어 특히 줄다리기의 승부가 갖는 의미를 문제시하고 있다는 걸 알 수 있다. 이러한 점은 "개명한 외국인"의 시선을 의식함으로써 줄다리기를 '비

---

4) 『미일신문』 1899년 2월 17일.

합리적인 미신'으로 간주하고 있음을 보여준다. 이와 같은 인식에는 '문명'과 '야만'이라는 이분법적 관점을 토대로 전통이나 인습, 미신이나 주술을 비합리적인 것으로 규정하는 근대의 '문명개화' 논리 및 그 중심에 있는 서양인에게 야만스런 풍습으로 비칠지도 모른다는 동양인의 '자기 규제' 논리가 공존하고 있다.5) 이러한 의미에서 줄다리기의 승부에 집착하고 있는 조선인들은 "개명한 외국인"과 대비되어 '비합리적인 미신'을 신봉하는 무지의 상태로 시대에 뒤떨어진, 따라서 계몽해야 할 대상으로 표상화되는 것을 엿볼 수 있다.

근대사회의 가치관을 반영한 줄다리기에 대한 이러한 문제 제기는 이후 유사한 맥락으로 반복된다. 1908년에 통감부 경찰로 부임한 이마무라 도모에(今村鞆)는 조선풍속에 관해 축적한 지식을 바탕으로 1914년『조선풍속집』(朝鮮風俗集)을 간행하였다. 여기서 이마무라(今村)는「미신이 많은 정월」이라는 소제목 하에 관련된 풍습 중 하나로 줄다리기에 대해 "승리한 마을은 풍년, 패배한 마을은 흉년이 된다고 믿어 왔기 때문에 필사적으로(승부를=인용자 주) 겨루고 심한 난투가 일어나 사상자(死傷者)가 발생한다"고 서술하였다.6) 이 역시 줄다리기에 열광하는 대중의 심리를 그 승부가 갖는 의미와 결부시켜 설명한 것임을 알 수 있다. 한편 '조선풍속 전문가'로 알려진 이마무라(今村)의 기술에서는 식민지의 세시풍습을 비합리적인 것으로 단정해 버리는 식민통치 권력의 시선이 반영된 측면을 간과할 수 없을 것이다. 그리고 이는 줄다리기 개최에 대한 식민통치 당국의 부정적인 대응을 예상케 하는 점이다.

자료상 한계는 있지만 이와 관련해 1910년대 줄다리기 양상을 우선 살펴보도록 하자. 1916년 2월 22일자『매일신보』(每日申報)는 창원의 정월 풍습 줄다리기 개최 소식을 전하며 만여 명이 모인 당일 "경관의 지도"에 의

---

5) 百瀬響, 『文明開化 : 失われた風俗』, 吉川弘文館, 2008, 22~29쪽.
6) 今村鞆, 『朝鮮風俗集』, 民俗苑, 1914, 211쪽.

해 무사히 마무리 되었다고 보도하였다. "경관의 지도"가 시사하고 있는 바
와 같이, 여기서 주목되는 것은 줄다리기가 공적 기관의 개입이라는 통제
아래 진행되었다는 점이다.

> 줄다리기는 조선 각 지방에서 전해져 내려온 고유의 풍습인데 近年에 관
> 청에서는 그 폐해를 방지하기 위해 될 수 있으면 줄다리기를 금지하고 있다.
> 그러나 재래의 풍습은 하루아침에 개선할 수 있는 것이 아니므로, 현재에도
> 각 지방에서는 정월에 줄다리기가 성행하고 있다.7)

여기서 줄다리기 폐해를 이유로 식민당국이 그것을 되도록 금지하고 있
었다는 사실을 알 수 있는데, 그 폐해의 내용은 앞서 지적된 줄다리기 문제
점과 관련 지어 유추할 수 있겠다. 일례로 1918년 대구의 경찰서와 헌병대
에서는 "폐해가 많다고" 줄다리기를 일체 금지하기로 했는데,8) 그 폐해라
는 것이 "사람이 많이 모인다"라는 이유에서였다.9) 이는 '혼잡에 의한 사고
를 사전에 방지'하기 위한 조치로, 줄다리기에 대규모 군중이 모임으로써
발생할 혼란을 명분 삼아 그것의 개최 자체를 금지하기 위한 목적에 의한
것이라 할 수 있다. 이러한 점을 통해 경찰서나 헌병대로 대변되는 식민통
치 기관이 그에 직접적으로 관여하고 있었다는 사실을 확인할 수 있다.
1929년 고창의 사례에서도 드러나듯이, 줄다리기를 금지하는 이유로 '많은
군중이 모인다'는 점을 내세운 식민당국의 입장은 계속 되었다.10) 하지만
이러한 표면적인 이유 이면에는 줄다리기를 계기로 대다수의 군중이 모이
는 것 그 자체를 '경계'하고자 하는 보다 근본적인 의도를 생각할 수 있다.
이는 식민통치상의 치안에 관련되는 부분으로, 대다수 조선인이 모이는 것

---

7) 『每日申報』 1917년 2월 25일.
8) 『每日申報』 1918년 2월 27일.
9) 『新韓民報』 1918년 4월 11일.
10) 『朝鮮日報』 1929년 3월 1일.

을 경계하고자 하는 이유에 결부되는 것이다. 대표적으로 1924년 3월 5일
자 『동아일보』(東亞日報)에 실린 밀양의 사례를 꼽을 수 있다. 기사에 의하
면 그해 밀양의 줄다리기 개최일이 공교롭게도 3월 1일과 겹쳐진 것 때문
에 경찰관계자 전원이 총출동하여 평소보다 단속에 더욱 힘을 쏟았다고 하
는 것이다.[11] 주지하다시피 일제의 지배에 항거하여 한일병합조약의 무효
와 조선의 독립을 선언한 비폭력 만세운동이 일어난 것이 1919년 3월 1일
의 일이다. 이를 계기로 강경책 내지는 군사, 경찰에 의한 무단 통치를 하던
조선총독부는 소위 문화 통치로 정책을 바꾸고 3·1 독립운동의 파급력을 차
단하는데 힘을 쏟았다. 경찰이 '3월 1일'이라는 줄다리기 개최 날을 주시하
게 된 사정은 이러한 배경에 기인한 것이었다. 요컨대 다수의 군중이 모이
게 되는 줄다리기가 기폭제가 되어 1919년 그날과 같은 '사건'이 재차 발생
할지도 모른다는 경계심에서 3월 1일의 줄다리기를 더욱 엄중히 단속하였
던 것으로 이해할 수 있다.

 이상을 통해 식민통치 권력이 줄다리기에 대해 기본적으로 '금지' 방침
을 취했다는 것을 확인했다. 그러나 "재래의 풍습은 하루아침에 개선할 수
있는 것이 아니므로"라는 기술에 나타나듯이, 그러한 방침과는 달리 식민지
대중의 일상에서 줄다리기의 명맥이 유지되고 있었던 사실은 그것의 개최
를 보도한 기사를 통해 산발적으로나마 확인할 수 있다.[12] 다만 세태의 변
화와 더불어 줄다리기의 성행(盛行) 여부는 지역에 따라 차이가 있었는데,
"시대 변화에 따라 고유 풍습이 사라져 가는 가운데……시골에는 아직 남
아있는 것" 중 하나로 소개된 동래의 줄다리기 경우 며칠씩이나 개최될 정
도로 규모가 큰 행사로 건재하였다. 다만 오늘날 부산에 해당하는 동래의
줄다리기 사례에서 흥미로운 것은 "꽃과 같은 일본 부인 4~5명도 가만히

---

11) 『東亞日報』 1924년 3월 5일.
12) 『每日申報』 1918년 3월 5일; 『每日申報』 1918년 3월 8일; 『每日申報』 1919년 2월
  20일 등.

보지 못하고 출동해 붉은 다리가 드러나는 것도 상관치 않고 줄을 당기는 데……"라는 상황이 연출되었다는 점이다.13) 주지하다시피 부산은 조선 최초의 개항지로 일찍부터 재조일본인(在朝日本人)의 활동 중심지이었던 만큼 그들의 거주 비율 역시 높았는데, 동래의 줄다리기에서는 그러한 지역적 특성을 엿볼 수 있다.

3. 1920년대 줄다리기의 성행과 그 양상

3·1운동을 계기로 소위 문화통치가 표방된 1920년대에는 조선인에 의한 신문이나 잡지 발간이 활발히 이루어졌다. 이를 배경으로 다수의 언론 매체가 등장했다는 점에서 1920년대부터는 특히 신문에서 줄다리기에 관련된 많은 기사를 접할 수 있다. 여기서는 몇몇 지역의 사례를 통해 당대 줄다리기의 개최과정 및 그것의 일반적인 양상에 대해 살펴보고자 한다.

우선 1920년대 초의 기사에서 주목되는 점은 "근래에 처음으로 보는 대규모 줄다리기가 개최되었다"14)라고 하는 것이나 "수년 사이 금지되었던 줄다리기가 재개되었다"15) 또는 "근래 6, 7년 사이 당국에서 금지해 중단되었던 줄다리기가 올해 당국의 허가를 얻었다"16)라는 것이다. 이는 앞서 살펴본 식민통치 당국에 의한 줄다리기 금지 방침과 더불어 시대 변화라는 요인까지 더해져 쇠퇴하는 듯 보였던 줄다리기가 지역마다 재개되는 흐름을 보여주는 것이라 할 수 있다. 1922년 춘천에서 개최된 줄다리기 역시 그러한 맥락을 보여주고 있는데, 관련 기사를 요약하자면 다음과 같다. 몇 년간 없었던 줄다리기 개최가 큰 호응을 얻어 좀 더 큰 규모로 한 번 더 하자

---

13) 『每日申報』 1917년 2월 14일; 『每日申報』 1917년 2월 15일.
14) 『東亞日報』 1921년 3월 22일.
15) 『東亞日報』 1922년 3월 12일.
16) 『東亞日報』 1923년 3월 21일.

고 뜻을 모으게 된 것이 계기가 되어 이를 위해 조직된 양편 위원회는 면
장, 구장에게 군중을 동원하도록 하고 각 동리 마다 사용할 동아줄을 모으
게 하는 한편 기부금 모집에 힘을 쏟은 결과 최대 금액의 경비로 대회를
개최하게 되었다. 이리하여 대회 당일은 5,6천 명씩 단합하여 길이는 대략
300간(間, 약 545m)에 넓이는 1간(間, 약 1.8m)에 달하는 거대한 줄로 승부
를 겨루는 '엄청난 성황'을 이루었다. 70, 80리 원정을 마다하고 모여든 구
경꾼들까지 가세해 대략 3~4만 명의 인파가 모였고 각지의 음식 영업자들
이 노점을 설치하는 등 대단히 혼잡을 이루었다. 병원에서는 구호반이 나오
고 서장을 포함한 경관 50~60명이 출동해 경계에 바빴다. 큰 사고는 없었지
만 부상자가 몇몇 발생했고 주막이 무너졌다. 한편 6~7백 원의 값에 달하는
양편의 줄은 팔아서 춘천 보통학교, 우두 야학회(牛頭 夜學會)에 그 수익을
기부할 예정이다.[17]

춘천의 사례에서 대회 준비를 위해 위원회가 조직된 점이나 줄다리기의
전통적 의미 그리고 인산인해를 이룬 축제와 같은 분위기 등 그에 관한 전
반적인 과정을 살펴보았는데, 이를 당대의 보편적인 양상으로 이해해도 무
방할 것이다. 여기서 주목해 두고 싶은 점은 두 가지로 첫째, 줄다리기 개최
를 위해 조직된 '위원회'의 주도적인 역할이다. 여기서는 구체적으로 언급
되어 있지 않지만 다른 지역의 사례를 통해 위원회의 계층을 유추해 볼 수
있는데 주로 지역의 청년회나 노동공제회 또는 어느 정도 재력을 가진 有
志와 같은 인물들로 구성되었다.[18] 식민지기 촌락사회에 관한 연구에 의하
면 이러한 계층에는 전통사회의 지배질서에 기반을 둔 지역 유지뿐만 아니
라 식민지배 하에서 새롭게 그 기반을 구축한 집단도 포함되어 있었다. 이

---

17) 『每日申報』 1922년 2월 22일; 『每日申報』 1922년 3월 10일; 『東亞日報』 1922년 2
월 27일.
18) 예를 들면 부산 청년회(『東亞日報』 1922년 2월 22일), 창원 청년회(『東亞日報』
1923년 3월 5일), 원산 청년회(『東亞日報』 1924년 3월 11일)나 함흥 유지 일동(『東
亞日報』 1925년 2월 15일) 등이 있다.

들은 총독부의 행정이 미치기 어려운 지역사회에서 나름의 영향력을 가지고 '중간자·매개자'와 같은 역할을 하는 존재였다.[19] 뒤에서 살펴볼 다른 지역의 사례에서 나타나듯이, 줄다리기 개최를 조직적으로 준비하고 그를 주도한 위원회의 활동에서도 그러한 면모를 확인할 수 있다.

둘째, 풍년을 기원하는 줄다리기 본연의 목적 외에도 사용했던 줄에서 그 의미를 찾는 점과 관련해 지역적 다양성을 생각할 수 있다. 이와 관련해서는 정읍과 부안의 경우 마을의 기원을 빌며 줄다리기에 썼던 줄을 마을 어귀의 큰 나무에 감아두는 것이나,[20] 줄을 소방대에 기부하는 영월의 사례 등이 있다.[21] 또 지역에 따라서는 승리한 편의 줄을 구입해서 지붕에 두면 운세가 좋아진다고 하든가 소에 그것을 먹이면 풍년이 된다고 믿는 관습도 있는데,[22] '6, 7백 원 값'이 매겨진 줄이 매매되었던 춘천의 사례도 이러한 전통과 관계가 있는 것으로 유추할 수 있겠다. 하지만 이러한 전통이 '학교나 야학회'의 기부로 이어지고 있었다는 점에서 줄다리기에 투영된 시대적 변화와 더불어 그에 부여된 새로운 의미를 엿볼 수 있다. 요컨대 줄다리기 개최가 단지 전통적인 세시풍습을 따르는 차원에 그치는 것이 아니라, 지역사회의 이익을 도모하는 행사로 재편된 측면을 생각할 수 있는 것이다.

1920년대 초에 보이는 줄다리기의 부활에서는 이와 같이 세시풍습의 의미에서뿐만 아니라 세태의 변화를 반영한 형태로 그것이 전개되었음을 알 수 있다. 이는 식민지기 줄다리기에 대해 '근대와의 단절' 또는 '전통의 쇠퇴'로만 단순화시켜 볼 수 없음을 의미한다. 대구에서 1922년에 줄다리기가

---

19) 식민지기 촌락사회와 지배구조에 관해서는 松本武祝, 『植民地權力と朝鮮民衆』, 社會評論社, 1998; 板垣龍太, 「植民地期朝鮮の地域社會における有志の動向」, 『東アジア研究』 6, 2003; 윤해동, 「식민지기 촌락 지배와 "중간지배층"」, 『대동문화연구』 54, 2006을 참조.

20) 朝鮮總督府, 『朝鮮の郷土娛樂』, 1941, 112·120쪽.

21) 『東亞日報』 1934년 3월 6일.

22) 崔吉城, 『朝鮮の祭りと巫俗』, 第一書房, 1980, 111쪽,

재개된 배경은 그러한 흐름을 시사하고 있는데 요약하자면 다음과 같다. 각 학교와 청년들 사이에는 즐길 수 있는 다양한 운동이 있어 유쾌하게 생활하고 있는데 반해, 시민의 대부분은 그러한 것도 없이 지내고 있어 여러 가지 대책을 궁리해오던 상황이었다. 그에 대구 청년회와 조선노동공제회 대구지회의 각 간부들이 연합하고 온 시민의 요구로 줄다리기를 개최하기로 하였다. 각 단체의 기부로 비용이 마련되었고 당국에 허가를 받아 준비에 여념이 없는데, 이처럼 시민이 연합하여 운동을 하는 것은 지금까지 없었던 일이라 한다.23) 여기서 주목되는 것은 집단적 놀이형태로 전개되는 줄다리기의 전통성에 '모든 시민이 즐길 수 있는 운동'이라는 기능적 측면이 강조됨으로써 새로운 의미가 부여된 점이다. 이는 줄다리기가 단체로 즐길 수 있는 운동 경기(=스포츠)의 한 종류로 그 의미를 갖게 되는, 이른바 '줄다리기의 근대성'을 시사하고 있는 것이다. 왜냐하면 신체를 단련하거나 즐기기 위해 '운동'을 한다는 인식체계는 근대사회에서 태동한 것이기 때문이다. '건강한 신체에 건강한 정신이 깃든다' 라는 문구는 그러한 인식체계를 상징적으로 보여주는 것으로, 체육을 권장하는 사회적 여론은 운동을 하나의 취미 혹은 교양으로 간주하고 그를 장려하고자 하는 통념을 형성하였다. 앞서 살펴보았듯이 대구에서 줄다리기가 재개된 목적은 이러한 가치관에 입각한 것이다. 이는 줄다리기가 '근대성'과 충돌하면서도 그것을 절충한 형태로 명맥을 유지했던 면모를 보여준다.

줄다리기와 '근대성'의 길항관계는 그것의 형태와 규모, 성격에 일정한 변화를 초래하는 요인으로 작용하기도 한다. 이러한 점을 고찰하는 것에 있어서, 식민지기 석전이 소멸해 가는 과정을 문화사적으로 재구성한 유선영이 세시풍습의 '일상성'과 '보수성'을 강조한 것은 유익한 시사점을 던져준다. 이는 전통오락이 세시풍습의 일환이면서도 생활 양식의 일부로 자리잡은 "두터운 의미층"에 착목한 것이다. '구습(舊習) 혹은 악습(惡習)'으로

---

23) 『東亞日報』 1922년 3월 12일.

간주되어 법적으로 금지되었던 석전이 그 후에도 완전히 사라지지 않고 그 명맥을 유지했던 것에 대해서는 1920년대의 석전 개최와 경찰과의 마찰을 보도한 다수의 신문 기사가 증명해 주고 있다.[24] 과격하고 집단성이 강한 세시풍습으로 매도되어 석전과 같은 유사한 폐해가 누차 지적되었음에도 불구하고 지속되었던 줄다리기의 면모 역시 그러한 문맥에 결부지어 생각할 수 있다. 여기서 눈에 띄는 것은 줄다리기가 지속되는 것과 관련해 그것이 '민중적 오락' 혹은 '운동(=스포츠)'의 한 종류로써 사회적 각광을 받게 되는 지점이다. 뒤에서 구체적으로 살펴보겠지만 이러한 인식이 식민지기 줄다리기를 장려하는 사회적 여론의 중심축을 형성하고 있었기 때문이다. 이는 줄다리기가 단지 전통적 세시풍습 차원의 '보수성'에 그치는 것이 아니라, 일상적인 차원에서 그것의 오락적 요소와 운동적 기능이 주목받게 되었음을 의미하는 것이다. 이러한 관심은 생활자적 입장에서 즐길 수 있는 오락이 필요하다는 인식과 그에 부합하는 것으로 재구성된 줄다리기의 의미 해석을 토대로 한 것이다.

이러한 맥락에서 줄다리기는 그 폐해에도 불구하고 "민중적 오락으로서 매년 개최"[25]하는 것으로 '의미화' 되고, 그 존재가 다음과 같이 긍정적으로 '언표화(言表化)' 되었다.

> ……이 싸움에도 사상자가 혹 나는 때가 있으나 석전처럼 그다지 위험치는 않은 까닭에 금지가 되지 않을 뿐 아니라, 근래 각 학교에서 운동으로 줄다리기를 하는 일이 있어 즉 어떤 시기에는 더 성행할지도 알 수 없다.[26]

이는 다소 사상자가 있으나 석전과 비교해 줄다리기는 금지할 만큼 위험

---

24) 유선영, 「편쌈 소멸의 문화사-식민지의 근대주의와 놀이 대중의 저항」, 『사회와 역사』 86, 2010.
25) 『朝鮮日報』 1925년 2월 3일.
26) 「全朝鮮 怪風俗展覽會, 入場無料」, 『別乾坤』 제11호, 1928년 2월 1일.

하지 않다는 것과 무엇보다 '학교의 운동'이라는 형태로 지속되고 있기에 더욱 성행할 것이라고 예측한 것이다. 하지만 줄다리기 성행에 대한 기대는 단지 이러한 측면에 국한된 것이 아니었다. 조선총독부 촉탁으로서 풍습 조사에 두루 관여해온 오청(吳晴)이 1931년에 출판한『조선의 연중행사』(朝鮮の年中行事)에서는 줄다리기가 갖는 보다 근원적인 동력을 다음과 같이 확인할 수 있다. 요컨대 "재래의 관습이 사라지고 있는 요즘에도 줄다리기 만큼은 더욱 활발히 이루어지고 있다"며 이에 대해 "줄다리기는 실로 농촌적 또는 대중적인 특별한 의의를 갖고 있는 유희"라고 한 것이다.[27] 소멸하고 있는 대부분의 세시풍습과 달리 줄다리기가 그 건재함을 과시하며 폭넓게 향유되고 있는 당대의 상황을 알려주는 대목이라고 할 수 있다. 그것은 줄다리기가 '농촌을 기반으로 한 대중적인 오락'으로써 의미를 가지고 있었다는 사실이다. 앞서 언급했듯이 이는 줄다리기가 단지 전통적 세시풍습에 그치는 것이 아니라, 일상적 토대에서 보다 깊은 맥락을 갖고 있었음을 시사하고 있다. 줄다리기에 내재된 '두터운 의미층'이자 그것에 부여된 사회적 기능으로 이해할 수 있으며 줄다리기가 더욱 성행하리라는 당대의 예측은 이러한 맥락에서 태동한 것이라 할 수 있다.

4. 줄다리기를 둘러싼 주체 간의 갈등 양상

앞서 살펴본 1920년대 초 신문 기사에서 알 수 있듯이 식민지기 줄다리기 개최에는 무엇보다 '경찰 당국'으로 대변되는, 즉 식민통치 권력의 허가가 있어야 했다. 이는 줄다리기에 대한 당국의 기본방침은 금지였고 따라서 경찰의 허가가 줄다리기를 개최하기 위한 전제적·필수적 조건이라는 것을 의미한다. 여기서 주목하고 싶은 것은 줄다리기에 대한 경찰의 그러한 방침

---

27) 吳晴,『朝鮮の年中行事』, 朝鮮總督府, 1931, 46~47쪽.

이 세시풍습의 관례를 고집스럽게 지키려고 하는 식민지 대중의 생활자적 욕망과 충돌하여 갈등을 유발하는 근원이 되었다는 점이다. 하지만 줄다리기를 둘러싼 문제는 단지 식민통치 권력과 식민지 대중이라는 두 주체의 대립에만 국한되는 것이 아니었다. 줄다리기 승부가 갖는 특별한 의미에 과도하게 집착함으로써 발생하는 식민지 대중 사이의 갈등이 함께 혼재되어 있음을 간과해서는 안 된다.

다음에서는 우선 식민통치 권력과 식민지 대중과의 관계를 중심으로 해서 줄다리기에 대한 갈등이 어떠한 유형으로 나타나는지를 대략적으로 살펴보겠다. 이어서 식민지 대중 사이의 갈등이 혼재한 사례를 통해 보다 복잡하게 얽힌 그 양상을 검토하려고 한다.

(1) 식민통치 권력의 줄다리기 금지와 갈등

먼저 줄다리기 개최를 금지한 것에 대한 대응 양상을 보자. 경상남도 진영에서는 불허된 줄다리기가 "유지(有志)들의 격렬한 교섭"으로 허가되었다.[28] 이는 금지를 명한 경찰 당국의 최초 방침에 대해 마을의 유력 계층인 有志들이 중심이 되어 그것을 철회시키고 결국 허가를 얻어낸 것을 보여준다. 이러한 사례를 통해 첫째, 당국의 방침에 어느 정도 교섭의 여지가 가능했던 점, 둘째, 춘천의 사례에서 확인했듯이 '유지(有志)'로 상징되는 중간자적·매개자적 계층의 역할을 재차 확인할 수 있겠다. 한편 허가를 받은 줄다리기가 중지되는 경우도 적지 않은 듯하다. 일례로 김천의 경우 당국의 허가 하에 십여 년 만에 줄다리기가 개최될 예정으로 대대적으로 준비가 이루어졌다. 그러나 개최 전날 경찰에서는 "규모가 지나치게 크다"는 이유로 금지하였고, 이에 대해 주최 측은 "줄 길이 축소"를 내세워 타협점을 찾으려고 했다. 하지만 군중들은 경찰이 "줄을 자르려고 한다"며 오해하여 소

---

28)『東亞日報』1931년 3월 12일.

동을 일으켰고, 결국 경찰은 줄다리기 개최를 중단시켜 버렸다. 이러한 경찰의 조치에 대해 군중들은 "이렇다 할 이유도 없으면서 오랜 시간 준비한 줄다리기를 중단시켰다"고 성토하였다.[29]

이와 같이 줄다리기 개최를 둘러싼 경찰과 군중들 사이의 갈등이 하나의 '소동'으로 기사화 되는 것은 드문 일이 아니었다. 부산에서는 심지어 진행 중이던 줄다리기를 중단시키기 위해 출동한 경찰이 군중들에게 폭행을 당한 소동이 발생해 주모자 등이 구속되는 경우도 있었다.[30] 1928년 『동아일보』(東亞日報)의 기사에 의하면 줄다리기 단속에 관련된 경찰이 고소를 당하는 사례도 있는데 사건의 전모는 다음과 같다.

> 화천에서는 (줄다리기 중-인용자) 양 편에서 발생한 분쟁을 중지시키기 위해 관여하던 경찰 두 명이 쓰러졌는데, 그중 한 명이 그에 분개한 것인지, 아니면 자신의 마을이 지고 있었던 탓인지 상대편 몇 명을 때렸다. 이를 본 군중들은 "경찰이 죄 없는 선량한 사람을 때려서 중상을 입혔다. 이는 참을 수 없다"며 맹렬한 기세로 20여 명이 경찰서로 쳐들어갔으며, 다음날 피해자 김은 고소 접수를 위해 경성지방법원 춘천지청 검사국으로 출발했다. 경찰에서는 당일 사태를 조사하기 시작했으며……고소 준비 중인 김에게 경찰 관계자가 타협하도록 설득하였고 이에 응한 김이 경찰서에 가서 증거불충분과 자신의 과실을 인정하는 시말서를 제출하는 것으로 해결에 이르렀다.[31]

다음의 사례는 줄다리기가 식민지 통치의 치안에 관련된 문제로 인지되어 금지된 경우를 보여준다. 동래에서는 1930년에 '동래 신간회 지부' 주최로 줄다리기가 개최될 예정이었다. 각 마을 대표가 준비위원회를 꾸리는 등 만반의 준비를 하고 있었는데, 경찰에서 갑자기 "상부의 명령"이라는 이유로 줄다리기를 불허했다. 줄다리기 개최를 손꼽아 기다리던 군중들은 "줄다

---

29) 『東亞日報』 1928년 2월 24일.
30) 『東亞日報』 1930년 2월 19일.
31) 『東亞日報』 1928년 2월 7일; 『東亞日報』 1928년 2월 12일.

리기마저 금지하는가"라며 원성을 높였다.[32] 이 사건에 대해 『조선일보』(朝鮮日報)에서는 "줄다리기는 일반 대중에게 유일무이(唯一無二)한 대중적 오락이기 때문에, 이것이 없으면 정월(正月)다운 기분조차 느낄 수 없을 정도"라고 하여, 줄다리기가 조선인에게 '정월(正月)의 오락'으로써 매우 중요한 의미가 있음을 언급했다. 그렇기 때문에 군중들이 줄다리기 개최를 더없이 기대하고 있었다는 점을 강조하고, 이를 중지시킨 경찰 당국에 대해 군중의 분노가 그만큼 크다고 지적했다.[33] 위의 기사에서 "상부의 명령"이 구체적으로 어떤 내용인지 확인할 수 없지만, 유사한 사례를 통해 그 맥락을 유추해 볼 수 있다. 먼저 주목되는 것은 같은 해 밀양에서 이미 예정된 '밀양 노동 야학원' 주최 씨름 대회가 "당분간 모든 집회는 불허"라는 경찰 방침에 의해 금지되었던 것이다.[34] 이러한 사실들로부터 그 원인을 유추해 보자면, '신간회'나 '노동 야학원'이라는 주최 측의 정치적 성향이 문제시된 점을 꼽을 수 있다. 다음의 기사는 그러한 점을 뒷받침한다.

'동래 신간회 지부' 주최의 줄다리기와 '밀양 노동 야학원' 주최의 씨름이 금지된 것을 보도한 당일 『동아일보』(東亞日報)는 "씨름과 줄다리기가 불온하다고 금지, 조선인의 하품마저 불온!"이라는 야유 섞인 어투로 경찰의 단속이 지나친 것을 지적했다.[35] 이 뿐만 아니라 며칠 후 본지의 일면에는 "신경 과민한 경찰"이라는 제목의 기사가 게재된다.

> 속담에 자라 보고 놀란 가슴이 솥뚜껑 보고 놀란다고 조선 경찰의 신경과
> 민은 이제 시작된 물건이 아니라고 할지라도 상식을 초월하는 행동이 영향
> 을 미치는 것에 민중의 생활이 매번 항의를 거듭하지 않을 수 없다. 경성의
> 물산장려회 행진 금지, 동래의 줄다리기 금지, 밀양의 씨름 금지와 같은 실

---

32) 『東亞日報』 1930년 2월 11일.
33) 『朝鮮日報』 1930년 2월 11일.
34) 『東亞日報』 1930년 2월 11일.
35) 『東亞日報』 1930년 2월 11일.

로 유행어로 빌리자면 소위 금지의 '첨단'을 가는 맹목적 또는 우스운 금압
이다……가장 비능률적이요, 비리(非理)한 소위 '무사주의'와 '보고 만능(報
告 萬能)의 정치'에 하나인 결과로 집회 금지 남발은 경찰의 무능을 나타내
는 것이오, 직무태만 이라고 볼 수 있다……36)

이는 경찰의 무분별한 단속이 "금지 남발"로 상식을 초월하는 지경에 이
르렀다며 강압적인 정책을 비판한 기사였던 것이다. 한편 조선인의 집회에
그처럼 민감하게 반응하지 않을 수 없었던 당국의 사정은 다음과 같이 고
려해 볼 수 있다. 3·1 독립운동 후 언론·출판·집회·결사의 자유가 어느 정
도 허용된 시류에 편승하여 조선에서는 노동자, 농민, 청년의 조직화와 다
양한 민족운동 및 사회운동이 급격히 전개된 것이다. 그러한 점에서 신간회
와 노동 야학교의 성장은 조선총독부의 입장에서 식민통치의 불안을 불러
오는 존재였다. 이러한 정황을 종합해보면 '밀양 노동 야학' 주최 씨름과
'동래 신간회 지부' 주최 줄다리기를 금지한 "상부의 명령"에는 식민지의
전통오락을 통제하고자 하는 의도에 다음과 같은 측면이 더해진 것을 생각
할 수 있다. 요컨대 당시 조선 사회에서 확산하고 있던 민족운동·사회운동
을 경계하기 위한 것으로, 관계된 단체들의 활동에 제재를 가함으로써 세력
확산을 저지하려는 목적이다.

이상 식민통치 권력과 식민지 대중과의 관계를 중심으로 해서 줄다리기
에 대한 갈등 유형을 대략 살펴보았다. 갈등의 근본 원인은 줄다리기 개최
에 경찰의 허가를 우선적으로 받지 않으면 안 되는 점에 있었다고 할 수
있겠다. 이로 인해 끊임없이 반복되었던 두 주체간의 대립이 하나의 '소동'
으로 기사화되는 것은 드문 일이 아니었다. 경찰 당국의 금지 조치에 대해
분노와 원망을 표출한다든지 격렬한 교섭을 통해 상황을 조정하거나 혹은
줄다리기를 저지하려는 경찰과 분쟁이 발생해 법적 소송까지 감행하려고

---

36) 『東亞日報』 1930년 2월 13일.

했던 것 등을 확인할 수 있었다. 식민통치 권력은 줄다리기에 대해 기본적으로 금지 방침에 입각하면서도 어느 정도는 교섭의 여지를 가지면서 적절히 그것을 통제하려고 했다. 이는 식민지의 문화통치 방식의 일환을 보여주는 것이다.

그러나 당대 줄다리기를 둘러싼 갈등이 더욱 복잡해지는 요인으로 줄다리기에 대한 조선인의 강한 의지와 열망을 간과해서는 안 된다. 줄다리기가 조선인에게 '특별한 의미를 가진 대중적 오락'이었다는 사실과 더불어서 여기에는 생활자의 입장에서 줄다리기를 필요로 하는 '당위적이고 현실적인 욕구'가 부합되어 있음을 생각할 수 있다.

(2) 줄다리기에 대한 대중의 욕망과 갈등

1926년에 간행된 『조선의 군중』(朝鮮の群衆)은 조선총독부가 실시한 구관 조사 자료의 하나로써, 서문에 "군중을 관찰하는 것은 사회 사상(事象) 특히 그 사회 생활자의 사상(思想) 경향을 정확히 알기 위해 중요한 일"이라고 본서(本書)의 의의를 밝히고 있다. 이에 조선의 군중 유형을 다양한 항목으로 분류했는데, 그 중 하나가 「줄다리기 군중」이다. 이러한 점은 줄다리기가 식민통치 권력의 입장에서 주시해야 할 대상으로 여겨질 만큼 인상적이었다는 것을 시사한다. 관련해 고창과 진주의 사례가 소개되었는데, 먼저 1925년 고창의 줄다리기 소동을 보자.

동부리·서부리 주민 약 4백 명이 동서로 나뉘어 줄다리기를 개시했으나 승패를 내지 못하자 서로 난입하는 등 교착 상태에 빠졌다. 그때 사립 고보(高普) 생도 한 명이 경계 임무에 열중하던 사복 순사의 모자를 장난으로 쳐서 떨어뜨렸기에 순사는 손바닥으로 생도의 얼굴을 가볍게 때렸다. 그런데 이를 본 같은 학교 생도 20여 명은 도가 지나치며 순사를 폭행했고, 도망가는 순사를 쫓아[쫓아] 경찰서 앞을 포위해 구타를 가하였다. 이를 본 형사가 호각

을 불어 동료들에게 지원을 요청했으나 그들이 왔을 때 생도들은 이미 흩어
지고 없었다. 한편 교착 상태에 있던 줄다리기 군중은 정월을 축하하는 귀밝
이술로 어느 누구나 취해 있었는데, "경관이 줄다리기를 간섭하고 방해하는
것은 이상하지 않은가"라며 경찰서로 몰려갔다. 결국은 경찰서 앞에서 동·
서 양편이 서로 떨어져 다투며 싸우는 가운데 이러한 혼란을 틈타 경찰서
내부에 침입하려는 사람까지 나왔다. 경찰은 만일의 사태에 대비해 무장한
순사 2명에게 문 앞을 지키도록 하는 한편 관련자 5명을 검거해 사태를 수
습하는데 애썼다. 이로써 대략 10시부터 시작된 소동은 다음날 오전 0시 30
분쯤이 되어서야 정리되었고 군중은 자연스럽게 해산했다.[37]

이는 줄다리기 개최 과정에서 발생한 돌발적·우발적 소동의 일례를 보여
주는 것이라 할 수 있다. 이러한 소동에서 엿볼 수 있는 것은 줄다리기가
갖는 '축제성'이다. 한양명의 연구를 참고하면 이것은 줄다리기의 축제적
기능, 즉 그에 내재된 '비일상성'에 결부시켜 이해할 수 있다. 이와 관련해
서는 줄다리기에 계급과 남녀노소를 구분하지 않고 모두가 참가한다는 점
과 그로 인해 일상생활에서 규정된 계급이나 성별의 일탈과 해방이 허용된
축제의 공간이었다는 점에 주목할 필요가 있다. 예를 들면 줄다리기를 본격
적으로 개최하기에 앞서 치르는 의례적 행사에서 이미 축제적인 분위기가
조성되고 줄을 당기는 과정에서는 자신의 치마 속에 돌을 넣어 무게를 더
하는 아녀자나 점잔을 빼던 양반까지 결국엔 두 팔을 걷어 올리며 합세하
여 줄다리기에 무아지경이 되는 것, 상대편에게 비속어나 야한 농담을 던지
며 익살을 즐기는 군중들의 모습 등에서 독특한 '축제성'을 읽을 수 있다.
이러한 행위는 당시의 유교 이념에 반하는 것으로 일상적 맥락에서 허용되
지 못한 일탈과 해방이 줄다리기라는 공간 속에서 표출되는, 이른바 축제의
'비일상성'을 보여주는 것이다.[38]

---

37) 朝鮮總督府, 『朝鮮の群衆』, 1926, 226쪽.
38) 줄다리기의 '축제성'에 관해서는 한양명, 「19세기 중엽, 義城縣의 줄당기기를 통해
    본 고을 축제의 성격과 문화적 의미」, 『韓國民俗學』 42, 2005를 참조.

이를 고창의 사례에 비추어 보자면 승패가 쉽사리 결정되지 못하자 교착 상태에 빠진 군중의 무질서함이나 사복 순사의 모자를 쳐서 떨어뜨린 생도의 장난, 더욱이 '정월의 귀밝이술'에 취해 경찰서로 쳐들어간 군중의 호기로움 같은 것은 평소라면 할 수 없었던 행위들이다. 이와 같은 비일상적인 일탈과 무질서가 발생할 수 있었던 배경으로는 앞서 살펴본 흥분과 열광이 만연했던 줄다리기 당일의 축제적 분위기에서 찾을 수 있겠다. 한편 "경관이 줄다리기를 간섭하고 방해하는 것은 이상하지 않는가"라며 군중들이 돌연 경찰서로 몰려가 일으킨 일련의 소동에서 주목되는 것은 첫째, 많은 군중이 모이는 대규모 행사였던 만큼 '경계 임무'를 맡은 순사가 파견되는 등 어떤 형태로든 경찰이 줄다리기에 개입하고 있었다는 점이다. 둘째, 그러한 경찰의 단속에 대해 군중이 불만을 가지고 있었다는 것을 알 수 있고 결국 그것을 표출시키는 것으로 소동이 전개되는 점이다. 이와 같은 예상치 못한 사태가 경찰 당국을 얼마나 긴장시키고 혼란에 빠트리게 하는 것이었을지는 충분히 가늠할 수 있겠다.

또 다른 사례는 1924년 진주에서 개최된 줄다리기이다. 여기서는 줄다리기 승패에 대한 군중의 유별난 관심과 집착으로 인해 발생한 군중 간의 갈등 양상을 구체적으로 확인할 수 있다. 단 염두에 두어야 할 점은 승패에 대한 이러한 경향은 일반적이었다는 사실이다. 앞서 살펴봤듯이 줄다리기는 본래 풍년을 기원하는 농경의례의 일환으로써 그것의 승패에는 풍년과 흉년을 결정짓는다는 주술적 의미가 담겨 있었다. 그리고 줄다리기에 대해 '비합리적인 미신' 혹은 '폭력적'이라는 문제점이 지적되었던 주요 요인에는 그 승패에 과도하게 집착하는 군중이 있었다. "줄다리기 승부 때문에 싸움"이 발생하고[39] "줄다리기 승부가 나지 않자 결국 석전"으로 확대되는 경우가 드물지 않았고[40] 심지어 승패 판정 결과에 이의를 제기하며 심판자

---

39) 『每日申報』 1927년 2월 27일.

40) 『東亞日報』 1921년 2월 28일; 『東亞日報』 1928년 2월 16; 『東亞日報』 1929년 8월

였던 군수를 소송하는 사례 등이 이를 뒷받침한다.[41] 이러한 점들은 줄다리기 군중이 그 승패를 얼마나 중요하게 여기고 있었는지를 보여주는 한편 그것이 갖는 의미의 중요성을 결코 간과해서는 안 되는 것임을 환기시켜준다.

승패 문제가 발단이 된 진주의 줄다리기 소동을 서술하기에 앞서 진주지방의 줄다리기 특징을 설명하고 있다. 간략히 정리하자면 일반적으로 줄다리기는 정월대보름 행사로 치러지는 것에 비해 진주에서는 여름에 그것을 개최해 왔다. 이러한 관례는 "이 때가 비교적 농한기이자 비가 내리지 않는 시기이고 밤에도 쉽게 잠 들 수 없기 때문"이며, 줄다리기라도 해서 "떠들썩하게 휘저어 놓으면 경기(景氣)도 생기고 (가뭄에-인용자) 비도 내린다"고 믿어왔던 전통에 의한 것이었다. 그리고 줄다리기에서는 팀의 단결 협동이 중요시되었던 점에서 줄다리기가 "단순히 짧은 여름밤의 무료함을 달래는 유희"로서 뿐만 아니라 "마을의 결속"을 다지기 위한 차원에서도 필요했다. 나아가 이러한 결속은 "산업·납세 방면에도 좋은 성적을 올리는" 영향을 주기 때문에 마을의 수령이 줄다리기를 장려하기도 했다.[42] 이와 같은 설명을 통해 확인할 수 있는 것은 첫째, 여름에 개최되는 줄다리기의 성격이다. 이는 더위와 가뭄에 고생하는 농민에게 위안을 주기 위한 것일 뿐만 아니라 농한기를 이용하여 농민의 결속을 꾀한다는 목적에 의한 것임을 알 수 있다. 이러한 점은 줄다리기가 공동체 정서를 중시하는 농경문화를 토대로 형성된 전통임을 보여준다. 둘째, 줄다리기에서의 결속이 "산업·납세 방면"에도 긍정적으로 작용했다는 점에서 마을 수령이 그것을 장려했던 또 다른 목적을 엿볼 수 있다. 이와 관련해서는 줄다리기 승패에 관련된 문제에서 그 실마리를 얻을 수 있다. '관(官)이 주도한 줄다리기'에 대해서

26일 등.
41) 『東亞日報』 1926년 3월 5일.
42) 朝鮮總督府, 『朝鮮の群衆』, 1926, 221~223쪽.

는 전통사회에서 수령이 마을의 안정을 도모하고 민심을 위로하기 위해 줄다리기를 개최하고 상금을 내린 사실 등이 확인된다.[43] 또한 『조선의 향토오락』(朝鮮の郷土娛樂)의 설명을 참고하면 "예전에는 관청이 줄다리기를 장려하기도 하여 수령이 심판자 역할을 했으며 승부에 진 마을에 그해의 부역(賦役)을 담당" 하는 경우도 있었는데 이를 "관망(官網)"이라고 한다.[44] 이러한 사실로부터 알 수 있는 것은 줄다리기 승부가 단지 '이기면 풍년, 패하면 흉년'이라는 주술적 의미에 그치지 않는, 보다 물질적이고 실질적인 보상이 수반되었던 공동체 행사였다는 점이다. 앞서 "산업·납세 방면에 좋은 영향"이란 이러한 맥락에서 이해할 수 있는 것이며, 줄다리기의 승패 여하에 달린 공동체적 책임이 마을의 단결협동심을 더욱 고양시키는 원동력이 되었음을 짐작할 수 있다.

진주의 줄다리기는 성외(城外)와 성내(城內)으로 나누어져 개최되는데, 승패 문제로 불거진 두 마을 사이의 갈등이 쉽게 해소되지 않는 상황과 그러한 긴장 사태를 수습하려는 경찰의 대응을 중심으로 이야기는 전개된다. 그 흐름을 요약하자면 대략 다음과 같다.

> <첫째 날 : 7월 7일>
> 경찰에서는 "밤에는 위험도 많고 단속도 어렵다"는 이유로 줄다리기 개최를 오후 12시부터 5시까지로 제한을 두고 허용했다. 그러나 정해진 시간을 지나도 승부가 좀처럼 나지 않았고, 경찰은 그대로 해산을 명했다. 그럼에도 불구하고 군중은 자리를 떠나지 않고 줄다리기를 계속했고, 심지어 그 수는 더욱 늘어났다. 특히 성외(城外)에서는 먼 거리까지 출정한 상황에서 성내(城內)보다 필승의 각오가 강해 그 자리를 떠나려고 하는 사람이 없었다. 그에 반해 성내(城內)에는 "점원이나 하녀, 머슴, 주부, 근로인(관공서·회사 등에 근무하는 자·인용자)"도 다수 참가했는데, 그들은 아침에 각자의

---

43) 한양명, 앞의 논문, 23쪽.
44) 朝鮮總督府, 『朝鮮の郷土娛樂』, 1941, 153쪽.

일에 종사하지 않으면 안 되는 입장에 있었던 탓에 몇몇이 돌아가기 시작했다. 이러한 상황에서 성외(城外)에서는 "심판자 가타야마(片山) 경찰서장이 공평히 심판해서 城外가 이겼다"라고 했다며 말하는 이가 나타났다. 그와 같은 경찰서장의 판정에 매우 흥분한 성내(城內) 사람 대략 300명이 "경찰부장에게 면담을 청해 서장의 잘못"을 추궁하기로 했는데 서장이 "자신은 그런 사실을 말한 적이 없다"며 설득하였으므로 성내(城內)에서는 그러한 판정이 "城外의 거짓"이라고 기뻐하며 해산했다. 이날 진주는 "긴장감이 가득하여 시장에서는 성외(城外) 사람에게 물건을 안 파는 불매운동"이 일어나고 "성내(城內) 사람이 성외(城外) 사람의 세탁물을 하천에 던지고 서로 다투는" 등 도처에서 작은 분쟁이 있었지만 큰 사고 없이 마무리 되었다.

<둘째 날: 7월 8일>
전날 결과에 불만을 품은 군중들로 인해 마을의 긴장감은 높아져만 갔다. 그래서 경찰당국은 "수모자(首謀者) 혹은 지휘자(指揮者)" 역할에 적합한 "유학생, 노동공제회 간부, 청년회 유력자" 등을 불러 모아 "진주에 당신들 같은 선각자가 있으면서도 구식(舊式)의 소동을 방치해 두는 것은 이상하지 않는가. 책임을 갖고 진지하게 임해 주었으면 한다"고 협력을 구하는 한편 경계에 소홀함이 없도록 했다. 사사로운 사건은 있었지만 예상했던 만큼의 큰 문제는 없었다.

<셋째 날: 7월 9일>
9일 아침, 이미 줄다리기에 흥미를 잃은 성내(城內) 사람과 성외(城外) 사람이 차츰 돌아가기 시작했는데 도로 중앙에 그대로 방치된 줄이 문제가 되었다. 경찰로부터 "교통에 불편하고 이틀에 걸쳐서도 승패를 결정하지 않는다면 더 이상 줄다리기를 허용하지 않겠다"는 엄명이 내려졌으므로, 양 팀 대표자가 줄을 정리하고 승부 없이 줄다리기는 끝났다.

이상 줄다리기 승패 문제로 불거진 성외(城外)와 성내(城內) 사이의 마을 갈등이 어떻게 전개되었는지 그 과정을 살펴보았다. 여기에는 줄다리기에 대한 경찰의 허가와 통제가 어떻게 이루어지고 있는지가 구체적으로 드러나 있다. 예를 들면 '치안과 안전'을 이유로 밤에 개최해 오던 줄다리기 시간을 변경하고 제한했던 것을 비롯해 심판자로 활약하고 있으며, 발생한 소동에 대해 '유학생이나 노동공제회 및 청년회 간부'와 같은 지역 유력자를 내세워 수습하려고 했던 것 등이다. 이러한 점들은 줄다리기 개최에 경찰당국이 깊게 관여하고 있었음을 보여준다. 이로 인해 승부 문제를 둘러싼 갈등이 단순히 줄다리기 군중 사이에서 그치는 것이 아니라 경찰의 개입으로 또 다른 긴장 관계가 형성된 것을 엿볼 수 있는데, "선각자"로 여겨진 제3의 계층이 그 사이의 매개자로 존재했다는 것을 알 수 있다.

진주의 사례에서 더욱 흥미로운 것은 조선인과 식민권력 간의 갈등뿐만 아니라 줄다리기를 둘러싼 조선인 내부의 갈등이 표면화되는 지점이다. 진주의 삼일 간 소동을 보도한『조선일보』(朝鮮日報)의 기사가 이를 대변하고 있다. 「줄다리기를 폐지하자」라는 제목으로 2회에 걸쳐 연재된 이 기사는 줄다리기 문제점을 지적해 왔던 앞선 논리와 유사한 맥락을 이루고 있다. 다만 '기우제' 의미로 여름에 개최되는 진주의 줄다리기는 "미신에 불과한 전통"이라는 점을 강조하며 이에 초점을 맞추어 논지가 전개된다. 기사는 이러한 구시대적 전통에 "거액의 금전을 소비"하기보다 궁핍한 농민을 위한 실질적인 구제책을 세우는 것이 훨씬 현실적인 일이라고 주장하였다. 또 줄다리기는 단지 "전통이라는 감정에 포장"된 것에 지나지 않는데 그에 집착하는 폐해가 각 방면에 영향을 끼치고 있고 투석(投石)이나 격투와 같은 "육탄전"으로까지 확대되는 경우도 빈번하다고 지적하였다. 이처럼 줄다리기 전통을 '미신·악습'으로 규정하고 '비합리적·비경제적'이라는 관점에서 줄다리기 군중을 비판한 것에 이어서 식민통치 당국에 초점을 맞추어 다음과 같은 점을 지적한다. 요컨대 "대중이 진정 바라는 것은 줄다리기가 아니다. 기미운동(己未運動=3·1 독립운동) 때 경관이 도박꾼에게 "그대는 좋은 사람이요. 그렇게 즐기고 있으시오"라고 한 것을 생각나게 한다. 최근 노동문제다 사회문제다 등으로 어수선한 이때 "줄다리기나 하며 즐기

시오"라고 하는 것과 다름없지 않는가"라고 한 것이다. 그리하여 "풍속 개량은 사회의 책임이자 위정자의 책임"이고 "폐습(弊習)의 철저한 근절"에 힘쓰지 않는 것은 수많은 생명과 재산을 방치하는 것이라고 하며 실무를 담당하는 경찰 당국의 안이한 방침을 문제 삼았다.45) 이는 줄다리기 폐습 근절에 적극적이지 않고 오히려 그를 방치하고 있는 게 아닌가하는 당국의 저의를 의심하면서 그 책임을 추궁하는 논조였던 것이다.

진주의 삼일 간 소동을 기사화하여 '줄다리기 폐지'를 주장한『조선일보』 (朝鮮日報) 기사의 논지를 정리하자면 다음과 같다. 첫째, 줄다리기 전통에 얽매여 있는 군중에 대한 계몽이다. 이는 대중에게 비합리적이고 비경제적인 줄다리기 폐해를 자각시키고 그것이 '악습'임을 각인시키는 것을 의미한다. 둘째, '위정자'로서의 책임을 소홀히 하고 있는 식민통치 당국에 대한 비판이다. 이는 미신에 지나지 않는 줄다리기에 조선인이 거액을 소비하도록 방관한 채, 궁핍한 상황에 처한 농민을 구제하기 위한 실질적인 대책을 세우지 않는 당국의 무책임함·무능력함을 지적한 것으로 해석할 수 있다. 1924년 그해 여름의 가뭄 재해를 보도한 수많은 기사들에서 이에 관련된 실마리를 얻을 수 있는데, 이러한 정황으로부터 진주의 줄다리기가 '기우제'에 큰 비중을 둔 목적에서 개최되었다는 사실이 명백해진다.『조선일보』 (朝鮮日報)의 기사는 그러한 발상 자체를 구시대적 유물로 간주하고 줄다리기를 '미신·악습'으로 규정하였던 것이다. 나아가 '폐습(弊習)의 철저한 근절'이라는 풍속 개량의 책임을 식민통치 당국에게 묻는 동시에, 식민지 대중에게 그러한 '폐습(弊習)'을 허가한 당국의 의도를 추궁하며 가뭄 재해에 대한 실질적·현실적 대책을 강구해야 할 책임을 묻는 것에 그 목적이 있었다고 할 수 있다.

이상을 통해 생각할 수 있는 점은 당대 줄다리기를 둘러싼 갈등구조의 다양성이다. 우선 식민통치 권력과『조선일보』(朝鮮日報)로 표상되는 조선

---

45)『朝鮮日報』1924년 7월 16일·17일.

인 식자층 그리고 식민지 대중이라는 세 주체가 각각 얽힌 긴장 관계를 꼽을 수 있겠다. 그러나 실제 그것이 더욱 복잡한 양상을 띠고 있었다는 사실을 간과해서는 안 된다. 줄다리기에 대한 '긍정과 부정' 혹은 '허가와 금지' 사이에서 입장이 흔들렸던 주체의 내적 갈등으로 그를 규정할 수 있다. 이는 당대 줄다리기를 둘러싼 갈등이 단지 주체 간의 대립으로 구분 지을 수 없는 복합적인 면모를 가지고 있었음을 보여준다. 먼저 식민통치 권력의 입장에서는 앞서 본 사례들을 통해 '허가와 금지'를 반복하는 양상을 확인할 수 있었다. 일례로 1929년의 삼천포 줄다리기는 당국 관계자가 "미증유의 가뭄"에 피폐해진 민심을 안정시킬 목적에서 개최된 것이었다.46) 여기에는 식민통치 당국이 실질적인 대책을 세우지 못한 가운데 '기우제' 의미를 가진 줄다리기 전통을 이용하는 측면, 즉 민심을 달래기 위한 임시방편으로 줄다리기를 허용하는 의도가 잘 드러나 있다.

한편 『동아일보』(東亞日報)나 『조선일보』(朝鮮日報)에 보이는 조선인 식자층의 입장은 줄다리기에 대해 '긍정 또는 부정'이라는 사회적 여론을 생성했던 것과 결부시켜 생각할 수 있다. 예를 들면 앞서 진주의 줄다리기에서 폐지를 주장했던 『조선일보』(朝鮮日報)가 '동래 신간회 지부' 주최 줄다리기가 금지되었을 때 경찰 당국의 방침을 강하게 비난했던 것에서 알수 있듯이, 그 입장이 일관되지 않고 유동적인 형태를 띠고 있는 것이다. 한편 『동아일보』(東亞日報) 후원으로 줄다리기가 개최된 사례들도 확인된다.47) 더욱이 '청년회'나 '노동공제회', '유지'와 같은 계층이 지역의 줄다리기 개최에서 중심적인 역할을 했던 사례들을 고려한다면, 이른바 조선인 식자층 사이의 입장에도 도회지와 지방 사이에 차이 등을 세분화시켜 생각해봐야 할 것이다. 이는 보다 면밀한 검토가 요구되는 과제인데, 본고에서 대신 주목하고 싶은 것은 그러한 차이가 식민통치 권력과 줄다리기 군중 사

---

46) 『東亞日報』 1929년 6월 26일.
47) 『東亞日報』 1928년 2월 2일.

이에서 중첩되는 경계에 있었다는 점이다. 생활자적 욕망에서 세시풍습의 관례를 지키고자 하는 줄다리기 군중을 비판했던 점에서 조선인 식자층의 입장은 식민통치 권력과 공통된 부분이 있었다. 하지만 그들은 '중재자·매개자'로서 줄다리기 개최를 적극적으로 주도하고 식민당국의 양보를 얻어내는 교섭력을 발휘하는 등 줄다리기 군중을 대변하는 입장이기도 했던 것이다.

이러한 점을 토대로 다음 장에서는 줄다리기에 관한 조선인 내부의 입장 차이에 대해 검토를 더하고, 여기에 식민통치 당국의 '허용과 금지'라는 입장을 중첩시킴으로써 당대 줄다리기에 내재된 복잡한 사회적 함의를 조명하고자 한다.

5. 줄다리기의 전통 지속과
경제적 가치를 둘러싼 갈등 양상

1931년 3월 11일자 『동아일보』(東亞日報)에 게재된 「줄다리기의 득실(得失)」이라는 제목의 논단은 당대 줄다리기를 둘러싼 사회적 여론의 전형적인 형태를 보여주는 것으로 주목할 필요가 있다. 이는 그해 마산의 줄다리기 개최를 두고 표명되었던 찬성과 반대의 입장 및 그에 대한 논자의 견해를 밝힌 것이다. 논자는 줄다리기에 대해 "조선 재래의 민중운동 및 오락물로써, 지방에 따라서는 한낱 세시풍습으로 거의 관습적으로 현재까지 잔존해 온 것만은 사실이다. 그렇다면 우리는 이것을 재래의 악습이라 하여 일률적으로 타기(唾棄)하고 버릴 것인가?" 라는 물음을 제기하며, 그 '소득 및 손실'에 대한 토구(討究)를 전개하였다. 우선 줄다리기의 소득에 대해서 다음과 같이 열거하고 있다.

전 시민의 남녀노소를 망라한 시민운동·민중오락으로, 줄다리기에 몰입함으로써 생계로 바쁜 일상을 잠시 잊어버리고 일시적으로나마 활기를 가질 수 있다. 더욱이 오락이 전무(全無)한 조선의 가정부인에게 있어 그 이상의 좋은 모임은 없다. 사교댄스와 같은 오락물과 유회장이 있고 문화의 가정생활이 충만한 외국에 비하면 조선의 가정부인은 얼마나 비참한 생활을 인내하고 있는가……

한편 줄다리기의 손실에 대해서는 두 가지를 꼽았다. 첫째, 물질상의 손실로 "일시적 오락을 위해 수천 원에 달하는 물질을 소비"하는 점인데 "올해처럼 미가저락(米價低落)으로 생활고가 더해진 시기에 부근 농촌까지 수천 명이 동원되어 4, 5일 씩이나 소진"되는 것에 회의를 표명하였다. 둘째, 정신상의 손실로 "줄다리기 군중 간의 혈투 발생과 이후에도 그 감정이 쉽게 풀리지 않아 서로 모멸·멸시하며 시민으로서의 돈목(敦睦)을 해친다"는 점이다. 이처럼 줄다리기에 대해 "시민운동이자 오락"이라는 "득(得)"과 "물질적으로 막대한 손실과 저급한 적대관념"을 "실(失)"로 정리한 논자는 다음과 같이 제안한다. 요컨대 정신적인 면에서는 줄다리기의 승부 정신을 "신사적 스포츠" 관념으로 전환할 것과 물질적인 면에서는 "운동 자체를 선용(善用)하면 좋으나 금년과 같이 불경기에는 중지"하고 만일 그것이 어렵다면 "경비 축소"의 절충안을 제시한 것이다.[48]

논단 「줄다리기의 득실(得失)」에는 당대 줄다리기를 둘러싼 '긍정과 부정'의 사회적 여론이 어떤 형태였는지가 잘 드러나 있다. 여기서 주목되는 것은 줄다리기 전통을 그저 '미신·악습'으로 매도하기보다 물질적 낭비와 감정적 문제를 중점적으로 언급한 점이다. 한편 줄다리기의 "득(得)"에 관련된 부분에서 '근대적인 스포츠' 혹은 '대중적인 오락'으로써의 가치를 토대로 줄다리기의 사회적 의미가 구축되었다는 점이다. '오락'이라고 할 만

---

48) 『東亞日報』 1931년 3월 11일.

한 것이 전무(全無)한 조선에서 줄다리기는 "세시풍습으로써 조선농촌의
최대 유흥"[49]이라고 한 것이나 "이상적 경기(競技)"라는 수식어,[50] 나아가
그것의 운동 효과를 설명한 기사[51]들도 그와 동일한 맥락을 시사하고 있다.
이러한 흐름들은 줄다리기 전통이 '근대성'과 조우하여 재편되는 과정을 잘
보여주는 것이다. 서종원이 지적하고 있는 것처럼, 줄다리기가 서양의 스포
츠를 대신하는 향토 오락으로 간주되었던 것이나 그 운영방식이 이벤트로
조직화 되었던 것은 그러한 면모를 잘 보여준다.[52] 이와 관련해 주목해야
할 또 다른 요소로 지역마다 줄다리기 개최를 신문을 통해 광고한 점이 있
다. 공제욱의 설명에 따르면 이는 지역을 초월한 대규모 이벤트가 된 줄다
리기의 흥행을 도모하기 위함이었다.[53] 줄다리기 개최가 단지 지역 고유의
행사로 그친 것이 아님을 보여주는 것으로, 이를 줄다리기의 '관광화'로 정
의할 수 있겠다.

　그 배경으로 지역을 대표하는 대규모 이벤트로 줄다리기를 조직하고 '관
광'이라는 개념에서 관람객을 유치하고자 했던 지역사회의 동향에 주목해
야 한다. 일례로 마산에서는 줄다리기 개최를 앞두고 역장(驛長)이 보다 많
은 관광객을 유치하고 그 편의를 도모하기 위해 철도국에 열차 선로의 변
경이나 운임의 할인, 임시열차의 증설 등을 요구했던 것을 볼 수 있다.[54]
이는 그만큼 줄다리기의 관람객 비중이 높았다는 것을 의미한다. 그렇다면
지역사회에서 줄다리기 개최를 대대적으로 광고하고 적극적으로 관광객의
유치에 힘을 쏟았던 의도는 무엇이었을까? 다음의 사례를 통해 그를 유추
할 수 있다. 예를 들면 관광객 및 관람자에게 일인당 "일원 오십전" 정도의

---

49) 『東亞日報』 1929년 2월 22일.
50) 『東亞日報』 1929년 2월 24일.
51) 『東亞日報』 1930년 2월 23일.
52) 서종원, 앞의 논문, 290~291쪽.
53) 공제욱, 앞의 논문, 132~133쪽.
54) 『東亞日報』 1928년 2월 2일.

회비를 거둔 것,55) 줄다리기 주최 측에서는 수입원이 되는 일반 관광객을 보다 많이 유치하기 위해 그 방법에 고심하고 있다는 것56) 등이다. 1929년 마산의 줄다리기 경우, "불황기에 일식적인 유회를 위해 거액을 소비하는 가"라는 반대 의견도 있었지만 그럼에도 불구하고 "재래의 습관을 존중"하고 "각지에서 모이는 관람객으로부터 그것을 만회할 수 있다"라는 찬성이 우세했던 탓에 예정대로 개최된 것이었다.57) 이러한 사례들을 통해 줄다리기 개최가 관광 상품의 하나로 광고·소비되었던 맥락을 읽을 수 있다.

줄다리기의 물질적 낭비에 대한 지적과 그 반면 '관광화'로 그를 만회할 수익을 창출할 수 있다는 입장은 서로 대립하는 것이다. 그러나 '미신·악습'이라는 관념상의 잣대를 벗어나 줄다리기의 효용가치에 대해 실질적·실용적 차원에서 접근한 것에서 서로 상통되는 지점이 있다. 이는 줄다리기에 대한 달라진 평가 기준을 보여 주는 것인데, 그만큼 줄다리기에서 파생되는 수익이 적지 않았던 측면을 생각할 수 있다. 큰 규모의 줄다리기가 개최되는 것으로 유명했던 부산의 사례에 주목하자면, 그 수익을 "야학 경비에 충당"한 것이나 "사립학교에 기부"한 사실이 확인된다.58) 식민지기 민속학자로서 줄다리기의 방법적 개선을 통한 장려를 주장해왔던 송석하가 『동아일보』(東亞日報)에 게재한 「농촌 오락의 조장(助長)과 정화(淨化)에 대한 사견(私見)」에서도 관련된 내용을 볼 수 있다. 송석하는 줄다리기가 "특수한 신앙에서 생겨난 것"으로 풍년의 기원과 액땜의 의미에서 그 승부는 "며칠 동안 생명을 내어놓고 다투는 것도 생활에 영향을 주는 중대한 것"임을 설명하며 그의 '손실과 소득'을 언급하였다. 그러나 그 폐해만 개선한다면 충분히 존재가치가 있는 오락이라고 결론지으면서 "현대적 호흡"이 깃든 부산을 예시로 들었다. 이는 "음식영업자에 대한 권리금(權利金) 선납(先納)

---

55) 『東亞日報』 1929년 2월 22일.
56) 『東亞日報』 1929년 2월 23일; 『東亞日報』 1936년 2월 28일.
57) 『東亞日報』 1929년 2월 22일.
58) 『朝鮮中央日報』 1934년 2월 26일.

제도"에 주목한 것으로 그것이 줄다리기 개최 비용이나 "무산아동의 교육"
에 사용되고 있는 사실을 높이 평가한 것이었다.[59]

　부산 지역 가운데 동래의 줄다리기를 "농촌적이고 향토색 있는 유희(遊
戲)의 규모가 매년 작아지고 있는 오늘날, 부산뿐만 아니라 조선 남부 최고
의 규모"라고 한 오이가와 다미지로(及川民次郎)의 서술도 송석하의 그것
과 유사한 맥락을 이루고 있다. 오이가와(及川)는 "사람들은 정말 일 년의
풍흉화복(豊凶禍福)이 이 하나에 좌우되는 것처럼" 승부를 겨루는 줄다리기
가 "실로 농촌적 특수한 의의를 갖고 있는 대중 유희"라고 설명하였다. 그런
과정에서 종종 부상자도 발생하는데 "결전(決戰)까지 삼일 혹은 일 주일간
매일 밤 12시 경까지 난무(亂舞)"하며, 따라서 "부근에는 임시 주점(酒店)
등이 설치되어 때 아닌 성황"을 이룬다고 하였다.[60] 이로부터 동래의 줄다
리기 규모와 당일의 축제와 같은 분위기를 엿볼 수 있는데, 앞서 언급된 "음
식영업자에 대한권리금(權利金) 선납(先納) 제도"와 관련해 주목되는 것은
그 부근에 임시적으로 설치된 상업시설을 언급한 대목이다. 관람객을 포함
한 수많은 군중이 인산인해를 이루고 며칠씩이나 개최되는 줄다리기에 이러
한 상업시설이 "권리금(權利金) 선납(先納) 제도"하에 조직되었다는 것은
그만큼 줄다리기로 인한 특수 호황이 적지 않았음을 생각할 수 있다.

　줄다리기 수익이 '기부'라는 형태로 '야학'과 같은 사회사업에 사용된 점
이나 그 개최에 '주점(酒店)'과 같은 상업적 시설이 개입한 점 등은 줄다리
기에 투영된 상업성을 시사하고 있다. 이는 관광 상품의 하나로 광고·소비
되었던 줄다리기의 '관광화'와 밀접히 관련된 것이었다. 이러한 점들은 그
에 얽힌 경제적 이해관계가 줄다리기를 둘러싼 사회적 논의에서 중요한 비
중을 차지하게 되었음을 시사한다. 줄다리기의 효용 가치를 둘러싼 입장은
'비합리적·비경제적'인 것으로 부정했던 것과 '경제적인 상업 활동' 혹은

---

59) 『東亞日報』 1935년 6월 28일.
60) 及川民次郎, 「朝鮮索戰考(東萊索戰風俗)」, 『ドルメン』 2卷, 1933년 4월, 137~139쪽.

'대중적인 오락'으로 긍정했던 것에서 알 수 있듯이, '근대성'을 기저로 한
것이었다. 앞서 『동아일보』(東亞日報)의 논단을 통해 본 1931년 마산의 줄
다리기에 대해서는 다음과 같은 사정을 덧붙일 수 있다. 줄다리기 개최를
반대하는 의견에 대해 주최 측은 "미가저락(米價低落)에 의한 불경기"이기
때문에 더욱 대중에게 위안을 줄 오락이 필요하고 이런 의미에서 "불경기
대책"으로써 줄다리기를 개최해야 한다고 주장하며, 경찰의 허락하에 "일천
여 원"의 경비로 준비를 진행했다.[61] 결과적으로 줄다리기 당일은 "불경기
영향은 조금도 느끼지 못했고 약 5만 명이 모인 성황"을 이루었다고 한
다.[62] 이러한 사례는 줄다리기의 '물질적 낭비'를 비판했던 의견에 대해 오
히려 '불경기 대항책'으로 그것의 필요성을 역설했던 여론이 호응을 얻고
우위를 점했던 것을 보여준다. 또한 그러한 여론에는 단순히 경제적 이익에
서 뿐만 아니라 '대중에게 위로가 될 오락'을 제공한다는 목적 역시 중요했
던 것을 알 수 있다. 이는 조선인에게 줄다리기가 '대중적 오락'으로써 각별
한 의미를 갖는 것이었음을 환기시켜 준다. 줄다리기 '得'의 가치는 이와
같은 맥락에서 구축된 것이었는데, 이를 줄다리기에 부여된 사회적 의미로
이해해도 무방할 것이다. 한편 '경찰의 허가'라는 측면은 그러한 여론에 편
승한 식민통치 권력의 입장을 보여준다.

줄다리기에 대한 '허가와 금지'의 양상은 지역마다 차이가 있었을 것으
로 생각되지만, 다음에서는 경기도 지방과가 1934년 9월에 간행한 『농촌
오락행사 길라잡이-부립춘서예시』(農村娛樂行事栞-附立春書例示)』에서 관
련 내용을 살펴보고자 한다. 그 서두에서 향토 재래의 특성을 가진 농촌 오
락의 폐해는 '개선'하고 좋은 것은 '장려'한다는 취지를 밝히고 있는데, 경
기도의 시기별 세시풍습을 정리한 것으로 구성되어 있다. 그 가운데 줄다리
기에 대한 내용을 보면, "패군(敗軍)은 당일 음식비를 부담하던지 승군(勝

---

61) 『每日申報』 1931년 3월 4일.
62) 『每日申報』 1931년 3월 11일.

軍)의 호세(戶稅)를 부담·대납한다는 등 상당한 고액의 물질을 내기로 거는 것이다. 이런 연유로 줄다리기를 할 때는 남녀노소를 불문하고 모두 출진 (出陣)하여 아군을 힘차게 응원하고 그 상황이 매우 불리해지면 상대편에 고춧가루를 뿌리는 경우도 있으며, 끝날 때는 부상자가 나오거나 투쟁(鬪 爭)이 생기는 일이 자주 있다"는 점을 문제 삼고 있다. 계속해서 그로 인해 야기되는 문제점을 다음과 같이 언급하고 있다.

> 줄다리기가 주식(酒食) 낭비(줄에만 수십 원이 드는 경우가 있다), 투쟁 (鬪爭) 등 좋지 않는 폐해를 야기하는 것이 자주 있으므로 관계 관청에서는 이를 쉽게 허락하지 않을 뿐 아니라, 호세(戶稅) 대납 등 세정(稅政)의 본래 뜻에 어긋나는 것이므로 이를 제지하려고 한다. 그런데 아무것도 걸지 않는 경우가 없기 때문에 근래에도 부지불식간에 줄다리기의 영향은 남아있다. 근래 굳이 이것을 복고(復古)·장려할 필요도 인정하지 않지만, 만약 어떤 것 도 걸지 않고 단순히 부락의 화합·협력 정신을 배양하기 위해서 한다면 부 락의 단결을 꾀하는 것에 있어서 효과를 거둘 수 있을 것 같다.[63]

여기서 줄다리기의 주된 폐해로 지적된 것은 그 승부에 "음식비를 부담 하던지 승군(勝軍)의 호세(戶稅)를 부담·대납"시키는 관례에 대한 문제였 다. 다소 과장해서 표현하자면 돈이나 재물을 걸고 다투는 '도박성'을 띤 방 식을 문제시 한 것이다. 그리고 이러한 점이 줄다리기에서 부상자가 발생하 거나 상대편과의 다툼을 초래하게 하는 주요 요인으로 간주되었던 것을 알 수 있다. 이로부터 경기도 지방과는 줄다리기에 대해 "복고(復古)·장려"할 필요도 없다고 단호한 입장을 취하고 있는데, 이는 기본적으로 줄다리기를 금지하는 방침을 시사하고 있다. 다만 줄다리기의 긍정적 효과로 "부락의 화합·협력 정신 배양"을 언급했던 점에서 조건부로 그러한 방침이 유동적 일 수 있는 가능성을 보여주고 있다.

---

63) 京畿道 地方課, 『農村娛樂行事梚-附立春書例示』, 1934, 9~10쪽.

지금껏 살펴보았듯이 줄다리기를 둘러싼 식민통치 권력의 갈등 양상에는 금지 방침을 내세운 이면에 '망설임 혹은 흔들림'이 혼재되어 있다. 기우제 의미를 가진 줄다리기 사례에서 그러한 면모가 눈에 띈다. 조선에서 기우제 의 중요성을 서술한 무라야마 지준(村山智順)의 설명은 그에 대한 실마리 를 제공해준다. 농경 중심의 조선에서는 "가뭄에 비를 하늘에 비는 것은 생 활안정 차원에서 정말로 중대한 관심사"라고 하며 그 의미를 다음과 같이 서술한 것이다.

> 그러므로 많은 곳에서는 비를 보지 못하는 경우 기우의 옛 관습을 반복한 다. 기우제 거행이 정말로 강우(降雨)의 기대를 만족시킬 것이라고 믿지 않 는 유식자(有識者)도 농민 대중의 애절한 심정에 동정을 금할 수 없어서 지 사(知事)·군수·면장 등 지방관리를 책임자로 해서 기우제에 참여하는 것이 실상이다. 수리시설이 완비되어 얼마 동안 비가 내리지 않아도 괜찮다고 말 할 수 있을 정도가 아니라면 기우제도 기우 행사도 절대 폐지되지 않을 것 이고, 또 그런 미신이 배격되지도 않을 것이다.[64)

무라야마(村山)는 농민에게 기우제가 '생활상 안정'에 직결된 의례임을 강조하며 단순히 미신으로 그것을 금지할 수 없는 현실적 문제를 지적하였 다. 요컨대 선결해야 할 과제로 '수리시설의 불완비'를 꼽으며, 이러한 상황 이 개선되지 않는 한 기우제는 계속될 것이라고 본 것이다.[65) 이러한 견해 는 조선의 특성상 농사의 풍요와 안정을 기원하는 제반 행사가 생활문제에 밀접히 관련된 것임을 상기시켜 주는 것이자, 가뭄에 대한 실질적인 대책이 수반되지 못한 현실적 상황에서 기우제가 갖는 맥락을 이해해야 할 필요성 을 시사하고 있다. 이러한 점에서 기우제 행사의 하나였던 줄다리기 역시 생활자적 입장에서 중요한 의미를 갖고 있었다는 점과 그로 인해 줄다리기

---

64) 村山智順, 「朝鮮における雨乞行事」, 『朝鮮』 1938년 9월, 121쪽.
65) 위의 자료, 145~146쪽.

를 일방적으로 금지할 수 없었던 식민통치 권력의 사정을 유추해 볼 수 있겠다.

줄다리기에 관한 기사는 1930년대 후반에 이르러 감소하는 경향을 보이고 있는데, 이것은 줄다리기 개최 자체가 감소한 사정과 관련이 있다고 볼 수 있다. "지나사변 이후 농악, 줄다리기, 씨름 등 야외 오락은 점점 축소되어 대동아전쟁에 들어가서부터는 거의 없어지게 되었다"고 한 것에서 알 수 있듯이,[66] 그 배경으로 무엇보다 중일전쟁 장기화에 따른 영향을 간과할 수 없을 것이다. 이와 더불어 '줄다리기 쇠퇴'라는 세태의 흐름도 염두에 두지 않으면 안 된다. 1939년 1월 4일자 『동아일보』(東亞日報)에서 송석하가 "당국의 불허가 방침과 현실에 얽매인 현대인의 심리적 이유로 근년 줄다리기를 볼 수 없다"라고 언급한 것에서 그와 같은 정황을 가늠해 볼 수 있다. 이에 송석하는 "농촌 오락으로써의 절대적 가치"와 "운동경기로써의 본질"을 이유로 내세워 규모를 축소하는 방법, 즉 "줄다리기의 간이화(簡易化)"로 그것의 장려를 주장하였다.[67] 그러나 이후 이러한 주장이 실현되었다고 보기 어려운데, "구정(舊正)의 놀이로써 줄다리기 등 자체가 사라진지 오래되었다"[68]라는 기사도 그러한 측면을 뒷받침한다. 다만 1942년에 경성제국대학 교수로 부임해 일 년 반의 조사를 했던 스즈키 에이타로(鈴木榮太郎)의 기록에서 단서를 얻는다면, 줄다리기는 간간이 그 명맥을 유지했던 것으로 보인다. 스즈키의 설명에 의하면 줄다리기는 "촌락적인 것"에 속하는 것으로, 이런 종류의 세시풍습은 "시장 또는 상인, 여관 등의 발달과 함께 근대에 이르러 그 규모를 확대"해 왔고, "현재 농민에게 가장 큰 즐거움을 주는 오락"이었다. 하지만 세태의 변화에 따라 대부분이 소멸한 가운데 "일부 촌락 단위에서 씨름이나 그네타기, 줄다리기만 확실하게 유지되는 것

---

66) 吉田光秀, 『朝鮮靑年健全娛樂振興の理念と方策』, 菊水隊本部, 1944, 1쪽.
67) 『東亞日報』 1939년 1월 4일.
68) 『東亞日報』 1940년 2월 17일.

으로 보인다"고 서술하였던 것이다.[69] 그러나 1944년 4월에 잡지 『조광』(朝光)이 개최한 「농촌 오락 진흥 좌담회」에서 줄다리기에 관한 발언은 볼 수 없는데, 이는 그간 농촌 오락을 대표하는 것으로 줄다리기를 꼽아 왔던 것과 대조적이라 할 수 있다. 비록 단편적이긴 하지만 이러한 사정을 종합해보면, 줄다리기는 전시기(戰時期)의 어느 시쯤까지는 축소된 형태라도 지속되었으나 전쟁의 막바지에 이르러서 간간이 이어진 그 명맥마저도 사라진 것으로 생각할 수 있다.

6. 나오며

이상 식민지기 억압과 장려가 반복되었던 전통오락의 대표적인 사례로써 줄다리기에 주목하고 그를 둘러싼 갈등 양상을 검토했다. 전통오락은 식민지기 '오락 부재(不在)'라는 문제에 대한 대안으로 각광을 받게 되는, 일견 모순된 양상 속에서 그것의 사회적 의미를 구축해 간다. 이에 본 장에서는 오락문제에 결부시켜 줄다리기가 '오락 부재(不在)'에 대응할 수 있는 전통오락으로써 사회적 의미를 구축하게 되는 맥락을 재구성해보고자 했다. '민중적·대중적 오락' 혹은 '운동(=스포츠)'의 한 종류로써 줄다리기가 각광을 받았던 사실이 그러한 점을 뒷받침해주고 있다. 이런 의미에서 줄다리기는 세시풍습의 차원을 넘어서 오락성과 운동성이라는 기능이 주목을 받게 되었다. 그리고 이러한 점은 오락문제에 결부되어 전통오락이 유지되었던 혹은 장려될 수밖에 없었던 당대의 복잡한 맥락을 보여주는 것이라 할 수 있다. 식민통치 권력의 경우 식민지의 전통오락을 통제, 금지, 해체하려는 전략을 구사하면서도 '오락 부재(不在)'라는 문제에 직면해 전통오락의 적절한 활용을 꾀하는 태도를 취하였다. 이는 식민지 통치에 전통오락이 통제되

---

69) 鈴木榮太郎, 『朝鮮農村社會の硏究 : 鈴木榮太郎著作集Ⅴ』, 未來社, 1973, 7·349쪽.

는 양면성을 시사하는 것이다. 그러나 이러한 입장은 식민통치 권력에 국한된 것이 아니었다. 당대 조선 사회에서 줄다리기에 대한 사회적 여론이 일방적인 긍정이나 부정이 아닌 양면적 형태로 전개되었던 점에서 그것을 확인할 수 있었다.

이러한 모순적 형태가 수반되었던 배경에 대해서는 두 가지 측면으로 정리할 수 있겠다. 첫째, '근대성'에 입각한 오락개념에서 대다수의 전통오락은 '문명화'와 '합리성'이라는 미명 아래 '개선 또는 폐지'해야 할 대상으로 간주되었다는 점이다. 이러한 과정에서는 근대적 가치관의 수용과 확대가 중심축이 되는 한편 식민통치 권력에 의한 억압으로 전통오락의 쇠퇴·소멸을 볼 수 있다. 그럼에도 불구하고 둘째, 전통오락은 단순히 세시풍습 차원에 국한되는 것이 아니라 사회적·문화적 의미를 담은 생활양식의 일환으로써 그 명맥이 쉽게 끊어지지 않고 꾸준히 지속되고 있었다는 점이다. 이와 더불어 줄다리기의 존재 양상은 '식민성'과 '근대성'에 충돌하면서도 절충을 통해 나름의 전통성을 견지해 나가는 한편 그를 둘러싼 복잡한 갈등이 '사건화'되는 요인이 되었다. 이른바 줄다리기에 대한 입장이 '허가와 금지' 혹은 '긍정과 부정' 사이에서 중첩된 경계를 형성하였던 것이다. 여기에는 '식민통치 권력'과 『동아일보』(東亞日報)나 『조선일보』(朝鮮日報)와 같은 매체로 대변되는 '조선인 식자층(識者層)' 그리고 생활 주체로서의 '식민지 대중'이라는 각 주체의 욕망이 얽혀져 있었다. 이와 같은 사실은 줄다리기를 둘러싼 갈등이 일방적으로 금지되어 사라지거나 쇠퇴한 것이 아닌 당대의 역동성을 보여주는 것이며, 이러한 맥락에서 그에 투영된 '식민성'과 '근대성'의 상호관계성을 엿볼 수 있다.

  본 연구는 '지배자'와 '피지배자'라고 하는 단순한 이분법적 도식을 지양하고 '제국 일본'이라는 틀에서 일제 식민지기 조선의 오락문제에 투영된 사회적·문화적 제상(諸相)을 고찰한 것이다.

  '오락(娛樂)'이라는 용어에 대해 본 연구의 관심은 근대사회에서 등장한 오락의 새로운 패러다임에 있다. 오늘날 오락이란 '쉬는 시간에 몸의 피로를 풀고 기분을 좋게 하기 위해 게임, 노래, 춤 등을 하거나 보며 즐기는 일'로서 그 의미가 통용되고 있다. 사전적 정의에서는 '환락(歡樂)'이 동일어로 설명되는데, 그 외의 유사개념으로 '취미(趣味)'나 '유희(遊戲)', '놀이' 등을 꼽을 수 있겠다. 한편 인류의 역사상 오락의 영역은 인간의 다채로운 욕구에 의해 정의되어져 온 만큼 실로 다양한 활동을 포함하고 있다. 인간을 '호모 루덴스(Homo Ludens, 놀이하는 인간)'로 정의하며, 모든 문화 현상의 기원을 '놀이'에 두고 인류 문명을 놀이적 관점에서 탐구한 요한 하위징아(Johan Huizinga, 1872~1945)의 선구적인 연구가 시사하듯이, 오락은 인류 활동에 중요한 영역으로 존재해왔다. 이러한 점을 비롯해 그 모든 것을 망라해서 '오락'의 범위를 단순하게 개념화시키는 것은 불가능한 일이며, 이로 인해 사실상 오락의 의미론에 관한 명확한 정의는 존재하지 않는다고 할 수 있다. 이에 이처럼 광범위한 맥락에서 의미해석이 가능한 '오락'에 대해 본 연구의 주요 관심은 근대사회에서 표출된 '오락의 문제화(問題化)', 바꿔 말하면 '근대성'에 입각하여 '문제로서 의식된 오락 개념'에 관한 탐구에서 출발한다. 이는 오늘날 오락의 의미를 일반적으로 '일이나 면학(勉學) 후 한가로울 때 하는 놀이 또는 유희'로 당연시하는 것에 대해 물음을 제기하는 것에서 출발하며 그와 동시에 전통적 오락 개념과의 차이를 확인하는 것이다. 이러한 점은 노동의 의미와 대비시켜 보편적으로 오락의 영역을 인식하는 것 그 자체에 대한 인식적 재고(再考)와 근대사회에서 '오락'이라는 용어에 부여된 새로운 의미망에 관한 이해를 무엇보다 '노동'과의 관계에서 조망해야 할 필요성을 시사하는 것이다.

이러한 문제의식 아래 본 연구에서는 '오락(娛樂)'과 더불어 '여가(餘暇)'라는 용어를 병행하고 있는데, 그것의 의미와 그 용법에 균열이 생기기 시작한 근대사회의 특징에 착목함으로써 두 가지 점을 중요한 전제로 삼고 있다. 첫째, 근대사회에서 새롭게 등장한 노동규율과 그로 인해 재정립된 사회적 시간에 관한 것이다. 요컨대 노동시간과 명확히 분리된 '비(非) 노동시간'의 영역으로 '여가'라는 개념이 성립되는 것과 동시에 그에 동등한 의미로 오락의 개념이 정착하게 된 점이다. 둘째, 근대사회에서 노동을 신성시하는 이데올로기가 정착하는 것과 관련해 표면적으로는 노동과 분리된 오락이 그 이면에서는 노동을 지탱하기 위한 활동으로써 사회적 의미를 획득하게 되는 것이다. 이러한 과정에서 흥미로운 점은 여가·오락이라는 영역이 노동시간과 엄격히 분리되었음에도 불구하고 역설적으로 노동과 밀접히 관련된 속에서 '오락의 사회적 가치'가 양산되고 정착하게 되는 점이다. 그와 맞물려 여가·오락문제가 사회적 차원에서 관리됨으로써 건전하고 규칙적인 여가·오락시간의 사용이 강구(講究)되는 것을 엿볼 수 있다. 이러한 맥락에서 산업의 발전과 자본주의 확립을 배경으로 한 '비(非) 노동시간'으로서의 '여가' 혹은 '오락'이라는 개념이 성립하는 과정은 지극히 근대적인 것, 이른바 '근대' 그 자체가 탄생시킨 산물로서 이해할 수 있다. 이것은 전통사회와는 다른 여가·오락 개념의 탄생을 의미하는 것이다.

근대사회의 오락 개념에 나타나는 보편적 사회 현상을 이처럼 세계사적 관점에서 파악하는 것과 더불어 한편 식민지기 조선의 오락문제에 대해서는 다음과 같은 문제의식을 토대하고 있다. 우선 식민지에 관한 근래의 연구 성과에서 주목되는 점은 첫째, '문화' 개념 자체가 개별적인 장르에 머물지 않고 일상적인 문제에 작동하여 당대의 사회를 분석하기 위한 독립된 지표의 하나로써 폭넓게 적용되고 있다는 점이다. 둘째, 그러한 접근 방법에 의해 종주국과 식민지 사이에 형성된 상호관계가 주목되고 이를 통해 제국의 권력이 중층화(重層化) 또는 '수용과 저항'되는 양상이 '지배와 억압'이라는 이분법적 구도에서 벗어나 보다 역동적으로 해명되고 있는 점이다. 그러나 일상생활의 한 요소를 이루고 있었던 오락문제에 한해서 보자면, 주로 민속학적·문화사적 관점에서 간헐적으로 언급되어 왔을 뿐 그 성과는 아직 미미한 수준에 머물러 있다. 또한 그에 대한 이해는 한국과 일본을 불문하고 일국사적(一國史的) 관점에서 식민지 지배에 의한 '오락의 억압'이나 '전통오락의 단절'을 강조하는 이항 대립적 관점이 지배적이다. 전시체제의 오락문제에 초점을 맞춘 연구가 소수 존재하긴 하지만 이 역시 단편적인 검토에 그치고 있어서, 결과적으로 일제 식민지기 오락문제에 관한 체계적인 분석은 거의 없다고 해도 과언이 아니다. 무엇보다 오락문제가 식민지 정책에서 큰 비중을 차지하고 있지 않았다는 점에서 그에 관한 학문적 관심이 희박했던 것이 사실이다.

하지만 일상생활의 기층(基層)을 구성했던 한 요소로서 오락문제에 접근하게 될 때 그것이 생활에 밀접히 관련된 영역이었음을 확인할 수 있는데, 다음과 같은 점에서 그러한 부분을 유추할 수 있겠다. 하나는 식민지 대중의 '생활자 입장'에서 본다면 오락문제란 그것이 갖는 의미를 특별히 생각할 여유조차 없는 사소한 부분이었을지도 모르겠으나, 그에 관한 욕구는 지극히 인간적인 것이자 개인적인 형태로 존재하고 있었다는 사실이다. 한편 식민지 정책에서 오락문제는 부수적 차원의 요소였지만 식민지 대중의 '비(非) 노동시간을 어떻게 통제해야 하는가' 라는 문제는 그들의 통치에 연동되는 맥락을 가지고 있기에, 결코 무시할 수 없는 성질을 띠고 있었다는 점이다. 이러한 문제의식을 중첩함으로써 본 연구는 오락문제를 통해 식민지기의 동시대적 상호관계성과 특수성에 착목하고 두 가지 측면에서 접근하였다. 첫째, 일국사적(一國史的) 관점에서 벗어나 '제국 일본'이라는 틀 속에서 종주국 일본과 식민지 조선에서 전개된 오락문제에 관한 역사적 전개를 망라하는 것이다. 둘째, 근대사회에서 구축된 오락의 보편적 성격에 대한 이해를 바탕으로 식민지 사회에서 발생하는 통치 권력과 식민지민의 접촉, 요컨대 하나의 생활공간에 얽힌 이민족 간의 문화적 갈등·협조·수용과 같은 상호관계성을 중시하는 입장에서 식민지기 조선의 오락문제에 나타난 제(諸) 양상을 조망하는 것이다.

　이상과 같은 관심과 문제 인식을 바탕으로 본 연구는 방법적인 측면에서 '제국 일본'이라는 틀에 의거하여 종주국과 식민지에서 제기되었던 오락문제의 성격을 이해하고 오락정책의 역사적 배경 및 상호관계를 비교·분석하고자 총 6개의 장에 걸쳐 구성되었다. 이는 오락문제를 통해 식민지기의 동시대적 상호관계성과 특수성을 규명하기 위한 시도였다. 또한 지금까지 식민지기 연구에서 간과됐던 오락문제를 총체적으로 고찰함으로써 '저항-협력'이라는 단순한 도식에서 간과되었던 식민지기 일상의 단면과 식민지 대중의 역동적인 일면을 읽어내고자 하였다. 이와 같은 성과를 토대로 향후 식민지기 일상에 대한 다양한 문제 관심과 연구의 저변이 더욱 확대되길 기대해 본다.

참고문헌

[신문 및 잡지 사료]

『大阪朝日新聞』
『大阪每日新聞』(朝鮮版)
『家庭の友』
『京城日報』
『三千裏』
『自力更生彙報』
『獨立新聞』
『東亞日報』
『미일신문』
『朝光』
『朝鮮』
『朝鮮行政』
『朝鮮中央日報』
『朝鮮日報』
『朝鮮民報』
『朝鮮及滿洲』
『文敎の朝鮮』
『釜山日報』
『別乾坤』
『每日申報』
『勞働世界』

[한국어 자료 및 논문]

강동진, 「일제지배하의 노동야학」, 『歷史學報』 46, 1970.

공제욱·정근식 편저, 『식민지의 일상 - 지배와 균열』, 문화과학사, 2006.

공제욱, 「일제의 민속통제와 집단놀이의 쇠퇴 : 줄다리기를 중심으로」, 『사회와 역사』 95, 2012.

_____, 『1930년대 후반 근대인식의 틀과 미의식』, 소명출판, 2004.

권석영, 『온돌의 근대사 - 온돌을 둘러싼 조선인의 삶과 역사』, 일조각, 2010.

김병욱, 「고전부흥의 기획과 '조선적인 것'의 형성」, 『'조선적인 것'의 형성과 근대 문화담론』, 소명출판, 2007.

김예림, 「전시기 오락정책과 '문화'로서의 우생학」, 『歷史批評』 73, 2005.

김진균·정근식, 『근대주체와 식민지 규율 권력』, 문화과학사, 1999.

김진송, 『현대성의 형성-서울에 딴스홀을 許하라』, 현실문화연구, 1999.

끌라르 보티에·이뽀리트 프랑뎅, 김상희·김성언 옮김, 『프랑스 외교관이 본 개화기 조선』, 태학사, 2002.

남근우, 「'신민족주의' 사관 재고-손진태와 식민주의」, 『정신문화연구』 105, 2006.

_____, 「朝鮮民俗學會再考」, 『정신문화연구』 96, 2004.

_____, 『조선민속학과 식민주의』, 동국대학교 출판부, 2008.

문경연, 「1910년대 근대적 '취미(趣味)' 개념과 연극 담론의 상관성 고찰」, 『우리어문연구』 30, 2008.

박재환·김문겸, 『근대사회와 여가문화』, 서울대학교 출판부, 1997.

박현수, 「日帝의 朝鮮調査에 관한 硏究」, 서울대학교 박사학위 논문, 1993.

배병욱, 「1920년대 전반 조선총독부의 선전영화 제작과 상영」, 『지방사와 지방문화』 2, 2006.

서정완·임성모·송석원 저, 『제국 일본의 문화권력』, 소화, 2011.

서정완·임성모·송석원 저, 『제국 일본의 문화권력』 2, 소화, 2014.

서종원, 「줄다리기 성격의 지속과 변화-특히 근대 시기를 중심으로」, 『실천민속학연구』 17, 2011.

소래섭, 『불온한 경성은 명랑하라』, 웅진지식하우스, 2011.

송석하, 『韓國民俗考』, 일신사, 1960.

신기욱·마이클 로빈스 편저, 도면회 옮김, 『한국의 식민지 근대성』, 삼인, 2006.

앵거스 해밀턴·이형식 역저, 『(러일 전쟁 당시) 조선에 관한 보고서』, 살림, 2010.

에른스트 폰 헤세-바르텍, 정현규 옮김, 『조선, 1894년 여름 : 오스트리아인 헤세-

바르텍의 여행기』, 책과함께, 2012.

연세대학국학연구원 편, 『일제의 식민지지배와 일상생활』, 혜안, 2004.

유선영, 「韓國 大衆文化의 近代的 構成過程에 對한 硏究 : 朝鮮後期에서 日 帝時代까지를 中心으로」, 고려대학교 대학원 박사논문, 1992.

_____, 「편쌈 소멸의 문화사:식민지의 근대주의와 놀이 대중의 저항」, 『사회와 역 사』 86, 2010.

윤해동, 『식민지의 회색지대-한국의 근대성과 식민주의 비판』, 역사비평사, 2003.

_____, 「식민지기 촌락 지배와 "중간지배층"」, 『대동문화연구』 54, 2006.

임재해 저, 『한국민속사 입문』, 지식산업사, 1996.

정종현, 『동양론과 식민지 조선문학-제국적 주체를 향한 욕망과 분열』, 창비출판, 2011.

조형근, 「식민지 대중문화와 대중의 부상-취향과 유행의 혼종성을 중심으로」, 『사 회와 역사』 111, 2016.

주영하·임경택·남근우 지음, 『제국 일본이 그린 조선민속』, 한국학중앙연구원, 2006.

천정환·이용남, 「근대적 대중문화의 발전과 취미」, 『민족문학사연구』, 2005.

최규진, 『근대를 보는 창 20』, 서해문집, 2007.

한양명, 「19세기중엽, 義城縣의 줄당기기를 통해 본 고을 축제의 성격과 문화적 의미」, 『韓國民俗學』 42, 2005.

한철호·하라다 게이치·김신재·오타 오사무 지음, 『식민지 조선의 일상을 묻다』, 문화학술총서, 2013.

허영란, 『일제시기 장시에 관한 연구』, 역사비평사, 2009.

호레이스N 알렌, 윤후남 옮김, 『알렌의 조선체류기』, 예영커뮤니케이션, 1996.

호머 헐버트, 신복룡 옮김, 『大韓帝國滅亡史』, 집문당, 1984.

홍일식, 『한국 전통문화 시론』, 고려대학교 출판부, 1978.

[일본어 자료 및 논문]

『朝鮮總督府帝國議會說明資料』 第二卷, 不二出版, 1994.

アラン·コルバン, 渡辺響子 譯, 『レジャーの誕生』, 藤原書店, 2000.

ジョルジュ·ブスケ, 野田良之·久野桂一郎 譯, 『日本見聞記 : フランス人 の見た明治初年の日本2』 みすず書房, 1977.

スタンリー・パーカー, 野澤浩・高橋祐吉 譯,『勞働と餘暇』, TBS出版社, 1975.

ピーター・ストリブラス・アロン・ホワイト著, 本橋哲也 譯,『境界侵犯』, ありな書房, 1995.

加藤厚子,『總動員體制と映畫』, 新曜社, 2003.

京畿道地方課,『農村娛樂行事栞-附立春書例示』, 1934.

古家信平・俵木悟・菊池健策・松尾恒一 著,『祭りの快樂』, 吉川弘文館, 2009.

高岡裕之,「觀光・更生・旅行」, 赤澤史朗 他,『文化とファシズム』, 日本経濟評論社, 1993.

高岡裕之,「總力戰と都市 - 更生運動を中心に -」,『日本史研究』415號, 1997.

_____,『資料集：總力戰と文化第2卷』, 大月書店, 2001.

_____,「總力戰下の都市「大衆」社會 -「健全娛樂」を中心として」, 安田浩 他,『戰爭の時代と社會:日露戰爭と現代』, 青木書店, 2005.

_____,「戰爭と「體力」- 戰時厚生行政と靑年男子」, 阿部恒久・大日方純夫・天野正子 編,『モダニズムから總力戰へ』, 日本経濟評論社, 2006.

_____,『總力戰體制と「福祉國家」：戰時期日本の「社會改革」構想』, 岩波書店, 2011.

高野房太郎,「日本の勞働問題」,『太陽』2卷 14號, 1896.

菅生均,「權田保之助の芸術教育論に關する一考察」,『熊本大學敎育部紀要・人文科學』55號, 2006.

關直規,「近代日本における〈市民〉の勞働・餘暇と娛樂の合理化過程 - 1920年代大阪市社會教育政策の展開を中心に」,『東京大學大學院敎育學研究科紀要』37號, 1997.

國立敎育研究所 編,『日本近代教育百年史 - 社會教育1』, 文唱堂, 1974.

宮本正明,「戰時期朝鮮における「文化」問題 - 國民總力朝鮮連盟文化部をめぐって」,『年報日本現代史』, 2001.

_____,「植民地と「文化」」,『年報日本現代史』第10號, 2005.

宮本貞三朗,「工場法施行後の狀況」,『社會と救濟』10卷 5號, 1917.

宮田登,『正月とハレの日の民俗學』, 大和書房, 1997.

宮田節子,「皇民化政策の展開と朝鮮」,『朝鮮民衆と「皇民化」政策』, 未來社, 1985.

權錫永,「「ヨボ」という蔑稱」,『北海道大學文學研究科紀要』132號, 2010.

權田保之助,「戰爭と娛樂」,『中央公論』, 1938年 10月.

_____,「戰時下における娛樂問題」, 1944(石川弘義 監修,『餘暇・娛樂

研究基礎文獻集』第28卷, 大空社, 1990).

_____, 『民衆娛樂の基調』文和書房, 1922(石川弘義 監修, 『餘暇·娛樂研究基礎文獻集』第1卷, 大空社, 1989).

今村鞆, 『朝鮮風俗集』, 1914.

今村仁司, 『近代の勞働觀』, 岩波書店, 1998.

及川民次郎, 「朝鮮索戰考(東萊索戰風俗)」, 『ドルメン』, 1933.

磯辺實, 『國民厚生運動の理論と實際』, 第一書房, 1941.

磯村英一, 『厚生運動槪說』, 常盤書房, 1939(石川弘義 監修, 『餘暇·娛樂研究基礎文獻集』第15卷, 大空社, 1990).

吉阪俊藏, 「我國於ける厚生運動」, 日本厚生協會 編, 『厚生運動讀本』1944(石川弘義 監修, 『餘暇·娛樂研究基礎文獻集』第28卷, 大空社, 1990).

金森襄, 『1920年代朝鮮の社會主義運動史』, 未來社, 1985.

年報日本現代史 編, 「『帝國』と植民地：『大日本帝國』崩壞六〇年」, 『年報日本現代史』第10號, 2005.

農商務省商工局, 『職工事情(上)·(下)』, 1903(岩波書店, 1998).

大林宗嗣, 『民衆娛樂の實際研究』, 同人社書店, 1922(石川弘義 監修, 『餘暇·娛樂研究基礎文獻集』第13卷, 大空社, 1990).

大原社會問題研究所, 『日本社會事業年鑑』, 同人社書店, 1924.

大阪市社會部, 『常傭勞働者の生活』, 1922.

大阪市社會部, 『餘暇生活の研究』, 弘文堂、1923.

大河內一男, 『餘暇のすすめ』, 中央公論社, 1974.

渡辺京二, 『逝きし世の面影』, 平凡社, 2005.

渡辺曉雄, 「『公益的』餘暇理論·實踐としての「民衆娛樂」論 - 權田保之助の所論を通じて」, 『東北公益文科大學總合研究論集』2號, 2001.

藤野豊, 『强制された健康：日本ファシズム下の生命と身體』, 吉川弘文館, 2000.

_____, 『厚生省の誕生—醫療はファシズムをいかに推進したか』, かもがわ出版, 2003.

歷史學研究會 編, 『『特集「韓國併合」100年と日本の歷史學」-「植民地責任」論の視座から』, 靑木書店, 2011.

鈴木榮太郎, 『朝鮮農村社會の研究：鈴木榮太郎著作集Ⅴ』, 未來社, 1973.

蘆田徹郎, 『祭りと宗敎の現代社會學』, 世界思想社, 2001.

名古屋市 編, 『日本厚生大會會誌第二回』, 1940.

文部省 編, 『時局と娛樂問題』, 1938.

百瀨響, 『文明開化 : 失われた風俗』, 吉川弘文館, 2008.

保科胤, 『國民厚生運動』, 栗田書店, 1942(石川弘義 監修, 『餘暇·娛樂研究基礎文獻集』 第21卷, 大空社, 1990).

富田晶子, 「農村振興運動下の中堅人物の養成 - 準戰時體制期を中心に」, 『朝鮮史研究會論文集』 18號, 1981.

北河賢三 編, 『資料集 : 總力戰と文化 第一卷』, 大月書店, 2000.

北河賢三, 「戰時下の世相·風俗と文化」, 藤原彰 他, 『十五年戰爭史』 2, 靑木書店, 1988.

四方田犬彦, 『李香蘭と原節子』, 岩波書店, 2011.

寺山浩司, 「大正期生活調査の韵 - 大阪市勞働調査報告をめぐって」, 『三田學會雜誌』 6號, 1986.

三橋廣夫·趙完濟, 『韓國伝統文化事典』, 國立國語院, 2006.

三吉岩吉, 『朝鮮に於ける農村社會事業の考察』, 1936(近現代資料刊行會, 『戰前·戰中期アジア研究資料1 植民地社會事業關係資料集—朝鮮編 31』, 2000).

上田九七, 『都市と農村の娛樂敎育』, 太白書房, 1938(石川弘義 監修, 『餘暇·娛樂研究基礎文獻集』 第14卷, 大空社, 1990).

石川弘義 編, 『レジャーの思想と行動』, 日本經濟新聞社, 1973.

石川弘義, 『娛樂の戰前史』, 東京書籍, 1981.

＿＿＿＿＿, 『餘暇·娛樂研究基礎文獻集解說』, 大空社, 1990.

細井和喜藏, 『女工哀史』, 改造社, 1925.

小宮豊隆, 『明治文化史趣味·娛樂編』 10卷, 原書房, 1955.

小澤孝人, 「大正期における娛樂(非勞働時間)の成立平面—民衆娛樂論の社會政策的側面の分析をとおして」, 『現代社會理論研究』 14號, 2004.

＿＿＿＿＿, 「近代日本における社會問題の出現とその效果—貧困の發見と生活構造論の視角の析出」, 『社會政策研究』 6, 2006.

孫晋泰, 「農村娛樂振興問題について」, 『綠旗』, 1941年 4月.

松本武祝, 『植民地權力と朝鮮民衆』, 社會評論社, 1998.

＿＿＿＿＿, 『朝鮮農村の〈植民地近代〉經驗』, 社會評論社, 2005.

松田利彦·陳姃湲 編, 『地域社會から見る帝國日本と植民地:朝鮮·台灣·滿洲』, 思文閣出版, 2013.

水野直樹 編, 『生活の中の植民地主義』, 人文書院, 2004.

水野直樹,「新幹會の創立をめぐって,」, 飯沼二郎·姜在彦 編, 『近代朝鮮の
　　　社會と思想』, 未來社, 1981.
神野由紀, 『趣味の誕生 - 百貨店がつくったテイスト』, 勁草書房, 1994.
申義均,「農村娛樂」, 『耕農』 1935年 3月.
氏原正治朗,「解說第一次大戰後の勞働調查と『餘暇生活の硏究』」, 『生活古
　　　典叢書』 8卷, 光生館, 1970.
阿部昭,「遊び日の編成と共同體機能」, 津田秀夫 編, 『近世國家と明治維新』,
　　　三省堂, 1989.
安江考司, 「前近代の勞働とレジャー：サーヴェイのための草稿」, 『法政大
　　　學敎養部紀要』 第105號, 1998.
岩本憲兒,「幻燈から映畫へ - 明治·大正期における社會敎化と民衆娛樂論」,
　　　『早稻田大學大學院文學硏究科紀要』 45號, 1999.
吳晴, 『朝鮮の年中行事』, 1931.
遠藤元男,「生活文化としての年中行事」, 遠藤元男·山中裕 編, 『年中行事の
　　　歷史學』, 弘文堂, 1981.
薗田碩哉,「日本レクリエーション運動史硏究」, 『餘暇學硏究』 1, 2008.
　　　　　,「カルチュラル·スタディーズとしての餘暇硏究の可能性」, 『餘暇
　　　學硏究』 12號, 2009.
伊藤好一,「年中行事諸相(農民社會)」, 遠藤元男·山中裕 編, 『年中行事の歷
　　　史學』, 弘文堂, 1981.
日本植民地硏究會 編, 『日本植民地硏究の現狀と課題』, アテネ社, 2008.
日本厚生協會 編, 『第一回日本厚生大會報告書』 1939(石川弘義 監修, 『餘
　　　暇·娛樂硏究基礎文獻集』 第16卷, 大空社, 1990).
赤澤史朗, 『近代日本の思想動員と宗敎統制』, 校倉書房, 1985.
　　　　　,「戰中·戰後文化論」, 『岩波講座日本通史近代 4』, 岩波書店, 1995.
田口春二郎, 『朝鮮警察犯要論』, 1912.
田野大輔,「餘暇の樞軸 - 世界厚生會議と日獨文化交流」, 『ゲシヒテ』, ドイ
　　　ツ現代史硏究會 編, 2009.
田淵晉也 譯, 『怠ける權利』, 平凡社, 1972.
田村紀雄 解說, 『權田保之助著作集』 第四卷, 文和書房, 1975.
齊藤實, 『齊藤實文書:朝鮮總督時代關係資料(八)』, 高麗書林, 1990.
趙景達, 『植民地期朝鮮の知識人と民衆』, 有志舍, 2008.
趙寬子, 『植民地朝鮮/帝國日本の文化連環 - ナショナリズムと反復する植

民地主義』, 有志舎, 2007.

朝鮮總督府 中樞院, 『朝鮮舊慣制度調査事業槪要』, 1938.

朝鮮總督府, 『農村振興運動の全貌』, 1936.

朝鮮總督府, 『外人の觀たる最近の朝鮮』, 1932.

朝鮮總督府, 『朝鮮に於ける農山漁村振興運動』, 1934(近現代資料刊行會, 『戰前・戰中期アジア硏究資料1 植民地社會事業關係資料集 - 朝鮮編 27』, 2000).

朝鮮總督府, 『朝鮮に於ける農村振興運動の實施槪況と其の實績』, 1940.

朝鮮總督府, 『朝鮮の群衆』, 1926.

朝鮮總督府, 『朝鮮の犯罪と環境』, 1928.

朝鮮總督府, 『朝鮮の社會事業』, 1936(近現代資料刊行會, 『(戰前・戰中期アジア硏究資料 1) 植民地社會事業關係資料集-朝鮮編 46』, 2000).

朝鮮總督府, 『朝鮮の市場経濟』, 1929.

朝鮮總督府, 『朝鮮の風習』, 1925.

朝鮮總督府, 『朝鮮の鄕土娛樂』, 1941.

朝鮮總督府, 『朝鮮社會敎化要覽』, 1937.

朝鮮總督府, 『朝鮮人の思想と性格』, 1928.

朝鮮總督府, 『朝鮮總督府官報號外』, 1941.

朝鮮憲兵隊司令部, 「勞働者敎養機關ノ狀況」, 『漸近ニ於ケル鮮內勞働農民運動情勢』, 1928(한홍구・이재화, 『韓國民族解放運動史資料叢書』2, 1988).

佐木秋夫, 『紙芝居』, 芸術學院出版部, 1943.

住友陽文, 「餘暇の規律化と都市「市民」問題 - 日本近代都市權力の勞働者統合理念」, 『總合都市硏究』46號, 1992.

竹村民朗, 『笑樂の系譜 - 都市と餘暇文化』, 同文館出版, 1996.

_____, 『大正文化：帝國のユートピア』, 三元社, 2004.

中田俊造, 『娛樂の硏究』, 社會敎育協會, 1924(石川弘義 監修, 『餘暇・娛樂硏究基礎文獻集』第6卷, 大空社, 1989).

仲村祥一, 『現代娛樂の構造』, 文和書房, 1973.

津金澤聰廣 解說, 『權田保之助著作集』第三卷, 文和書房, 1975.

津川泉, 『JODK消えたコールサイン』, 白水社, 1993.

倉田喜弘, 『明治大正の民衆娛樂』, 岩波書店, 1980.

川北稔 編, 『「非勞働時間」の生活史 - 英國風ライフ・スタイルの誕生』, リブロポート, 1987.

靑沼吉松 他, 『餘暇文明の勞働問題』, 時潮社, 1975.

靑野正明, 「植民地期朝鮮における農村再編成政策の位置付け - 農村振興運動期を中心に」, 『朝鮮學報』 136號, 1990.

村山智順, 『朝鮮場市の硏究』, 1932~1933(國書刊行會, 1999).

崔吉城, 『朝鮮の祭りと巫俗』, 第一書房, 1980.

阪內夏子, 「社會敎育と餘暇・レクリエーション - 大衆娛樂硏究と權田保之助を手がかりに」, 『學術硏究』 49號, 2000.

_____, 「近代日本社會敎育成立に關する主題 - 權田保之助の社會敎育觀を中心に」, 『學術硏究』 52號, 2003.

_____, 「社會敎育と民衆娛樂 - 權田保之助の問題提起」, 『早稻田大學敎育學部學術硏究 : 敎育・生涯敎育學編』 第53號, 2005.

阪本愼一, 『ラジオの戰爭責任』, PHP硏究所, 2008.

阪本悠一・木村健二 著, 『近代植民地都市釜山』, 櫻井書店, 2007.

板垣龍太, 「植民地期朝鮮の地域社會における有志の動向」, 『東アジア硏究』 6, 2003.

八田隆司, 「時は金なり - 近代の時間意識をめぐって」, 『人文科學論集』 39・40號, 1993.

河合和男・尹明憲 著, 『植民地期の朝鮮工業』, 未來社, 1991.

幸德秋水, 「夏期旅行と勞働者」, 1903(『幸德秋水全集』 4卷, 日本図書センター, 1968).

荒井良雄・川口太朗・岡本耕平・神穀浩夫 篇譯, 『生活の空間・都市の時間』, 古今書院, 1989.

橫山源之助, 『日本の下層社會』, 1899(岩波文庫, 1985).

興亞厚生大會事務局 編, 『紀元二千六百年興亞厚生大會誌』, 1941.

찾아보기

ㄱ

가다 나오지(賀田直治) 88
가미다키 기이치(上瀧基一) 139
가미시바이(紙芝居) 114
건민운동(健民運動) 182
경찰범처벌규칙 215
고노에 후미마로(近衛文麿) 145
고토쿠 슈스이(幸德秋水) 53
곤다 야스노스케(權田保之助) 59
공공적 오락시설 91
공장 노동자 문제 50
공장법 53
교화적 여가활동 67
구관조사(舊慣調査) 78
국민 레크리에이션 협회(National Recr-
  eation Association) 149
국민오락 175
국제노동기구(International Labour Org-
  anization) 45
기쁨을 통한 힘 151
길항관계 225

ㄴ

나카다 순조(中田俊造) 59
노구교(盧構橋) 145

노동 후의 여가 151
노동세계 51
농사력 37
농촌 청년의 이촌(離村) 122

ㄷ

대정익찬회(大政翼贊會) 172
대한화사전(大漢和辭典) 34
도쿄 올림픽 152
동래 신간회 지부 230

ㄹ

레저의 탄생 43
레크리에이션(recreation) 60
로스앤젤레스 올림픽 148

ㅁ

묘법연화경 34
무라야마 지준(村山智順) 85
문화 신체제 172
문화 운동 180
문화론적 전환 18
미요시 이와기치(三吉岩吉) 120
민중교화 65
민중오락론 31
민중오락의 기조 59

민중오락의 실제연구 59
밀양 노동 야학원 230

ㅂ

베를린 올림픽 151
봉산탈춤 197
부정시법(不定時法) 37
빈취미증만성 조선인(貧趣味症慢性 朝
　鮮人) 104

ㅅ

사회교육 65
사회교육과 184
사회신사전(社會新辭典) 62
사회와 구제 54
사회학 원론 60
상용 노동자의 생활 65
석전(石戰) 82
세시풍속 38
세시풍습 81
손진태 207
송석하 197
스즈키 에이타로(鈴木榮太郎) 249
스탠린 파커 14
시장규칙 87
식민지적 근대 20

ㅇ

애향심(愛鄕心) 128
야나베 나가사부로(矢鍋永三郎) 203
여가생활의 연구 59
여공애사 69
연례행사 81

오락 선용(善用) 62
오락기관 97
오락선택의 표준 190
오락위원회 129
오락의 사회화 100
오락의 연구 59
오바야시 무네츠구(大林宗嗣) 59
오사카시(大阪市) 사회부 59
오청(吳晴) 202
요코하마 겐노스케 51
우가키 가즈시게(宇垣一成) 115
위락(慰樂) 162
이마무라 도모에(今村鞆) 219
이마무라 히토시(今村仁司) 39
이소무라 에이이치(磯村英一) 158
일본극장(日本劇場) 172
일본후생대회 146

ㅈ

장날 84
장날의 축소 88
장시 84
재조선(在朝鮮) 일본인 90
제국주의 경험 21
JODK 119
조선사회교화요람 184
조선색(朝鮮色) 194
조선심(朝鮮心) 194
조선의 군중 96
조선의 연중행사 227
조선의 풍속 82
조선의 풍습 79
조선의 향토오락 200

조선학(朝鮮學) 195
줄다리기의 득실 241
직공사정 48

ㅊ

체위향상운동(體位向上運動) 145
총후(銃後)의 체력향상 193

ㅋ

카와키타 미노루(川北稔) 40

ㅍ

폴 라파르그 42
풍속 규제 164

ㅎ

한가한 시간 80
향토애(鄕土愛) 128
현대오락전집(現代娛樂全集) 63
호소이 와키조(細井和喜藏) 69
호시나 인(保科胤) 157
황민화 정책 189
후루다 사이(古田才) 132
흥아(興亞) 후생대회 153

저자소개

김영미(金榮美)

1979년 포항에서 태어났다. 강원대학교 사학과를 졸업하고 일본 홋카이도대학에서 연구생 과정을 걸쳐 석·박사 학위를 받았다. '식민지성과 근대성'에 대한 문제의식을 토대로 일제강점기의 일상에 주목하고, 현재 우리 삶의 바탕이 되는 다양한 조건들이 역사적으로 어떻게 형성되어왔는지 추적하는 것에 관심이 있다. 주요 논문으로 「식민지기 '오락 不在' 담론의 양상」, 「일제 식민지기 '음주 취미'의 통제와 양면성-오락 부재(不在)와 음주의 문제화에 대한 일고찰-」 등이 있다.

일제강점기 '오락문제'와 그 양상

2020년 6월 17일 초판 인쇄
2020년 6월 25일 초판 발행

지 은 이   김영미
발 행 인   한정희
발 행 처   경인문화사
편 집 부   박지현 김지선 유지혜 한주연
마 케 팅   전병관 하재일 유인순
출판신고   제406-1973-000003호
주   소   (10881) 파주시 회동길 445-1 경인빌딩 B동 4층
대표전화   031-955-9300   팩 스   031-955-9310
홈페이지   http://www.kyunginp.co.kr
이 메 일   kyungin@kyunginp.co.kr

ISBN 978-89-499-4898-0 93910
값 19,000원